本书获得大连民族大学人文社会科学优秀著作出版资助

古希腊埃琉息斯秘仪研究

梁小平 著

THE STUDY
OF ELEUSIS MYSTERIES IN THE
ANCIENT GREECE

中国社会科学出版社

图书在版编目（CIP）数据

古希腊埃琉息斯秘仪研究 / 梁小平著．．—北京：中国社会科学出版社，2022.4

ISBN 978 – 7 – 5227 – 0092 – 2

Ⅰ.①古… Ⅱ.①梁… Ⅲ.①宗教仪式—研究—古希腊 Ⅳ.①B929.545

中国版本图书馆 CIP 数据核字(2022)第 064982 号

出 版 人	赵剑英
责任编辑	郭　鹏
责任校对	刘　俊
责任印制	李寡寡

出　　版	中国社会科学出版社
社　　址	北京鼓楼西大街甲 158 号
邮　　编	100720
网　　址	http://www.csspw.cn
发 行 部	010 – 84083685
门 市 部	010 – 84029450
经　　销	新华书店及其他书店
印　　刷	北京明恒达印务有限公司
装　　订	廊坊市广阳区广增装订厂
版　　次	2022 年 4 月第 1 版
印　　次	2022 年 4 月第 1 次印刷
开　　本	710×1000　1/16
印　　张	15.75
插　　页	2
字　　数	235 千字
定　　价	89.00 元

凡购买中国社会科学出版社图书，如有质量问题请与本社营销中心联系调换
电话：010 – 84083683
版权所有　侵权必究

目　　录

绪论 …………………………………………………………（1）
 一　选题意义 …………………………………………（1）
 二　史料解析 …………………………………………（3）
 三　研究述评 …………………………………………（21）
 四　研究思路、方法与创新点 ………………………（33）

第一章　埃琉息斯秘仪的复原 ………………………（36）
 第一节　埃琉息斯秘仪的主要神祇及相关信仰 ……（36）
  一　埃琉息斯秘仪的主要神灵 ……………………（36）
  二　相关信仰与观念 ………………………………（51）
 第二节　埃琉息斯秘仪的神职人员 …………………（55）
  一　欧摩尔波斯家族的神职人员 …………………（56）
  二　克里克斯家族的神职人员 ……………………（59）
  三　其他神职人员 …………………………………（61）
 第三节　埃琉息斯秘仪的主要活动 …………………（64）
  一　庆典的准备——埃琉息斯小秘仪 ……………（65）
  二　庆典的开始——雅典的庆典 …………………（69）
  三　庆典的高潮——埃琉息斯的庆典 ……………（79）
  四　庆典的结束——最后的仪式及入会者的返回 …（90）
 第四节　埃琉息斯秘仪的禁忌 ………………………（92）
  一　语言禁忌 ………………………………………（92）
  二　行为禁忌 ………………………………………（95）

三　饮食禁忌 …………………………………………（97）

第二章　埃琉息斯秘仪的起源（公元前2000—前1200年）…（99）
第一节　关于埃琉息斯秘仪起源的辨析 ……………………（99）
一　埃及说 ……………………………………………（99）
二　色雷斯说 …………………………………………（105）
三　希腊说 ……………………………………………（107）
第二节　埃琉息斯秘仪产生的原因 …………………………（113）
一　古希腊本土因素 …………………………………（113）
二　外来因素的融入 …………………………………（119）

第三章　埃琉息斯秘仪的演变（公元前1200—公元395年）…（124）
第一节　埃琉息斯秘仪的发展（迈锡尼时代末期—荷马时代）……………………………………………（124）
一　秘仪在埃琉息斯本地的存在和延续 ……………（124）
二　埃琉息斯秘仪形式上向其他地区的传播 ………（127）
第二节　埃琉息斯秘仪的兴盛（古风—古典时期）…………（129）
一　埃琉息斯神庙的扩建 ……………………………（130）
二　入会者范围的扩大 ………………………………（136）
三　秘仪管理机制的逐渐成熟 ………………………（139）
四　泛希腊性献祭活动的确立 ………………………（141）
第三节　埃琉息斯秘仪的蜕变与衰落（希腊化—罗马时期）……………………………………………（150）
一　马其顿、罗马统治者对秘仪传统的破坏 ………（151）
二　基督教的兴起与埃琉息斯秘仪的衰亡 …………（156）

第四章　埃琉息斯秘仪的影响 ……………………………………（162）
第一节　对雅典城邦的影响 …………………………………（162）
一　提高了雅典在希腊世界的影响力 ………………（163）
二　加强了城邦的统治 ………………………………（166）

第二节　对古希腊社会文化的影响……………………（167）
  一　增强了希腊人的民族认同感……………………（167）
  二　有助于古希腊社会的安定与和谐………………（168）
  三　促进了古希腊文化的繁荣………………………（170）
第三节　对其他秘仪和基督教的影响…………………（178）
  一　对卡贝里秘仪的影响……………………………（178）
  二　对其他地区得墨忒耳秘仪的影响………………（180）
  三　对基督教的影响…………………………………（182）

第五章　埃琉息斯秘仪与奥尔弗斯教之比较……………（186）
第一节　二者可比性……………………………………（187）
  一　埃琉息斯秘仪与奥尔弗斯教本质上属于同
    一类宗教……………………………………（187）
  二　埃琉息斯秘仪与奥尔弗斯教所处的社会
    环境相同……………………………………（189）
第二节　二者主要不同之处……………………………（190）
  一　秘仪的举行方式不同……………………………（191）
  二　秘仪的管理机制不同……………………………（192）
  三　教义的传承方式不同……………………………（193）
  四　来世幸福的实现方式不同………………………（193）
  五　与公共宗教的关系不同…………………………（194）

结语……………………………………………………（199）

附录　荷马致得墨忒耳颂歌……………………………（204）

参考文献………………………………………………（230）

绪　　论

一　选题意义

埃琉息斯秘仪（Eleusis Mysteries）是古希腊的一种神秘文化现象，不同于一般意义上的宗教，这种仪式强调个人与神灵的沟通与结合，其具体细节和启示意义对入会者以外的人一概保密，因此被称为秘仪。类似的神秘仪式在古代地中海地区和近东地区的民族中都能找到，例如古老的埃及伊西斯（Isis）和奥西里斯（Osiris）秘仪，弗里吉亚大母神库柏勒（Cybele）和其情人阿提斯（Attis）的秘仪，波斯太阳神密特拉（Mithras）秘仪，希腊的奥尔弗斯教（Orphism）、卡贝里（Caberi）秘仪等。在这些秘仪中，阿提卡（Attica）西部特里亚平原上的埃琉息斯城（Eleusis City）的秘仪最负盛名。

埃琉息斯秘仪崇拜的神祇主要是得墨忒耳和珀尔塞福涅两位女神。据说埃琉息斯曾被称为赛萨里（Saisari），意思是"满面笑容者"，是以一个埃琉息斯的女英雄命名的，她可能与地府女神有关。从语源学上看，"Eleusis"意为"幸福到达之地"，并且与至福之地"Elysion"有关。[①] 还有一种说法是，该城市是以秘仪神话中的国王凯留斯（Celeus）的父亲、英雄埃琉息斯命名的。不论该城的名字得自何处，可以肯定的是，它是阿提卡的一座古城，考古发掘的埃琉息斯神庙废墟证实了早在迈锡尼时代这里就已经出现了祭祀得墨忒耳女神的秘仪。埃琉息斯秘仪的神话《荷马致得墨忒耳颂歌》也暗示了

---

① Kerényi, Carl: *Eleusis: Archetypal Image of Mother and Daughter*, Translated from the German by Ralph Manheim, Princeton University Press, 1991, p. 23.

其远古性。它产生于约公元前15世纪，存在延续了长达近20个世纪之久。

该秘仪向所有会说希腊语和未犯杀戮罪的人广开门户，拥有为数众多的、来自不同阶层和不同地区的入会者。包括本邦男性公民、妇女、奴隶、儿童和外邦人，所以它逐渐从一种地方性祭仪发展成为泛希腊性的仪式，甚至吸引了一批来自希腊世界之外的信仰者，从而具有了一定的世界主义色彩。随着社会历史的发展，埃琉息斯秘仪自身也经历了一系列的变革，不但引入了新的神祇，还被纳入雅典官方崇拜体系，受到雅典城邦的扶持。在希腊化和罗马时期，虽然由于统治者的介入而使秘仪的神圣性遭到了破坏，并在基督教兴起后逐渐走向衰落，但从总体上看，埃琉息斯秘仪还是对当时的希腊罗马社会产生了一定的积极作用。它弥补了城邦公共崇拜之不足，促进了其他秘仪在古希腊的发展；打破了国家、民族和各阶层之间的明显界限，有利于社会的和谐和民族的融合，有利于东西方文化的交融和发展；促进了戏剧的产生和发展，对诗歌和哲学的发展也影响深远；甚至对初期基督教的发展也有所助益。它所强调的入会即是一切的来世幸福观，极大地满足了希腊人的宗教生活与情感。

作为如此特殊的一个社会文化现象，自古以来便引起人们的关注和猜测。因为埃琉息斯秘仪不但没有文字教义传承下来，而且不得以任何语言、文字、艺术或行为的方式泄露秘仪的内容是其强加给每个入会者的必须遵守的义务，违犯者将被判处死刑。所以，其核心秘密随着埃琉息斯秘仪的衰落而被湮没在历史的长河之中。古典作家虽对秘仪有所提及，但在论及它时总是有所避讳，即使早期的基督教父们揭露了一定的细节，也因其立场不同而有所偏失。随着近代考古发掘的进行，埃琉息斯秘仪的研究在西方取得了极大的成功，但很多结论仍是推测性的。埃琉息斯秘仪崇拜究竟如何至今仍如一团迷雾。然而，埃琉息斯秘仪却又是研究古希腊政治、文化尤其是宗教不能忽视的问题。因此，对这一问题的研究具有一定的学术价值。

西方学者自20世纪初以来便对秘仪问题尤其是埃琉息斯秘仪进行了较为深入的研究，并且研究成果颇丰。他们从人类学、民族学、宗教学、考古学和历史学等角度对埃琉息斯秘仪这一宗教文化现象进行了具体而细致的研究，除了古典作家的作品外，也借鉴了大量的考古发现和实地调查资料，并且某些问题已形成较为成熟的结论，为进一步研究埃琉息斯秘仪的相关问题提供了基础。但他们的研究也存在争议和不足：一是关于埃琉息斯秘仪的起源问题。现在西方学者普遍认为埃琉息斯秘仪的起源时间为公元前15世纪，然而对其到底源于何地尚有争议，对埃琉息斯秘仪产生的原因也缺少历史性的分析。二是关于后期进入埃琉息斯秘仪的少年神伊阿库斯（Iacchus）的身份考证问题。目前大多数学者认为伊阿库斯就是少年狄奥尼索斯（Dionysus），这种说法承自古典文学作家，似乎已是一种定论，西方学者对此并未详加论证，然而，这种观点受到了艺术作品中伊阿库斯形象的严重挑战。因此，对伊阿库斯身份需要重新考证。三是关于入会仪式的神圣表演是否包括穿越地下之旅的模拟性表演问题。四是对埃琉息斯秘仪的特征总结亦有所不足。五是关于埃琉息斯秘仪的最终结局有待重新思考。目前西方学者普遍认为埃琉息斯秘仪的最终结局是消亡，实际上秘仪以沉积的方式存在于希腊文化乃至西方文化中。

较西方学者而言，国内学者对这一问题的研究极为薄弱。由于我国古希腊史研究的起步要晚于国外，并且受语言、材料等客观条件的限制，国内目前尚没有关于埃琉息斯秘仪的专门性、综合性研究。因此，本书既可以弥补国内古希腊研究尤其是古希腊宗教研究之不足，也可对西方学者已有的某些研究结论提出新的看法，从而有助于埃琉息斯秘仪相关研究的进一步深入，也有助于对古希腊宗教文化乃至古希腊文明精神的深刻理解。

二 史料解析

关于埃琉息斯秘仪，几乎没有专门的史料保存下来；古典作家遗留下来的相关记载并不是很多，而且有的也是较为隐晦的或仅提及而已。尽管如此，我们还是能从中获得许多宝贵信息。当然，由于时代的久远和作者立场的不同，这些记载难免有失偏颇。因此，在使用这些资料时，不仅要认真分析作者所处的社会环境与立场，还要参考其他古典作家的记载来加以佐证,同时还要充分利用考古发掘资料,对文献资料做进一步证实。

(一) 文字史料

就笔者所能掌握的资料来看,论及埃琉息斯秘仪的古代作家,从最早的公元前7世纪的所谓"荷马"的《荷马致得墨忒耳颂歌》,到公元4世纪的希腊历史学家、传记作家和哲学家欧那庇厄斯(Eunapios)的《诡辩家传记》(*Lives of the Sophists*),大约近70位,包括历史学家、政治家、诗人、演说家、哲学家等。这些文字资料是本书写作的基础,可以分为历史、文学、其他题材作品和碑铭四个类别。

1. 历史著作

希罗多德(Herodotus,约公元前484—前425年)的《历史》是古希腊第一部提及埃琉息斯秘仪的史学著作。他将埃及视为埃琉息斯秘仪的起源地,认为埃琉息斯得墨忒耳秘仪是由埃及的伊西斯秘仪发展而来的。此外,在提及埃琉息斯秘仪时,他的迷信色彩也十分浓烈,他将萨拉米海战的胜利及薛西斯的失败归之为埃琉息斯秘仪的神灵们对波斯人亵渎圣地的惩罚。尽管希罗多德关于埃琉息斯秘仪的记载具有浓厚的神话色彩,但他的论述显示了秘仪在当时希腊人心目中具有神圣的地位。

修昔底德(Thucydides,约公元前460—前400年)的《伯罗奔尼撒战争史》对民俗文化等涉及较少。与埃琉息斯秘仪有关的是关于亚西比德远征西西里前的渎神案,而且仅是一带而过。修昔底德的记载可以作为普鲁塔克关于亚西比德亵渎秘仪的佐证。尽管他对秘仪仅提其名未述其详,但《伯罗奔尼撒战争史》仍蕴含了关于秘仪兴盛的诸多背景资料。

色诺芬(Xenophon,约公元前430—前350年)虽是位多产的作家,但对埃琉息斯秘仪的提及却极少,在《希腊史》(*Hellenica*)第二卷中提到在推翻三十人僭主政府后,一克里克斯家族的传令官进行演说,提倡雅典与埃琉息斯人之间的和平;在第六卷中他记载传令官家族的卡里阿斯(Callias)利用埃琉息斯秘仪实现了与斯巴达之间的和平。可见,色诺芬的记载反映了埃琉息斯秘仪在对维护城邦统一、增强希腊人民族认同感上具有作用。

麦兰休斯（Melanthius，约公元前350—前270年），可能是个雅典人，他和米南德（Menander）、公元前3世纪的希腊诗人苏塔德斯（Sotades）等一样都专门写过论埃琉息斯秘仪的篇章，但都不幸遗失。我们从后世古代作家，例如雅典那乌斯、阿里斯托芬等的引述中了解到，他在文中提到了一个青铜柱原文，上面刻着雅典人宣布亵渎埃琉息斯秘仪的米洛斯（Melos）人狄阿哥拉斯（Diagoras）和拒绝将他放逐出来的培林尼（Pellene）公民们为非法的，并悬赏通缉此人。

阿波罗多鲁斯（Apollodorus），公元前2世纪雅典的学者，托名其下的著作有《文库》（*The Library*）和《神话摘要》（*Epitome*）。阿波罗多鲁斯在《文库》中，重述了珀尔塞福涅女神如何被劫与得墨忒耳寻女来到埃琉息斯并建立秘仪的故事。其观点基本与《荷马致得墨忒耳颂歌》的作者一致。不同的是关于埃琉息斯国王凯留斯（Cleus）的小儿子德莫风（Demophon）的描写。《荷马致得墨忒耳颂歌》的作者只是说得墨忒耳因被打扰怒而将孩子扔在地上，小孩是否仍然活着没有提到，而阿波罗多鲁斯则明确断言那个孩子被火吞噬。关于赫拉克勒斯（Heracles）①的净化入会，他也有所记载，不同于狄奥多鲁斯的说法，他声称是传秘师家族的始祖欧摩尔波斯（Eumolpus）②将赫拉克勒斯净化并发展他入会的。此外，关于埃琉息斯秘仪的起源时间，他也保留了珍贵的信息，他说在潘迪翁（Pandion）统治时期得墨忒耳来到埃琉息斯，此说法与《帕罗斯编年史》和狄奥多鲁斯所述年代基本一致，都大约在公元前15世纪。当然，由于阿波罗多鲁斯笔下所载之事多带有神话色彩，因此在使用与秘仪相关的史料时需要特别慎重。

斯特拉波（Strabo，约公元前64—公元21年），古希腊著名的历史学家兼地理学家，著有17卷的《地理志》（*Geographica*）存留下

---

① 赫拉克勒斯是古希腊神话中的英雄，大力神，是天王宙斯（Zeus）与阿尔克墨涅（Alcmene）之子。

② 欧摩尔波斯据说是海神波塞冬（Poseidon）与雪神卡俄涅（Chione）之子，约前1200年或前1350年色雷斯地区的国王，是得墨忒耳女神与狄奥尼索斯的祭司。

来。第8—10卷是关于希腊地理风貌、名胜古迹、民俗历史等的记载。其中第九卷、第十卷对埃琉息斯秘仪均有提及，他提到擅长模仿吕西阿斯（Lysias）简短文风、创立华丽文风的公元前3世纪希腊的历史家和演说家赫格西阿斯（Hegesias）自豪地称自己是埃琉息斯秘仪的一个入会者。此外，他在第十卷中将一切狂欢或入会仪式的神秘因素的起源都归结于狄奥尼索斯和得墨忒耳，并且第一次明确将伊阿库斯神视为得墨忒耳的一个精灵（Demon）。

狄奥多鲁斯（Diodorus Siculus，约公元前90—前21年？），公元前1世纪希腊著名的历史学家，以其代表作《历史书库》（*The Library of History*）而名垂青史。《历史书库》计40卷（现仅15卷完整存世），其中，第一卷、第四卷、第五卷和第十九—二十卷涉及了埃琉息斯秘仪。据他记载（第一卷），埃及人声称埃琉息斯秘仪和狄奥尼索斯秘仪起源于埃及，他们说雅典的国王俄瑞克透斯（Erechtheus）①是埃及人出身，欧摩尔波斯家族起源于埃及的祭司，克里克斯家族起源于pastophoroi，②因为奥西里斯的仪式与狄奥尼索斯的仪式相同，而伊西斯的仪式非常类似于得墨忒耳的仪式，只是叫法不同而已；狄奥多鲁斯本身并没有对此加以评论或取舍，仅是记录下来。他的埃及起源说与希罗多德的埃及说显然不同，狄奥多鲁斯只记未论，他没有像希罗多德那样有自己明确的观点，因为在后面的第五卷中，他又记载了克里特人声称埃琉息斯秘仪和奥尔弗斯教等均源自克里特。可见，关于秘仪的起源问题，他并没有对自己的所见所闻加以辨别，故其可靠性受到质疑，有待于其他史料的证实。同时，他在第四卷中提到了埃琉息斯的小秘仪，他认为小秘仪是得墨忒耳女神为了净化英雄赫拉克勒斯屠杀马人的罪孽建立的。这一说法与阿波罗多鲁斯一致。此外，他在第十九—二十卷中也记载了德米特里奥斯（Demetrius）入

---

① 俄瑞克透斯是希腊神话中雅典的国王，是匠神赫淮斯托斯（Hephaestus）非礼雅典娜（Athena）女神后精液落在地上，由大地女神盖亚（Gaia）生出。
② 欧摩尔波斯家族（"欧摩尔波斯的后代们"）和克里克斯家族"Heralds 传令官"是两大雅典贵族家族，负责阿提卡比较重要的节庆；Pastophoroi 是那些在队伍中拿着神的圣骨匣的埃及祭司们。

会埃琉息斯秘仪一事，这与普鲁塔克（Plutarch）的记载相符。值得注意的是，这位史家多次将奥尔弗斯教与埃琉息斯秘仪联系起来，例如，他说赫拉克勒斯入会埃琉息斯神圣仪式时，是奥尔弗斯的儿子穆赛俄斯（Musaeus）负责主持入会仪式的；记述埃及的历史时，也称埃琉息斯秘仪和酒神秘仪都是奥尔弗斯游历埃及时引进的。狄奥多鲁斯将埃琉息斯秘仪与奥尔弗斯教结合起来，实际上反映了秘仪崇拜的合流问题。

普鲁塔克（Plutarch，约公元46—120年），罗马帝国时期的一位著名的新柏拉图主义者，历史学家，希腊语传记作家和道德教育家。著有《希腊罗马名人传》（*Parallel Lives*）和《道德论丛》（*Moralia*）。相对其他史家而言，普鲁塔克对埃琉息斯秘仪的记载较为丰富，涉及神庙建筑、某些入会程序、秘仪时间表等，保存了许多其他史书、传记等著作所未记载的史料。例如其中的《伯里克利传》（*Perikles*）记载了伯里克利时期埃琉息斯得墨忒耳神庙的扩建。《提修斯传》（*Theseus*）提及赫拉克勒斯、波吕科斯（Polydeuces）和卡斯托尔（Castor）等外邦人入会埃琉息斯秘仪要和雅典人建立一定的亲缘关系。《福吉昂传》（*Phocion*）中保存了关于圣物装在密封的盒子里的信息，此外，还描述了秘仪庆典期间庞朴（Pompe）节的具体细节。《客蒙传》（*Cimon*）中有关于客蒙扩建庇西特拉图①时期的埃琉息斯神庙的说法。《底米斯托克利传》（*Themistocles*）中，普鲁塔克关于希波战争中埃琉息斯秘仪诸神帮助雅典人击败波斯人的说法显然是来自希罗多德。《阿里斯提德传》（*Aristides*）暗示了伊阿库斯神的神庙伊阿克乌姆在雅典迪普隆门附近。《亚西比德传》（*Alcibiades*）则就亚西比德渎神案详述了关于亵渎秘仪罪的惩罚和审判。《亚历山大传》（*Alexander*）中记述了亚历山大毁掉底比斯城后，雅典人一度取消了埃琉息斯秘仪的庆祝活动，这是史书中第一次记载埃琉息斯秘仪庆典的中止。《德米特里奥斯传》（*Demetrius*）中记载了马其顿国王德米特里奥

---

① 庇西特拉图 Peisistratos 或 Peisistratus，约公元前600—前527年，古希腊雅典僭主，是雅典政治、经济、宗教和文化生活中的重要人物。

斯强迫雅典人修改历法发展他入会一事，正是这位国王使埃琉息斯秘仪千余年的传统发生了改变，王权观念自此被引入了埃琉息斯秘仪中。《苏拉传》（*Sulla*）提及苏拉曾加入埃琉息斯秘仪，并提到了一位传秘师助理。除此之外，他的《道德论丛》共 79 篇（据罗叶布丛书），对埃琉息斯秘仪亦有所涉及，例如他说传秘师的名字得自于揭示圣物，而欧摩尔波斯是色雷斯人等。特别是他的《论灵魂》（*On the Soul*），其中折射出入会仪式的某些细节；他描述了灵魂与入会者遭遇类似的死亡体验，恐惧、颤抖、惊吓和最后的喜悦等，这对入会仪式的复原有重要的参考价值。

波桑尼阿斯（Pausanias），公元 2 世纪希腊旅行家，著有《希腊纪事》（*Description of Greece*），包括有关希腊各地的历史、宗教神话、景观、物产和社会风俗等方面的记述。其材料一方面来自个人旅行中的见闻，另一方面来自古代的某些著作。特别是他对名胜古迹的记载，较为准确，具有极高的史料价值。《希腊纪事》对埃琉息斯秘仪亦有较多记载，包括各种神话传说和神庙建筑、神像的描述等，为本书的研究提供了诸多有价值的史料。该著作计十卷，按地域不同依次介绍阿提卡（卷一），科林斯（Corinth，卷二），拉哥尼亚（Laconia，卷三），美塞尼亚（Messenia，卷四），厄里斯（Elis，卷五和卷六），阿卡亚（Achaia，卷七），阿卡迪亚（Arcadia，卷八），彼奥提亚（Boeotia，卷九）①和弗西斯、欧佐里安、罗克里（Phocis②，Ozolian，Locri，卷十）。几乎每卷都涉及到埃琉息斯秘仪。第一卷中，波桑尼阿斯介绍了雅典卫城的埃琉息尼翁神庙中供有得墨忒耳女神、珀尔塞福涅女神的神像以及手持火把的伊阿库斯神神像。他对伊阿库斯神的描述与阿里斯托芬和艺术作品表现的伊阿库斯的形象相符。他还提到护送秘仪圣物的队伍在雅典附近名为神圣无花果树的郊区休息以纪念英雄斐塔鲁斯（Phytalus）对得墨忒耳女神的照顾。该卷还描写了雅典人与埃琉息斯人之间的战争，并提及欧摩尔波斯家族具有色雷斯血

---

① 希腊中东部一地区，或译为比奥夏、贝奥提亚。
② 弗西斯的名字来自 Ornytion 的儿子 Phocus。

统,他的这一观点得到了现代某些西方学者的认同。自第二卷开始,波桑尼阿斯记载了许多希腊其他地区模仿埃琉息斯秘仪而建立的得墨忒耳秘仪。例如克里厄(Cleae)、美塞尼亚、阿卡迪亚、拉哥尼亚、培涅俄斯等。他特别强调了克里厄的得墨忒耳秘仪与埃琉息斯的有所不同,这里的庆典是每四年举行一次,传秘师不是终身任职,并可以结婚。此处,波桑尼阿斯错误地暗示了埃琉息斯的传秘师不能结婚。实际上,传秘师是可以结婚的,他只是在秘仪庆典期间禁欲而已。第九卷记载了得墨忒耳秘仪对卡贝里秘仪的影响。另外,波桑尼阿斯记载了秘仪庆典第四天埃皮达罗斯节(Epidaurus)的一些情况,雅典人声称他们和医神阿斯克勒庇俄斯(Asclepius)[①]共享秘密仪式。在第十卷中提到以秘仪为主题的瓶画,称画上拿着破水罐打水做苦力的人就是那些未参与埃琉息斯秘仪的人;并且他肯定了埃琉息斯秘仪的地位高于其他秘仪。值得注意的是,他在全书中多次提到他不敢泄露秘仪的具体内容,强调埃琉息斯秘仪的神圣性和神秘性,这可能暗示了波桑尼阿斯本身是秘仪的一个入会者。

波利比乌斯(Polybius,约公元前200—前118年),罗马统治时期著名的希腊史家。著有40卷(现仅存5卷)的《历史》(History),包含了作者所在年代的希腊史史料,记载了公元前272年到公元前146年罗马征服地中海周边列国的历史。据波利比乌斯记载,在继承者战争时埃琉息斯秘仪的信使团曾被派往埃及。这一记载体现了在希腊化时期埃琉息斯秘仪的"世界"性。

李维(Livius,公元前59—公元17年),是罗马共和国时期最著名的史家之一,历经40年完成了鸿篇巨制《罗马建城以来的历史》,简称《罗马史》。该著作第三十一卷提到在公元前201年,两个阿卡那尼亚(Acarnania)的年轻人亵渎埃琉息斯秘仪被雅典人处死,因此引发了阿卡那尼亚和雅典之间的战争。这说明埃琉息斯秘仪在雅典人心目中的神圣性,对亵渎秘仪者的惩罚不因国别、地域而有所不同。

---

① 医药神阿斯克勒庇俄斯是希腊神话中太阳神阿波罗(Apollo)与塞萨利公主科洛尼斯(Coronis)之子,一说是阿波罗和名望女神或海洋女神克吕墨涅(Clymene)之子。

塔西陀（Tacitus，约公元55—117年），古罗马著名的历史学家，著有《阿格里古拉传》（*De Vita Iulii Agricolae*）、《日耳曼尼亚志》（*De Origine et Situ Germanorum*）、《历史》（*Histories*）和《编年史》（*Annals*）。其中《历史》（25卷，部分散佚）有关于埃琉息斯秘仪的记载。他在第四卷中提到了罗马时期欧摩尔波斯家族的一个名叫提莫提乌斯（Timotheus）的祭司被托勒密从埃琉息斯请来主持宗教仪式。

苏维托尼乌斯（Suetonius，约公元60—140年），是罗马帝国早期著名的传记史家，著有《罗马十二帝王传》，记述了从恺撒（Caesar）到多米提亚努斯（Domitianus）12位罗马统治者的生平。其中的《神圣的奥古斯都传》（*Augustus*）和《尼禄传》（*Nero*）中有关于埃琉息斯秘仪的记载，包括皇帝奥古斯都入会埃琉息斯得墨忒耳秘仪并旁听了一起亵渎秘仪审理案、尼禄因自己是罪人而不敢接近埃琉息斯圣地等，为研究罗马帝国时期的埃琉息斯秘仪提供了重要的资料。

欧那庇厄斯（Eunapios，公元347—约405年），出生于萨尔迪斯（Sardis），自幼跟随其亲戚诡辩家克里桑休斯（Chrysanthius）学习，青年时到雅典学习修辞术，晚年可能居住在雅典，传授修辞术。他是埃琉息斯秘仪的入会者，并被允许加入欧摩尔波斯家族而成为传秘师。他的著作主要有《诡辩家传记》，另一著作包含了《戴克西普斯历史》（*Dexippus*）的续篇，这两部著作尽显对基督教仇恨之意。现存下来的是《诡辩家传记》，共收录了23位诡辩家，其中包含了预示埃琉息斯秘仪走向没落的重要信息。

2. 文学作品

（1）诗歌

诗歌是古希腊流传下来的重要文字史料。早期的诗歌可能以口头形式产生，部分涉及与特洛伊（Troy）战争相关的神话传说，但大部分已经失传。其中有些冠以荷马头衔的述及希腊神灵的短诗，即《荷马颂歌》（*The Homeric Hymn*）流传下来，这是研究古希腊早期宗教、神话和观念的重要史料。关于埃琉息斯秘仪最早的、最重要的史料就是《荷马颂歌》中的《荷马致得墨忒耳颂歌》①（*The Homeric Hymn：To Demeter*）。该诗歌大约创作于公元前7世纪，但所反映的内容却有浓郁的远古气息，因为颂歌对雅典只字未提，应该是在阿提卡统一运动之前。作者身份不详，可能是荷马，也可能另有其人。主要内容是关于秘仪如何在埃琉息斯建立的神话传说。诗歌以冥王哈迪斯（Hades）强抢珀尔塞福涅女神为开端，叙述了得墨忒耳女神在漫游寻女过程中来到埃琉息斯，并向埃琉息斯人传授秘仪的故事。得墨忒耳在埃琉息斯受到了国王凯留斯一家的招待，在做客期间她以照顾凯留斯的小儿子作为回报，将他放在火上烤以使这个小孩能获得永生，但是因为梅塔尼拉（Metaneira）的打扰而失败了。随后女神向他们显现了自己的原形，要求埃琉息斯人建造神庙来纪念她。神庙建好后，女神在庙中哀悼自己的女儿，发誓让大地不结果实以此表达对宙斯的抗议。最后宙斯命令哈迪斯释放珀尔塞福涅。狡诈的冥王诱骗珀尔塞福涅吃下了石榴籽，使她每年三分之一的时间待在地府中，余下时间陪伴母亲。虽然这首颂歌的内容属于神话传说，但是巧妙地将秘仪与农业、地府联系在一起，并折射出秘仪蕴涵的来世幸福、死而复生等宗教思想与观念。颂歌所载之神话传说也在埃琉息斯秘仪庆典中被模仿，例如得墨忒耳手持火把寻女、在埃琉息斯的禁食和最后母女团聚的喜悦等。因此，该颂歌是后世学者们研究埃琉息斯秘仪必不可少的基础，具有重要的史料价值。

遗憾的是，真正归于荷马名下的两部史诗《伊利亚特》（*Iliad*）和《奥德赛》（*Odysseus*）却对埃琉息斯秘仪只字未提，但它们仍为我们考察"荷马时代"埃琉息斯秘仪发展的社会背景提供了一定的依据。

赫西俄德（Hesiod）是古希腊第一位写实诗人，生活在约公元前8世纪末到公元前7世纪初，传世之作有两篇诗歌《神谱》（*Theogony*）和《工作与时日》（*Works and Days*）。《神谱》主要探讨了希腊众神的世系，带有朦胧的历史萌芽，是研究希腊宗教神话的重要史

---

① 颂歌中献给得墨忒耳女神的有两篇，详见附录部分。

料。《工作与时日》描述了一年四季的农事和农历，具有写实性。这两篇诗歌虽没有直接记载埃琉息斯秘仪，但它们仍可作为本书研究的宗教背景性史料使用。

品达（或译品达罗斯，Pindar，约公元前522—前443年），古希腊著名诗人。他的诗气势宏伟，措辞严谨有力，诗中充满生动的比喻，诗品意境都比较高，思想深邃。品达写过各种题材的诗，尤以合唱颂歌著称。相对于其他抒情诗人，品达的诗传世较多，主要是赞美奥林匹亚等竞技胜利者的颂歌。因为他笃信宗教，所以他的诗具有某种扑朔迷离的神秘色彩。波桑尼阿斯曾讲述了品达为冥后珀尔塞福涅作诗的故事，据说品达一生中写了无数歌颂神灵的诗歌，却没有关于冥后的。珀尔塞福涅在品达的睡梦中向他显现，要求他为女神写颂歌。后来他将诗歌托梦给他的一个亲戚，女神的颂歌得以广泛流传。品达的诗歌对埃琉息斯秘仪也有所提及，但多是神话传说，例如他在《奥林匹亚赛会颂歌》（*Olympian Odes*，6.95）中提到了马与得墨忒耳和珀尔塞福涅有关。在《尼米亚赛会颂歌》（*The Nemean Odes*，1.14）中将珀尔塞福涅与古老的西西里联系在一起，因为神话传说中有将西西里视为珀尔塞福涅被劫之地的说法。品达残篇中提到入会者死后将备受祝福，因为入会者能理解肉体生命的终结和神赐予的新生命的开始。他还解释了入会秘仪之人的灵魂死后在地府中如何纯洁光亮等。此外，他的《地峡赛会颂歌》（*Isthmian*）中也有相关叙述。

卡利马库斯（Callimachus，约公元前310—前240年），古希腊著名学者及亚历山大派诗人代表。其作品中有关于埃琉息斯秘仪的记载。最著名的是《致得墨忒耳颂歌》（*To Demeter*），提供了许多秘仪的相关信息。例如他提到秘仪庆典中妇女们都带着篮子。他还提及禁食问题，称赫斯珀里斯（Hesperus）在云中为秘仪入会者的禁食计时，因为她是第一个来劝说禁食中的得墨忒耳的。在卡利马库斯的残篇中，还提到了得墨忒耳女神坐在埃琉息斯的卡利克鲁斯（Callichorus）井旁边，为失去女儿而哀伤。

《奥尔弗斯教祷歌》（*The Orphic Hymns*）是古希腊民间宗教奥尔弗斯教在秘仪上献唱给诸神的诗歌，由87首宗教短诗构成，其年代大约在希腊化时期晚期（约公元前3世纪或前2世纪）或者罗马时期（公元1世纪到2世纪）。这些祷歌中，很多是献给埃琉息斯秘仪的神灵的。其中，第十八首《致普路托》（To Pluto）是献给冥王哈迪斯的祷歌，作者将普路托与哈迪斯等同，并称在埃琉息斯的洞穴就是哈迪斯的入口。第二十七首《致众神之母》（To the Mother of the Gods）恳请大母神降临秘仪，这里作者似乎将瑞亚、盖亚、赫斯提亚和得墨忒耳等女神的形象结合到了一起，这体现了奥尔弗斯教诸说混合和多神崇拜的特点。第二十九首《致珀尔塞福涅》（To Phersephone）讲述了珀尔塞福涅的出身、被劫的经历，强调了珀尔塞福涅的冥后身份。第三十首《致狄奥尼索斯》（To Dionysos），将狄奥尼索斯、伊阿库斯、欧布鲁斯（Eubouleus）等同，是宙斯化身为蛇与珀尔塞福涅结合所生。祷歌第四十首是专门献给埃琉息斯的得墨忒耳女神的，《致埃琉息斯的得墨忒耳》（To Demeter Eleusinia）既表现了得墨忒耳的传统特征，又显示了它在埃琉息斯秘仪中的特征，即地母神、谷物女神、埃琉息斯之神、立法女神等身份。祷歌第四十一首和第四十二首也是献给埃琉息斯神灵的。《致安塔阿母神》（To Meter Antaia）实际上是献给得墨忒耳的祷歌，因为诗中讲述了安塔阿母神在埃琉息斯结束其寻女的历程，为了珀尔塞福涅下至地府，此处得墨忒耳女神能自由下至地府，反映了得墨忒耳也与阴间崇拜密切相关。另外，该首祷歌中提到了埃琉息斯的一位次神第绍卢斯（Dysaules），作者将他与伊阿库斯神混淆。《致弥塞》（To Misa）将亚洲的双性神弥塞与狄奥尼索斯、伊阿库斯神等同，强调了伊阿库斯神的双重性别。

维吉尔（Virgil，公元前70—公元19年），古罗马最著名的诗人。其作品主要有《牧歌》（The Eclogues）、《农事诗》（The Georgics）和《埃涅阿斯记》（The Aeneid）。前两部作品主要是描写农村和农业生活，史诗《埃涅阿斯记》记述了罗马人的祖先埃涅阿斯在特洛伊陷落后，带着少数特洛伊居民到意大利定居建城的经历。其中一个场景是埃涅阿斯下至地府，作者给我们描述了死后至福之地的状况，这很可能就是埃琉息斯秘仪死后幸福观的一个反映。

贺拉斯（Horace，公元前65—公元8年），古罗马最主要的讽刺诗人、抒情诗人和文艺批评家，出生于意大利南部。其作品主要有《颂歌》（*Odes* 或 *Carmina*，计 4 卷）和《诗简》（*Satires*，计 2 卷）。贺拉斯在其《颂歌》中提及埃琉息斯秘仪，坦言自己不会和亵渎秘仪者共乘一船，唯恐灾难波及于他，这体现了直至罗马时期人们仍对秘仪怀有强烈的敬畏之心。

奥维德（Ovid，公元前 43—公元 18 年），是罗马帝国初期重要的诗人，出生于意大利中部的骑士家庭。其作品《变形记》（*Metamorphoses*）和《岁时记》（*Fasti*）对埃琉息斯秘仪都有所涉及。《变形记》主要描写了得墨忒耳女神的经历，《岁时记》则提到了入会仪式前的禁食问题。此外，奥维德还在《岁时记》中论述了为何猪会成为埃琉息斯秘仪的祭品。

诺努斯（Nonnus），可能生活在公元 4 世纪末和 5 世纪初，希腊史诗诗人，他晚期可能皈依基督教。其作品有《酒神传》（*Dionysiaca*）、《圣经约翰福音释义》和两篇已遗失的诗歌《巨人们的战争》（*Battle of the Giants*）和《巴塞里卡》（*Bassarica*）。其中，《酒神传》计 48 卷，是关于狄奥尼索斯的传记，主题是狄奥尼索斯远征印度及其返回。诺努斯在《酒神传》中提到了埃琉息斯秘仪中的伊阿库斯神，将他视为狄奥尼索斯的儿子。他的这种说法未得到普遍支持。

（2）戏剧

戏剧虽是文学作品，但它们多以神话为主题，往往能更直接折射出希腊社会的伦理道德观念和宗教思想观念。因此，戏剧，特别是古典时代的悲剧和喜剧，对研究埃琉息斯秘仪具有重要的史料价值。

埃斯库罗斯（Aeschylus，约公元前 524—前 456 年），古希腊著名的三大悲剧家之一，出生于秘仪的圣地，即阿提卡西部的埃琉息斯。他的父亲欧福利翁（Euphorion）是埃琉息斯的贵族。可以肯定的是，埃斯库罗斯深受其家乡得墨忒耳秘仪的影响，因为他曾被控告在戏剧中泄露了埃琉息斯的秘仪。据说他写过 70 部悲剧，传世的 7 部作品对本书的参考价值不大，可能其散佚的作品中有对埃琉息斯秘仪的描写。据雅典那乌斯记载，埃斯库罗斯的《达奈德》（Danaids）①描述了得墨忒耳女神的丰产功能和达奈德们在冥府中所受的惩罚。埃斯库罗斯还重新改变了在酒神节上悲剧表演者所穿的服饰。根据雅典那乌斯记载，这也影响了埃琉息斯秘仪祭司的服饰。

欧里庇得斯（Euripides，公元前485—前406年），古希腊三大悲剧诗人之一，出生于阿提卡东部弗吕亚的贵族家庭。他一生大概写了92部作品，现流传至今的有18部。其中提及埃琉息斯秘仪的约6篇。《伊翁》（Ion）中提到20日秘仪队伍到达埃琉息斯后，还要进行纪念女神的唱歌和跳舞。《请愿的妇女》（Suppliants）描写了在埃琉息斯得墨忒耳神庙前，提修斯母亲向埃琉息斯得墨忒耳女神祈祷。《酒神的伴侣》（The Bacchantes）中的人物忒瑞西阿斯（Teiresias）称得墨忒耳女神是人间最主要的两位神灵之一，这体现了得墨忒耳崇拜在希腊人生活中的重要性。《海伦》（Hellen）中的歌唱队以音乐歌唱了得墨忒耳女神失去女儿的愤怒与悲伤。《疯狂的赫拉克勒斯》（Heracles Mad）剧中人物英雄赫拉克勒斯声称在他下至地府时目睹了入会者的神秘仪式。《伊菲格涅亚在陶洛人里》（Iphigenia Among the Tauri）描述了大海的净化作用，这反映了在希腊人的意识中大海是能洗涤罪孽的。

索福克勒斯（Sophocles，约公元前496—前406年），古希腊三大悲剧诗人之一，出生于雅典西北郊。他一生中大约写了130部悲剧，完整传世的只有7部。其中《安提格涅》（Antigone）对埃琉息斯秘仪有所提及。剧中歌唱队唱歌呼唤狄奥尼索斯，称颂他守护埃琉息斯女神得墨忒耳的圣地。可能索福克勒斯将狄奥尼索斯与伊阿库斯神相等同。他的《俄狄浦斯在科罗诺斯》（Oedipus at Colonus）体现了埃琉息斯秘仪许诺的来世幸福观。

阿里斯托芬（Aristophanes，约公元前445—前385年），古希腊

---

① 指达纳乌司杀死丈夫的第49位女儿。她们是冥王地域中永远受着惩罚的女性，她们杀死了自己的丈夫，所以被惩罚用漏水的水罐打水，当她们走到终点的时候，水也将漏完，于是不得不返回重复着徒劳的苦力。

著名的喜剧家，雅典人。阿里斯托芬写有约 40 部喜剧，大部分已丢失，现完整传世的只有 11 部。包括《阿卡奈人》（*Acharnians*）、《骑士》（*Knights*）、《云》（*Clouds*）、《和平》（*Peace*）、《鸟》（*Birds*）、《妇女公民大会》（*Ecclesiazusae*）、《蛙》（*Frogs*）、《普路托斯》（*Ploutos*）、《马蜂》、《地母节妇女》（*Thesmophoriazuzai*）和《吕西斯特拉忒》（*Lysistrate*）。他在喜剧中多次描述了埃琉息斯秘仪，为本书的研究提供了重要的史料。其中与埃琉息斯秘仪直接相关的是《蛙》，《普路托斯》次之。阿里斯托芬在《蛙》中用大量篇幅再现了埃琉息斯秘仪庆典活动的某些场景，特别是关于伊阿库斯神的描述，体现了自希波战争以来伊阿库斯崇拜在秘仪中具有重要的影响；同时也为辨别伊阿库斯与狄奥尼索斯提供了史料依据。《普路托斯》也保存了埃琉息斯秘仪的诸多信息，尤其是涉及到了小秘仪的时间、起源及与大秘仪的关系等，这可与普鲁塔克的相关记载互相印证。此外，他的《云》《地母节妇女》《鸟》《和平》和《骑士》对埃琉息斯秘仪也有提及。例如，《云》中的歌唱队呼唤带雾的女郎们去阿提卡，说在埃琉息斯庙宇中正举行着神圣的入会仪式；《和平》中的英雄特里盖乌斯（Trygaeus）在死前的愿望是借 3 德拉克玛买只猪，因为他要在死前入会秘仪。

（3）演说家的作品

在古希腊，演说术盛行，产生了一大批精通演说术、拥有高超演说能力的演说家。他们中一部分人的作品存留下来，成为后人了解那段时期雅典社会、政治、文化、经济的重要资料。其中部分演说词涉及到埃琉息斯秘仪。

安多基德（Andocides，约公元前 440—前 390 年），雅典政治家和演说家，现有 3 篇完整演说词和 4 残篇存世，反映了他所在时代雅典政治斗争的一些情况。他的《论秘仪》（*On the Mysteries*）是一篇诉讼演说，就公元前 415 年雅典的秘仪亵渎案，保留了许多有价值的信息。例如相关的秘仪法、仪式禁忌等。

吕西阿斯（Lysias，约公元前 459—前 380 年），诞生于叙拉古，后来以异邦人身份定居雅典。他的《反对安多基德》（*Against Andocides*）

的演说是针对其政敌安多基德的，其中提到了埃琉息斯秘仪。

伊赛俄斯（Isaeus，约公元前420—前350年）的演说词第七篇《论阿波罗多罗斯的产业》（*On the Estate of Apollodoros*）中提到传秘师有子女。

伊索克拉底（Isocrates，公元前436—前338年），是雅典最负盛名的演说家之一。他的演说词保存下来的有21篇。其中，《泛雅典娜节集会辞》（*Panathenaicus*，约发表于公元前342—前339年间）、《泛希腊集会辞》（*Panegyricus*，约发表于公元前380年）、《元老院辞》（*Areopagiticus*，约发表于公元前357年）三篇演说词均属于节庆典礼演说词，为我们了解公元前4世纪希腊社会的宗教、政治状况提供了一些材料。他的《泛希腊集会辞》对埃琉息斯秘仪有较多论述。他的演说一方面反映了希波战争后蛮族人和杀人犯一样被永远拒绝在秘仪之外，另一方面也通过得墨忒耳赐予雅典人的谷物和秘仪两项礼物来歌颂雅典城邦的伟大功绩，号召其他城邦对雅典心存感激，倡议希腊人统一在共同的旗帜下，因为埃琉息斯秘仪等庆典的举行增强了希腊人的民族认同感。此外，据他的演说词《马队》（*Concerning the Team of Horses*）记载，在雅典亵渎秘仪相当于破坏民主政治，足见秘仪的神圣地位。

埃斯吉涅斯（Aeschines，约公元前390—前314年），与德摩斯提尼（Demosthenes）是同时代的政治家。他的演说保存下来的很少，完整的只有三篇法庭演说，其中两篇涉及埃琉息斯秘仪。一是《论出使》（*On the Embassy*，发表于公元前343年）；二是《控告克泰西丰》（*Against Cteisiphon*，发表于公元前330年）。

德摩斯提尼（Demosthenes，约公元前384—前322年）是公元前4世纪雅典著名的政治家和演说家。托名于其下的《反对尼艾拉》对奴隶入会埃琉息斯秘仪有详细的记载。

雅典那乌斯（Athenaeus），公元2世纪末3世纪初古希腊修辞学者和诡辩家，来自埃及的瑙科拉提斯城（Naucratis），著有15卷的《博学的盛宴》（又译《餐桌上的健谈者》，*Deipnosophistae*）。他在该书第三卷、第四卷、第六卷、第七卷、第九卷、第十一卷、第十三卷、第十四卷中对埃琉息斯秘仪均有论及，包括小秘仪、科诺斯器皿、跳圣舞和秘仪最后一天的活动等。其中有些材料是唯他所有，弥足珍贵。

利巴尼奥斯（Libanius，公元314—394年），公元4世纪叙利亚修辞学家，早年曾到雅典学习过修辞术，后来与罗马皇帝朱里安结为朋友。他门下有的弟子是基督徒，但他本人却是异教的维护者，他的作品体现了这一点。他是位多产的作家，写了大量的演说词，涉及诉讼、神学和修辞学等，是研究晚期罗马帝国社会历史的重要史料。他的演说词约百余篇，书信1545封。其中著名的有对罗马皇帝朱里安（Julian）和提奥多西一世（Theodusius Ⅰ）的评论，最为著名的当属其对基督教亵渎神庙的哀悼。利巴尼奥斯的作品为研究罗马帝国时期埃琉息斯秘仪的衰落保留了珍贵的史料。他在写给皇帝提奥多西一世的书信中提到了埃琉息斯秘仪95岁高龄的传秘师奈斯托里乌斯（Nestorius）被迫关闭了神庙。他还记载了皇帝朱里安入会了埃琉息斯秘仪、密特拉秘仪和大母神秘仪。此外，他的作品中还对埃琉息斯的神庙、入会仪式的细节进行了描写。他的著作主要涉及神学和修辞学，在其演说词中也提到了埃琉息斯秘仪。

3. 其他题材作品

除了上述的史学著作和文学作品外，许多政治家、哲学家和思想家等的著作也保存了埃琉息斯秘仪的相关史料。

柏拉图（Plato，公元前428—前348年），古希腊著名的哲学家、政治思想家、教育家。雅典贵族家庭出身，青年时师从苏格拉底（Socrates）。他著述颇丰，现传世25篇对话录、13封书信和1篇苏格拉底的申辩辞。对话集凝聚着苏格拉底哲学思想的精髓，也汇集了柏拉图本人及当时雅典知识分子对各种事物的看法。其中《宴饮篇》（*Symposium*）、《斐德罗篇》（*Phaedrus*）、第七封书信、《理想国》等对埃琉息斯秘仪均有所提及。尤其是柏拉图的灵魂论，深受秘仪影响。

亚里士多德（Aristotlc，公元前384—前322年），至少撰写了170种著作，其中流传下来的有47种。内容涉及自然科学与社会科学诸多领域。其中《雅典政制》(The Constitution of Athens) 和伦理学著作《尼各马克伦理学》(Nicomachean Ethics) 对埃琉息斯秘仪有所论述。

菲洛斯特拉托斯 (Philostratus, 约公元 160 年或 170 年—244 年或 249 年), 希腊利姆诺斯岛 (Lemnos) 人, 通称大菲洛斯特拉托斯或雅典人菲洛斯特拉托斯, 古希腊作家、哲学家。曾在雅典学习修辞学, 后来到罗马学习和活动。他写了一部《提阿纳人阿波罗尼奥斯传》(InHonor of Apollonius of Tyana) (8 卷) 和《诡辩家传》(2 卷)。前者记述了毕达哥拉斯派游方道士阿波罗尼奥斯 (生于公元前后) 的生平事迹, 传说此人能施法术。据菲洛斯特拉托斯所载, 阿波罗尼奥斯因为是巫师所以被拒绝于埃琉息斯秘仪之外。

此外, 早期基督教父克莱门 (Clements)、希波吕图斯, 犬儒派的第欧根尼 (Diogenes)、琉善 (Lucian)、狄奥·克里索斯托莫斯 (Dio Chrysostomus, 约公元 40—120 年) 等哲学家和思想家的著作中也保留了埃琉息斯秘仪的相关信息, 这里不再赘述, 详见文中引文之处。

4. 碑铭资料

铭文史料是古希腊史研究的另一重要文字史料, 一般刻写在坚硬耐久的材料上。目前发现的希腊铭文史料多是镌刻在陶器制品、石板上、金属和泥版上等, 语言风格多简洁明快。希腊铭文所涉及的内容主要包括公共和私人两个方面。公共方面主要有城邦间的条约, 城邦法律, 宗教法, 节气历法, 公民大会决议, 神庙活动记录, 军事、政治、建筑、竞赛等重大事件的记载等。私人方面包括个人的一些诗歌、散文、艺术作品签名、墓志铭以及和经济活动相关的契约等。当前的铭文多来自古典时期和希腊化时期。这些铭文资料经现代史家整理汇编, 陆续出版, 其中《帕罗斯编年史》(The Parian Chronicle) 收录于德国古典学家雅各比所编译的《古希腊历史作品残篇》(F. Jacoby, Die Fragmente Der Griechischen Historiker. Vols. 1 – 2. Berlin, 1923 – 1926. Vol. 3. Leiden, 1940), 它是确定埃琉息斯秘仪起源时间的重要依据; 罗德斯 (Rodes) 和奥斯邦 (Osborne) 合编的《希腊历史铭文：公元前404年—323年》(*Greek Historical Inscriptions*: 404 - 323 B.C.)，托德（Tod）编译的《希腊历史铭文选》(*A Selection of Greek Historical Inscriptions, From 403 to 323 B.C.*)，托德的《希腊历史铭文选》(*A Selection of Greek Historical Inscriptions, to the end of the Fifth Century B.C.*)都有英文的翻译和注释，为本书研究提供了许多便利。此外，西方学者还整理出一些法律铭文史料，例如古希腊的法律条文、宗教法、节气历法等。主要包括《埃琉息斯宗教历法》(Robert F. Healey, S. J.: *A Sacred Calendar of Eleusis*, Harvard University Press, London: Oxford University Press, 1965.)，《公元前410/09—400/399年雅典法典的面貌》(Hansen, Hardy: *Aspects of the Athenian Law Code of 410/09 - 400/399 B.C.*, New York: Garland Pub., 1990.)，《雅典法典中的埃琉息斯献祭》(Robert, F. Healey: *Eleusinian Sacrifices in the Athenian Law Code*, New York: Garland Pub., 1990.)，《希腊宗教法》(Lupu Eran: *Greek Sacred Law*, Leiden Boston, 2005.)等。克林顿教授整理的《埃琉息斯秘仪的神职人员》也是相关碑铭文献的收集。新近由雅典大学教授乔治卡拉科斯与布拉塞利斯等主编的《铭文中的雅典民主政治》(*AthenianDemocracy: speaking Throughtsinscription*, Editedby M. Lagogianni-Georgakarakos-K. Buraselis, 2009.) 中有关于公元220年埃琉息斯秘仪队伍管理的法令。

（二）非文字史料

非文字史料主要是古希腊遗存下来的或考古发掘的一些当时的神庙建筑、雕刻、壁画、陶器图案、衣物、饰品、钱币、墓葬等。它们常常能形象生动地提供古希腊社会生活的诸多信息，特别是反映了当时人的生活及宗教观念等。关于埃琉息斯秘仪，由于其严格保密性，同文字史料一样，非文字的艺术表现形式也受到了限制，最核心的神圣秘密在艺术作品中也是禁区。然而，这些非文字史料是本书文字史料的重要补充，提供了许多具体的、有价值的信息，形象地表达了埃琉息斯秘仪的某些内容。例如，秘仪庆典的献祭、伊阿库斯神的身份辨别及其庆典、神庙建筑规模的扩大等。当然，这类史料也有其自身的局限性，它们仅是笼统地反映了表象上的特征，不能完全体现本质上的社会关系。因此,非文字史料只能作为文字史料的补充。

三 研究述评

(一) 国外学者的相关研究

埃琉息斯秘仪作为古代秘仪的典型,引起了不少学者的好奇。可能早在19世纪初,西方就已经兴起了对埃琉息斯秘仪的专题研究。就目前笔者所能搜索到的资料看,最早的当属1803年英国学者爱德华·丹尼尔·克拉克(Edward Daniel Clarke)的《不同作者关于谷物女神刻瑞斯雕像研究的论证——剑桥公共图书馆前厅的埃琉西斯女神雕像》(*Testimonies of Different Authors, Respecting the Colossal Statue of Ceres, Placed in the Vestibule of the Public Library at Cambridge*; With a Short Account of Its Removal from Eleusis, Published in Francis Hodson, 1803.)。该书主要从挖掘出的伯里克利时期所建的埃琉息斯神庙内得墨忒耳女神神像特征入手,描述了她与伊西斯女神、库柏勒女神等的相似性。1817年法国学者的《埃琉息斯秘仪论集》(*Essay on the Mysteries of Eleusis*, Edited by Sergeï Semenovich Uvarov, James Christie, Antoine Isaac Silvestre de Sacy, Translated by James Christie, Published in Rodwell and Martin, 1817.)也是一部较有影响的专题性著作,强调埃及因素对埃琉息斯秘仪的诸多影响。

20世纪初人类学、民族学研究兴起,西方学者对此问题的研究关注日渐增多。早期的有比利时学者弗兰斯·库蒙特(Franz Cumont,1904年)和理查德·雷特森斯蒂恩(Richard Reitzenstein,1910年)。[①] 法国学者保罗·弗卡特(Paul Foucart)是20世纪初期埃琉息斯宗教的著名研究者,著有《埃琉息斯秘仪》(*Les Mystères D'Éleusis*, 1914)。该书提出了著名的埃琉息斯秘仪埃及起源说。他赞同希罗多德的观点,认为早在公元前16或前17世纪时埃及的移民将伊西斯和奥西里斯的秘仪传入了埃琉息斯。关于冥后珀尔塞福涅,他认为她是在公元前11世纪之前才从原始的得墨忒耳形象或功能中分离

---

① 笔者从《牛津古典辞书》中获知这两位学者率先对秘仪进行了研究。

出来的。此外，关于入会仪式的象征性表演，弗卡特认为多梅纳（Dromena）应该包括穿越地下之旅的表演，地下世界的幻想和漫游，是在入会礼大厅内上演的。但是他的这一看法缺乏文字和考古发掘的证据，只是个人推测。由于弗卡特的研究缺乏充分的依据，多属推测，随着考古新成果的发现，他的观点遭到了质疑。

英国人类学家弗雷泽（Frazer）的《金枝》也对秘仪问题进行了深入的探讨，尤其是他的相关宗教理论，对后世的研究具有重要的指导意义。他将古希腊的珀尔塞福涅女神、酒神狄奥尼索斯和埃及的奥西里斯神等都看成是一种死而复生之神，并将他们与植物的死而复生相联系。这一观点为后世学者们广泛接受。他认为埃琉息斯秘仪的神话《荷马致得墨忒耳颂歌》的隐晦暗示与基督教的希波吕图斯揭示的割断的谷穗的秘密是一样的。关于得墨忒耳女神的身份，弗雷泽断定她是谷物的化身，而不是大地的化身，并将大地说成是得墨忒耳最凶恶的敌人。显然，弗雷泽过于强调了得墨忒耳的谷物女神身份，忽视了其远古的大地女神身份。

希腊考古学家乔治·米劳纳斯（Mylonas G. E.）参与了许多迈锡尼文明遗址的发掘活动，著有《埃琉息斯和埃琉息斯秘仪》（*Eleusis and the Eleusinian Mysteries*, Princeton：University Press, London：Routledge and KeganPaul. 1962.）一书。他的著作大半与遗址建筑的历史有关。全书正文共九章，第一章是关于埃琉息斯秘仪神话和历史的概述；从第二章到第七章，主要以时间为主线对各个时期埃琉息斯神庙的建筑进行了描述；第八章根据考古发掘的陶瓶画、器皿、浮雕等论及了埃琉息斯秘仪与艺术的关系；第九章是对具体秘仪庆典活动的描述。关于秘仪的起源，米劳纳斯以考古发掘的成果和相关古典史家记载为依据，将埃琉息斯秘仪的起源时间追溯到迈锡尼时代。他以迈锡尼时代神庙遗址 Megaron B（中央大厅 B）[①] 为立足点，从三个方面来论证这一观点：一是从年代学上看，他以帕罗斯编年史的记载和

---

① 古希腊和小亚细亚建筑的中央部分，由敞廊、门厅和大厅三部分组成，中间有火炉及宝座，周围四根木柱。

《荷马致得墨忒耳颂歌》讲述的故事为基础,将得墨忒耳祭仪的传入时间追溯到迈锡尼时期;二是从场所的连续性上看,历史时期的入会礼大厅正是建立在中央大厅 B 的基础上;三是从建筑学要素上看,挡土墙(Peribolos)将中央大厅 B 和居住区的其他部分隔离开,一个凸起的平台可能被当作祭坛使用。至于埃琉息斯秘仪的起源地,米劳纳斯断定得墨忒耳秘仪是由希腊或地中海的某个地方引进到埃琉息斯的,其中他倾向于来自北部的色雷斯。然而,这一观点缺乏文字史料的支持,也无法解释埃琉息斯秘仪中蕴涵的埃及因素和本土因素。他还对各个时期埃琉息斯得墨忒耳神庙建筑进行了全面细致的研究,虽然他的论述多为考古性的,但神庙建筑的变迁折射出埃琉息斯秘仪的兴衰,对本书的研究具有重要的参考价值。另外,他详细描绘了秘仪前九天的活动,但最后一天的仪式他也无法弄清,只得承认古人十分成功地保存了他们所有的秘密。米劳纳斯将秘仪分为三个阶段:小秘仪、入会仪式和高级入会者的神圣体验(Epopteia)。他的这种划分方法将初级入会者排除在最后庆典高潮之外。但没有证据能够证明在秘仪高潮阶段初级入会者退出了入会礼大厅或是闭眼不观。他还对入会仪式中的神圣表演进行了深入分析,认为神圣表演中不应包括圣婚的象征性表演和穿越地下之旅的表演。然而,他的这一论断缺乏说服力。米劳纳斯该书的最后一部分附有早期基督教父的相关著作及现代阐释。此外,他的论文《埃琉息斯和迈锡尼的墓地》(*The Cemeteries of Eleusis and Mycenae*),通过考古发现对墓地遗址的建筑特点、墓葬中的物品和迈锡尼、埃琉息斯出土的陶器进行了分析。

匈牙利学者克兰伊(Kerenyi)著有《埃琉息斯:母亲和女儿的原型形象》(*Eleusis: Archetypal Image of Mother and Daughter*, Translated from the German by Ralph Manheim, Princeton University Press, 1991.)。该书主要是对埃琉息斯秘仪的面貌进行了重构,并论述了埃琉息斯秘仪的起源问题、神话背景、小秘仪、大秘仪等,强调了埃琉息斯秘仪的唯一性。但这位学者将埃琉息斯秘仪的成功归之于一种心灵或精神上的满足,并指出这种心理效果是不同于悲剧的。可能克兰伊受其早期比较神话学研究的影响较大,有许多观点基于自己的理论解释了秘仪。他根据考古发掘出的杯子推断珀尔塞福涅的早期形象应该是蛇女神，而埃琉息斯秘仪不能说出的秘密是与珀尔塞福涅有关的。《荷马致得墨忒耳颂歌》中提及，得墨忒耳女神赐给埃琉息斯人两项礼物：秘仪和稼穑之术。埃琉息斯的英雄特里普托勒姆斯担任了传播农业的使者。然而，克兰伊认为特里普托勒姆斯在四处游历过程中肩负着传播农业知识和女神秘仪的双重使命。他还对秘仪期间饮用的混合饮料（Kykeon）[①]的成分进行了研究，认为这种饮料中含有薄荷油（Glechon）成分，可能适度地引起幻觉，从而使入会者更好地体验与神灵的交流。他还强调了秘仪的"存在"意义，将埃琉息斯秘仪与雅典人、希腊人乃至整个人类的存在联系在一起，因为它触及了人类共同性的某些东西，譬如死亡，它为希腊人提供了面对死亡的信心。在讨论入会阶段上，他认为只有两个层次，Myesis 和 Epopteia，前者与小秘仪相符，后者与大秘仪相符。显然，克兰伊的划分偏离事实。对于秘仪的核心问题，他认为入会者看到了"地下女神的显示"，但他无法证实这是如何发生的。至于埃琉息斯秘仪的起源，他从考古学和语言学着手，将埃琉息斯秘仪的起源追溯到公元前 15 世纪。他认为得墨忒耳是第一个入会者也是埃琉息斯秘仪的建立者，她来自克里特，但这并不意味着埃琉息斯秘仪也起源于克里特，然而，关于埃琉息斯秘仪的起源地究竟如何，他没有提出明确的观点。此外，克兰伊还著有《神话科学：关于圣婴和埃琉息斯秘仪的介绍》，主要阐述了埃琉息斯秘仪中的两位女神得墨忒耳和珀尔塞福涅，属于"母亲—女儿"，并说这种崇拜体验原则上是将男人排除在外的，实际上，埃琉息斯秘仪对男人和妇女都开放。在该著作中他再次强调了埃琉息斯秘仪精神或心灵体验的重要性。

美国科内尔大学凯文·克林顿（Kevin Clinton）教授的《埃琉息斯秘仪的神职人员》（*The Sacred Officials of the Eleusinian Mysteries*, 1974）搜集了关于埃琉息斯得墨忒耳和珀尔塞福涅神庙和秘仪的所有

[①] 一种混合的饮料，据说得墨忒耳在埃琉息斯禁食时就是喝的这种饮品而拒绝了葡萄酒。因此卡吉尼亚的饮用是对女神的模仿。

碑铭文献集。他从碑铭史料出发，主要论述了埃琉息斯秘仪神职人员的类别、职责、选举的资格、选举的方法、任职时间的长短、额外津贴、崇拜等级和社会地位、参与城邦生活和非埃琉息斯崇拜、宗教服饰等。他认为秘仪的控制权牢牢地掌握在欧摩尔波斯（Eumolpidai）和克里克斯（Kerykes）两大家族手中。祭司、传秘师主要来自前一家族，后一家族则提供启蒙师、持火炬者等。这两个家族的成员都保有执行入会礼的特权。此外，克林顿还写了多篇关于埃琉息斯秘仪的论文，如《埃琉息斯秘仪：罗马入会者和捐赠者、埃琉息斯秘仪的牺牲》等。他的《埃琉息斯城关于秘仪的法律》（*A Law in the City Eleusinion Concerning the Mysteries*），根据大量考古发现对埃琉息斯关于秘仪的法律进行了细致的研究，文中详细列出了这些法律的希腊文原文，并对此作了详细的注解。① 其另一著作《神话和仪式：埃琉息斯秘仪的肖像研究》（*Myth and Cult*, *The Iconography of the Eleusinian Mysteries*, *The Martin P. Nilsson Lectures on Greek Religion*, Delivered 19–21 November 1990 at the Swedish Institute at Athens, Printed in Sweden by Texgruppen I Uppsala AB, 1992.），主要是通过艺术作品来解析埃琉息斯秘仪。他从埃琉息斯出土的各种浮雕、刻板、瓶画等入手，对埃琉息斯相关神祇神话背景、秘仪及其神殿形象特征等进行了较为全面的描述。尤其是他对艺术作品中最难辨别的埃琉息斯神伊阿库斯进行了细致的研究，并提出"伊阿库斯与最容易与他混淆的埃琉息斯神祇欧布鲁斯之间的最重要区别在于他的大长袍顶端装饰着（女用）束腰外衣"②。这一研究成果为伊阿库斯神的研究提供了重要的证据。而克林顿的著作中关于拉客拉提德斯（Lakratides）浮雕、普路托的大浮雕等的研究也为埃琉息斯秘仪的研究提供了重要的文字史料和图像史料。

---

① Kevin Clinton: *A Law in the City Eleusinion Concerning the Mysteries*, Hesperia, Vol. 49, No. 3. (Jul.-Sep., 1980), pp. 258–288.

② Kevin Clinton: *Myth and Cult*, *The Iconography of the Eleusinian Mysteries*, *The Martin P. Nilsson Lectures on Greek Religion*, Delivered 19–21 November 1990 at the Swedish Institute at Athens, Printed in Sweden by Texgruppen I Uppsala AB, 1992, p. 68.

德国苏黎世大学沃特·伯克特教授的《古代秘仪》(Walter Burkert: *Ancient Mystery Cults*, Harvard University Press, 1987.),也对埃琉息斯秘仪进行了研究。全书共四章,分别从今生和来世个人的需求、组织和认同、神学和秘仪、特殊体验四个方面,对埃琉息斯秘仪、狄奥尼索斯或巴库斯秘仪、库柏勒秘仪、伊西斯和密特拉秘仪进行了比较研究。伯克特认为,埃琉息斯秘仪中得墨忒耳将国王凯留斯的小儿子放在火上烤显示了女神的治愈功能,并称这是受到了埃及伊西斯神话的影响;埃琉息斯秘仪与其他秘仪的不同之处在于,虽然得墨忒耳崇拜的普通形式在早期已传遍希腊,但埃琉息斯是其唯一的圣地。埃琉息斯秘仪的标语,不是"救援"或"拯救",而是"恩惠或幸福",而且是用来指来世而不是其他的。关于圣物的展示,他也采用了希波吕图斯的谷穗说。另外,他提出埃琉息斯秘仪虽以其"纯洁"闻名,但仍没有将性遭遇或性展示排除在外,显然伯克特将伊阿库斯等同于放荡狂欢的狄奥尼索斯。由于作者将埃琉息斯秘仪置于整个东地中海地区秘仪背景下研究,因此他对埃琉息斯秘仪所涉及的内容是有限的。尽管如此,该著作仍为相关内容的研究提供了诸多有价值的信息。除《古代秘仪》外,伯克特的《希腊宗教》(*Greek Religion*, Cambridge, Massachusetts, Harvard University Press, 1985)也涉及到埃琉息斯秘仪。他认为雅典和古希腊文学和哲学的独特性使埃琉息斯秘仪能够声名远播。关于伊阿库斯,他没有表明自己的观点,只说伊阿库斯是得墨忒耳的一个精灵或是狄奥尼索斯的一个别称,这一说法显然来自古希腊地理学家斯特拉波。他认同基督教父希波吕图斯的观点,即传秘师在高喊圣母诞生下圣子后向入会者默默展示一根割断的谷穗。至于这个圣子的身份,他说要么是珀尔塞福涅的儿子伊阿库斯或狄奥尼索斯;要么是得墨忒耳的儿子小财神普路托斯,然而,他更倾向于后者,并说小财神就是谷穗的化身。此外,伯克特认为在秘仪庆典中有公牛献祭的存在,但这一献祭究竟发生在何时何地他并没有详加说明。

希腊学者米歇尔·科斯莫普罗斯(Michael B Cosmopoulos)是希腊研究和希腊考古的专家,参与了许多古希腊遗址的发掘,是埃琉息斯、奥洛波斯（Oropos）和艾克莱纳（Iklaina）三处考古工程的领导者。由他主编的《希腊秘仪：古希腊秘密崇拜的考古和仪式》（Michael B. Cosmopoulos: *Greek Mysteries: The Archaeology of Ritual of Ancient Greek Secret Cults*, Routledge, London and New York Press, 2003.）一书，对最新发现的资料进行了严密的分析。全书由十位国际著名专家所著，共十一章，涉及年代范围从晚期青铜器时代到罗马帝国时期。其中前三章专门对埃琉息斯秘仪进行研究，主要涉及神庙的产生和早期发展、埃琉息斯仪式的争端和它如何与节庆相关以及萨莫色雷斯的卡贝里（Cabeiroi）崇拜。米歇尔·科斯莫普罗斯撰写了第一章，肯定了迈锡尼时代的建筑中央大厅B的宗教功能。克里斯蒂安·萨为奴·尹伍德的第二章对埃琉息斯秘仪提出了三个结论：一是埃琉息斯秘仪具有双重性。它是雅典城邦宗教不可缺少的部分，同时它也是一种靠个人选择入会的有限的祭仪，允许雅典人和非雅典人加入。二是埃琉息斯成为雅典的一部分使秘仪在仪式上和神话上与雅典城邦中心联系在一起，有助于维护阿提卡的统一。三是埃琉息斯祭仪的本质在公元前6世纪早期发生了变化，引入了一种来世论，向人们许诺一种幸福的来世，祭仪也变得更加神秘化（Mysteric）。然而，根据创作于公元前7世纪的《荷马致得墨忒耳颂歌》，来世观念的出现早于公元前6世纪。在第三章中，凯文·克林顿通过对埃琉息斯秘仪和萨摩色雷斯秘仪术语的考察，提出萨摩色雷斯秘仪是模仿埃琉息斯秘仪的，而且他肯定了在埃琉息斯秘仪的入会礼阶段中初级入会仪式的存在，并通过大量古典文学和碑铭史料的引用论述了不同等级入会者的不同体验。他认为初级入会者在漫游过程中是一直蒙着眼睛的，在秘法家的帮助下体验漫游路线上的一切恐怖之事；在初级入会者寻找珀尔塞福涅时，高级入会者在入会礼大厅内等候他们和女神。

  瑞典古典学家M. P. 尼尔森也是希腊宗教史的专家，他的《希腊宗教史》（*A History of Greek Religion*, Oxford, at the Clarendon Press, 1956）是尼尔森为德国《古典古代科学手册》撰写的一部著作，被西方学者奉为权威。他注意把希腊宗教的发展变化与历史发展紧密结合起来考察，具有较高的学术价值。他反对当时流行的宗教史理论，强调希腊宗教源自远古,与农业时间及历法密切相关。就全书的比例看,早期希腊宗教史占的篇幅稍大,较多地阐述了希腊宗教与克里特—迈锡尼宗教的联系。尼尔森将珀尔塞福涅缺席的四个月看成是夏季的四个月。他认为得墨忒耳不是普通的植物女神而是专门的谷物女神;希腊的气候和农业的日历也对此提供了依据。在六月收割后谷物储存在地下的筒仓,直到接近十月播种时期才被提出来;而恰恰是在那时珀尔塞福涅与她的母亲团聚。在这四个月期间大地是贫瘠荒芜的,酷热的太阳灼烧着大地。大地上没有绿色的植物可见,而这时珀尔塞福涅是未出现的。尼尔森还发表了《在圣塞浦路斯声明中的希腊秘仪》(Greek Mysteries in the Confession of St. Cyprian)一文。圣塞浦路斯是著名的巫术家,后来皈依了基督教。这个声明是塞浦路斯用自己的话写成的,因而尼尔森称之为圣塞浦路斯声明。尼尔森认为,塞浦路斯关于秘仪的描述是很有价值的,它建立在公元 4 世纪的知识和观念基础之上。"圣塞浦路斯不到七岁时就参加了密特拉秘仪,后来通过他父母的虔诚和热心十岁时就为得墨忒耳和珀尔塞福涅服务。他先后参加了多个秘仪的入会礼。"[1]

英国著名的考古学家、宗教学家简·艾伦·赫丽生,在 1903 年和 1912 年分别出版了《希腊宗教导论》(Prolegomena to the Study of Greek Religion, Cambridge University Press, 1922.)和《古希腊宗教的社会起源》(The Religion of Ancient Greece, Constable and Company Ltd, 1921.),在书中提出了当时可谓全新的理论,改变了人们对希腊文化和宗教的认识。在《希腊宗教导论》中,对埃琉息斯秘仪的论述较多。她从巫术起源论出发,将祭祀狄奥尼索斯的花月节、埃琉息斯秘仪等看成是安抚鬼神的仪式,即通过消除邪恶的影响来达到丰产的目的。她认为一切原始的秘密祭典的核心部分,就是那些接受过精心安排的净化仪式的人安放或品尝某些圣物。圣物被认为具有神圣的或神奇的作用。接触圣物意味着接触到一种超人的力量,秘密祭典的目的

---

[1] Martin P. Nilsson: Greek Mysteries in the Confession of St. Cyprian, The Harvard Theological Review, Vol. 40, No. 3. (Jul., 1947), pp. 167–176.

往往是去除某种禁忌。她甚至提出埃琉息斯秘仪与狄奥尼索斯崇拜合流的观点。显然，她将伊阿库斯和狄奥尼索斯等同了。赫丽生认为奥尔弗斯教的仪式和观念也对埃琉息斯秘仪产生了影响。在《古希腊宗教的社会起源》中，从推源论的神话和仪式的角度，对神秘神进行了新的解释。她认为，神秘神起源于那些伴随着生命同时又再现生命的直觉、情感和欲望——只要它们属于宗教性的——从一开始就是集体意识而不是个人意识。因而，神所采取的表现形式反映了该神所属的群体的社会结构。

古希腊宗教研究的英国著名学者格思里（Guthrie）在他所著的《希腊人和他们的神》（*The Greeks and Their Gods*）一书中对埃琉息斯秘仪多有论述。在起源上，他认为在埃琉息斯的得墨忒耳秘仪不是由任何入侵希腊的部族引进到希腊的。其属性充分表明它是属于希腊原始居民的，而这已得到考古证据的证明。在论及埃琉息斯秘仪的官方化上，他说："一旦埃琉息斯秘仪被纳入城邦轨道之中，那么城邦极可能不是压制或禁止它，而是或多或少地修正隐含在其神话和宗教背景之中的臆断以便掩饰其真正的起源，使之与荷马观念的本质发展一致。"① 在具体论及荷马的宗教传统与埃琉息斯秘仪的关系上，他认为埃琉息斯秘仪本质上与荷马的宗教传统具有相容的基础，它是对荷马宗教观念的一种发展而不是反驳，因为它无法削弱希腊人对荷马宗教观念的尊敬，这种尊敬是每个真正的希腊人精神素养的一部分。另外，格思里认为，雅典对埃琉息斯秘仪的控制引起了其仪式上的发展变化，包括伊阿库斯崇拜的出现以及一些信仰观念的变化。

米卡尔森（Mikalson）的《希腊化时期雅典的宗教》（*Religion in Hellenistic Athens*, University of Callifornia Press, 1998.）对希腊化时期的埃琉息斯秘仪进行了深入论述。特别是对德米特里奥斯统治时期埃琉息斯秘仪的流变有精辟的见解。他认为德米特里奥斯将自己看成是神，所以他强迫雅典人修改秘仪时间表配合他的入会。正是这位君主

---

① Guthrie, W. K. C.: *The Greeks and Their Gods*, Methuen & CO. LTD. London, 36 Essex Street, Strand, W. C. L. 1954, p. 282.

将这种君王神化的观念强加给了埃琉息斯秘仪,从而引起了仪式上的重要流变。在其下台之后,希腊人曾试图努力修复古老的传统,但一切都已徒然。在他之后,直至秘仪消亡,以神的身份入会的统治者越来越多。此外,作者还分析了以弗比宗教作用的增强,认为在各种埃琉息斯庆典中,以弗比起着越来越重要的作用,他们往往充当了护卫队、传递火炬,在赛会上进行表演,甚至还负责代表城邦的献祭。这也是希腊化时期埃琉息斯秘仪流变的重要标志。

意大利学者朱利亚·斯发莫尼·加斯帕罗(Giulia Sfameni Gasparro)的《得墨忒耳秘仪》(*Misteri e Culti Mistici Di Demetra*),主要通过对两位女神的神话和仪式的研究,得出了埃琉息斯得墨忒耳秘仪是与某种同情心紧密相连的结论,认为崇拜以体验为基础,唤起人和神之间的密切关系。作者意识到了应把得墨忒耳秘仪的研究置于古希腊宗教整体的背景中。南希(Nancy)的论文《神庙、献祭和埃琉息斯秘仪》指出一般在公共场合发生的献祭是在埃琉息斯神庙之外进行的。该论文对埃琉息斯神庙的发展进行了简单的回顾,分析了神庙设计的持续特性并对埃琉息斯秘仪中的献祭进行了研究。[①] 理查德森·卢夫斯(Richardson Rufus B)的论文《在埃琉息斯的一种埃及遗迹》强调了埃琉息斯秘仪的埃及起源。[②]

综上所述,外国学者对埃琉息斯秘仪的研究起步很早,成果颇丰,广泛吸收了历史学、神话学、文化人类学、宗教学、考古学等学科的理论和研究方法,并且已形成了较为成熟的结论。他们的研究主要以原始史料和考古发掘为依据,集中于埃琉息斯秘仪的起源、崇拜原貌、埃琉息斯秘仪和基督教的关系等问题,这些研究成果和方法对本书的写作和研究具有重要的借鉴意义。此外,其他秘仪,如密特拉、库柏勒秘仪和奥尔弗斯教等相关研究对本书也有一定的参考价值。

---

① Nancy A. Evans: *Sanctuaries, Sacrifices, and the Eleusinian Mysteries*, Numen, Vol. 49, No. 3 (2002), pp. 227–254.

② Richardson, Rufus B.: *A Trace of Egypt at Eleusis*, American Journal of Archaeology, Vol. 2, No. 3/4. (May-Aug., 1898), pp. 223–232.

(二) 国内学者的相关研究

与国外学者相比，国内学者关于埃琉息斯秘仪的专题研究尚属欠缺。但作为具有普遍意义的秘仪，还是引起了很多学者的关注，特别是酒神崇拜中的巴库斯秘仪和奥尔弗斯教。他们的研究对象虽然不是埃琉息斯秘仪，但他们的相关专著和论文对其有所提及，并且其研究思路与方法对本书也有一定的启示。

国内最早涉及古希腊秘仪方面的研究成果当属杨巨平教授的论文《奥尔弗斯教及其主要影响》(《历史研究》1993 年第 4 期)。他对奥尔弗斯其人、诗作、与奥尔弗斯有关的宗教信仰与活动、奥尔弗斯教产生的时代根源及奥尔弗斯教的主要影响进行了深入的分析。特别是关于死后幸福生活的实现，杨巨平教授以埃琉息斯秘仪为参照系进行比较研究，他认为对奥尔弗斯教信徒来说，参加入会礼只是死后成神得救的第一步，更重要的是要过一种禁欲、自制、正直、素食、禁杀生的清苦生活。只有经过终生的努力，才能减少轮回之苦实现来世的幸福。这是奥尔弗斯教与主张入会即是一切的埃琉息斯秘仪的主要区别。① 此外，杨巨平教授的专著《古希腊罗马犬儒现象研究》(人民出版社 2002 年版) 也对秘仪有所涉及。该著作论及犬儒派对埃琉息斯秘仪和奥尔弗斯教的批判，再次强调了埃琉息斯秘仪对入会的重视，并揭露了"这种排外性的、重表现形式的秘仪"的虚伪与荒唐。②

王来法教授也对古希腊秘仪进行了相关研究，其论文《古希腊及罗马的神秘仪式》(《世界宗教研究》1996 年第 1 期) 对埃琉息斯秘仪有所涉及。该文对秘仪的概念进行了界定，认为秘仪是与土地神联系在一起的，而这种地神崇拜早在希腊的人格化诸神到来之前就已经存在了。王教授对秘仪的起源学说——本土说和埃及说进行了分析。他还重点论及了埃琉息斯秘仪的神灵，并对埃琉息斯庆典的节目加以总结。他认为在埃琉息斯的神秘仪式中，参加者分为两个等级。宙斯

---

① 杨巨平：《奥尔弗斯教及其主要影响》，《历史研究》1993 年第 4 期，第 141 页。
② 杨巨平：《古希腊罗马犬儒现象研究》，人民出版社 2002 年版，第 106—107 页。

与得墨忒耳的故事，还有谷穗的展示似乎只有最高的等级 Epoptae 才能看到，Epoptae 就是那些可以观看圣物的人。①

吴晓群教授的《古代希腊仪式文化研究》（上海社会科学院出版社 2000 年版）一书，是国内关于古希腊宗教仪式研究的第一本专著。全书正文共五章，主要在古典文献、考古发掘、壁画、浮雕等资料基础上进行研究。该著作描绘了古希腊前城邦时期的信仰和仪式的概况及其远古来源，分析了仪式对社会生活的重要意义，以新的视角来解读古典文明。其中，作者以一章的篇幅论述了秘仪的远古来源、主要神灵、奥尔弗斯教等，将秘仪与公共祭仪加以比较，进而总结出秘仪的相同点。她对埃琉息斯秘仪的庆典过程进行了较详细的论述；对秘仪的起源进行了可能的推测，例如埃及起源、希腊本土起源等。关于埃琉息斯秘仪伊阿库斯神的身份，她赞同大多数西方学者的观点，认为他就是酒神狄奥尼索斯，因为狄奥尼索斯是酒神，他与得墨忒耳一起在埃琉息斯秘仪中受到崇拜体现了人们对植物丰产的祈求。

魏凤莲教授的学位论文《狄奥尼索斯崇拜研究》（上海复旦大学，2004 年）是对酒神狄奥尼索斯崇拜的专门性研究。作者对狄奥尼索斯崇拜地位的变化、作为秘仪之神、对戏剧产生的影响等做了详细的分析和论述。她认为狄奥尼索斯崇拜的仪式有两种，除了城邦为他举行的声势浩大的节日外，还有游离于城邦之外的神秘仪式与狄奥尼索斯密切相关，即巴库斯秘仪、奥尔弗斯教和埃琉息斯秘仪。

王云的学位论文《从多神走向一神：古希腊宗教思想研究——从荷马到马其顿·亚历山大帝国时代》（南开大学，2004 年），以时间为主线，对古希腊各个时期的宗教思想进行了系统的研究。该论文第二章第四节对埃琉息斯秘仪的神话传说及秘仪的概况进行了简单叙述，并以奥尔弗斯教和奥林波斯崇拜为比较对象，对秘仪蕴含的宗教思想作了总结。作者认为埃琉息斯秘仪的基本思想接近于巫术，人们只要入会，观看神圣展示，说该说的话就会实现死后的幸福。

---

① ［古希腊］克莱门：《劝勉希腊人》，王来法译，生活·读书·新知三联书店 2002 年版，第 200 页。

王以欣教授的《神话与历史——古希腊英雄故事的历史和文化内涵》（商务印书馆2006年版），对英雄与英雄崇拜、英雄史诗与"英雄时代"，以及神话研究的理论和方法进行了全面的分析，并对许多英雄传说进行了个别研究，探讨了古希腊英雄神话的历史基础、文化意义和社会功能。该书从历史的视角对远古流传下来的神话和仪式、神话与历史的关系进行了科学的分析，特别对埃琉息斯与阿提卡的统一以及欧摩尔波斯等进行了深入的研究。

王晓朝教授的《希腊宗教概论》（上海人民出版社1997年版），阐述了希腊宗教形成的社会历史背景、希腊宗教的演变、希腊宗教中的神灵及其职能，对希腊宗教的礼仪以及希腊宗教诗人和教派进行了较为细致的研究，特别对希腊秘仪的概况和如何使参加者获得死亡和再生的体验进行了分析。

徐晓旭教授通过对古希腊宗教的历史考察，强调包括秘仪在内的古希腊宗教拥有前希腊宗教、印欧宗教、米诺斯—迈锡尼宗教和近东宗教等多个源头，具有"长时段"的生命力。

林中泽教授认为基督教与民间秘仪存在联系但并非纯粹秘仪，而是民间秘仪与公共崇拜的混合体。王以欣教授提出财神是埃琉息斯秘仪中的重要神祇，扮演着现世福乐赐予者的角色。

尽管国内对古希腊宗教尤其是关于埃琉息斯秘仪和古希腊秘仪的研究相对落后，但随着近年来古典学研究的深入和对西方古典文献的引入和翻译，我国的古希腊宗教研究也得到了发展，前辈学者们已有的研究成果、研究方法及治学态度都是值得笔者借鉴和学习的。

四 研究思路、方法与创新点

（一）研究思路

本书以埃琉息斯秘仪为研究对象，正文主要分四部分、五章。第一部分即第一章，以埃琉息斯秘仪的相关神祇——得墨忒耳、珀尔塞福涅及伊阿库斯为切入点，对两位女神及与秘仪的关系进行分析，对伊阿库斯的身份进行考证；并通过对埃琉息斯秘仪所反映的相关崇拜与信仰的解析，再现埃琉息斯秘仪的入会者和神职人员的构成情况，复原其主要的仪式活动和相关禁忌。第二部分包括第二章与第三章，从整体上对埃琉息斯秘仪的发展脉络及其社会历史背景进行纵向研究。首先对关于埃琉息斯秘仪起源的诸多学说和秘仪产生的原因作了探讨，并在此基础上分析了埃琉息斯秘仪的演变及原因。第三部分即第四章，主要论述埃琉息斯秘仪对雅典城邦和古希腊社会与文化所产生的影响。第四部分即第五章，主要将古希腊社会两大秘仪即埃琉息斯秘仪与奥尔弗斯教进行比较，在此基础上总结分析埃琉息斯秘仪的独特文化特征。

（二）研究方法

由于这一问题的研究涉及历史学、宗教学、考古学、人类学、文学、图像学等诸多学科，单纯采用传统的历史研究方法是不够的。因此，要客观了解和研究埃琉息斯秘仪的历史，就必须在历史学理论和方法的基础上，依靠考古学、语言学的研究成果，借鉴宗教学、人类学、文学和图像学等学科的相关理论和研究方法，结合象征主义、功能主义、结构主义、神话仪式理论、比较宗教学、心理学等理论和方法来进行研究。

本书以原始史料为主要依据进行研究。在写作中，笔者尽可能引用原始资料，对原始史料的来源、可信度、作者的立场、版本信息等进行分析，尽可能合理利用原始史料所反映的信息。此外，还有选择地借鉴了国内外学者已有的研究成果，包括国内外和埃琉息斯秘仪相关的主要著作和论文。某些快捷的网络资料也是笔者寻求史料、了解学术动态的重要窗口。

（三）主要创新点

1. 选题与研究方法的创新。由于国内缺乏对埃琉息斯秘仪的专门性、整体性研究，因而，对这一问题的研究可以弥补国内古希腊宗教研究之不足，也可以为古希腊史、古代地中海地区文化交流等研究提供新的思路。本书试图突破以往单纯的秘仪研究，尝试从文化交流的视角，采用跨学科研究方法，运用宗教学、历史学、心理学、考古学、图像学、国际关系学等多学科的相关理论与方法，对埃琉息斯秘仪进行全方位、多角度的研究，拓宽秘仪研究的视野与范围。

2. 学术观点的创新。其一，对存有争议的问题进行分析，例如伊阿库斯的身份问题，并对埃琉息斯秘仪的影响与特点进行总结。其二，将奥尔弗斯教与埃琉息斯秘仪进行比较研究，进而总结出埃琉息斯秘仪的特征。其三，埃琉息斯秘仪的最终结局，并非传统观点认为的消亡，而是以沉积的方式保留在希腊文化中，对古希腊的哲学、戏剧、政治、法律等产生了重要的影响。

第一章 埃琉息斯秘仪的复原

埃琉息斯秘仪不似奥尔弗斯教那样，有文字圣书流传下来，其教义是通过传秘师一代代口传下来的，随着最后一位传秘师的死亡，其核心教义也被埋葬在历史的尘埃之中。有些古典作家虽对埃琉息斯秘仪有所提及，但都是选择性地记载允许自己外漏的那一部分。直到罗马时期，早期基督教父们描写了秘仪的诸多内容与细节，为埃琉息斯秘仪的研究提供了重要信息。但他们言辞激烈，对秘仪尽是抨击、嘲弄，有失偏颇，因而，埃琉息斯秘仪的崇拜原貌究竟如何，仍是学术争论的焦点，也是本书试图探究之处。

第一节 埃琉息斯秘仪的主要神祇及相关信仰

神灵是宗教信仰和宗教崇拜的对象，如果没有神，就没有信仰和崇拜的对象，也就没有所谓的宗教。所以，神的观念的产生是宗教赖以存在的基础，"一切异教民族都建立在自己特有的某些神的这种信仰上"①。对埃琉息斯秘仪的复原，自然应先从其相关神祇及其信仰入手。

一 埃琉息斯秘仪的主要神灵
（一）得墨忒耳与珀尔塞福涅

得墨忒耳是希腊神谱中的农业女神或谷物女神，位列奥林波斯十

---

① ［意］维柯：《新科学》，朱光潜译，商务印书馆1997年版，第491页。

二主神之一，在罗马人的神谱中被称为刻瑞斯（Ceres）。她的起源甚早，在希腊远古时期，她是一位地母神，本质上与盖亚、瑞亚相同；可能在由游牧社会向农业社会发展过程中，因农业生产重要性的提高而从地母神中派生出来专门掌管谷物丰收的神灵。她威力强大，能使大地丰产，没有她的创造力，即使是肥沃的良田也不会结出果实。据狄奥多鲁斯记载，埃及人"将大地看成是一种能盛装所有生长物的容器，并因此称其为'母亲'，希腊人以类似的方式称大地为得墨忒耳，随着时间的推移这一词语发生了细微的变化；因为在远古时期他们称她为大地母亲 Ge Meter（Earth Mother），奥尔弗斯为此提供了证据，他说'万物之母、大地女神得墨忒耳是一切财富的赐予者'"①。苏格拉底称得墨忒耳像母亲一样提供食物。②

在奥林波斯大家庭中，得墨忒耳是一位比较特殊的神灵。荷马对得墨忒耳的着墨较少，并没有她正式出场的场景，仅间接提到她的农神身份。赫西俄德对她的描述相对详细。她是瑞亚（Rhea）与克洛诺斯（Chronos）的女儿，宙斯的姐姐。宙斯和她同床共枕，生下白臂女神珀尔塞

图1.1　得墨忒耳与财神普路托（公元前4世纪阿普利亚红彩陶器双耳长颈高水瓶）

注：引自 http：//www.theoi.com。

---

① 中文版参见［古希腊］狄奥多罗斯《希腊史纲》第一卷，席代岳译，文化发展出版社2019年版，第15—16页。Diodorus：*The Library of History*，1.12. 古典作品现代学者引用时通常只注明作者、书名及卷章节，本书所引古典作品凡未特别标明者，皆出自哈佛大学出版社出版的罗叶布古典丛书。

② Plato：*Cratylus*，404C.

福涅。得墨忒耳又在克里特与伊阿西翁（Iasion）① 结合，生下财神普路托（如图 1.1）。在阿卡迪亚，还有关于她的另一版本的神话传说，即波塞冬对她纠缠不休，她只好变为马以避之。波塞冬也随之化为马，向她求爱。他们生下神马阿里翁（Arion）及一女神得斯波娜（Despoina），据说只有在阿卡迪亚神秘仪式上才露其真名。她不经常参加奥林波斯诸神的聚会活动，而是频繁出入冥府。在文学艺术作品中，她常常被刻画成和善的中年妇女，头戴谷穗编织的花冠，诗人们一般用金发的得墨忒耳、美发的得墨忒耳、聪明的得墨忒耳来形容她。其表征为麦穗、果实、镰刀，有时还有丰收之角。得墨忒耳有着温和的态度、热情的笑容，她美丽而又温柔，掌管着植物的生长，孕育出地上的生命，并教会人们耕种，给予大地生机。

此外，得墨忒耳也被看作是一位法律女神，她为人类制定了法律，因此人们也称女神为 Thesmophoros，即法律赐予者。《变形记》中，史诗女神唱歌赞美她，"第一个用犁垦地的是女神刻瑞斯，她头一个给世界提供了五谷和成熟的粮食，她头一个制定法律。一切都是刻瑞斯的赏赐，我一定要唱一支歌来歌颂她。我希望我的颂歌能配得上她，毫无疑问，她是值得我歌颂的"②。在希腊，对得墨忒耳崇拜之风传布极广。最具普遍性的是塞斯谟福利节，在深秋播种大麦时举行，参

图 1.2 地府中的哈迪斯与珀尔塞福涅
（公元前 4 世纪阿普利亚红彩陶器双耳喷口杯）

注：引自 http://www.theoi.com。

---

① 伊阿西翁据说是希腊神话中宙斯与宁芙埃莱克特拉（Electra）的儿子，他在萨摩色雷斯岛建立了神秘仪式，与得墨忒耳一起孕育了双生子普路托（Ploutos）和菲洛麦卢思（Philomelus），其他儿子叫科里巴斯（Corybas）。

② ［古罗马］奥维德：《变形记》，杨周翰译，人民文学出版社 1984 年版，第 58 页。

与者多为妇女。她们以献祭、禁食、舞蹈等方式祈求女神得墨忒耳赐予子女和兴盛。所以，在公共崇拜中，得墨忒耳的身份是农业女神、地母神、谷物女神，也是立法女神。

珀尔塞福涅是得墨忒耳与宙斯的女儿，又被称为科瑞（Kore），既是青春女神，又是农业女神。同时，她又具有另一种双重身份：一是年轻的农业女神或丰收女神；二是哈迪斯的妻子、死亡女神或冥后（如图1.2、图1.3）。她起源于希腊远古时期的蛇女神。神话中有宙斯化身为蛇引诱珀尔塞福涅的故事。蛇不死的或蛇与阴间有关的观念在世界各民族中普遍存在，原始的蛇女神成为冥间的女统治者也就不足为奇了。冥神崇拜在古希腊宗教中占据着重要的地位。作为冥后与死神的珀尔塞福涅像奥林波斯诸神那样具有善良的品性，而非残忍、狰狞可怕。希腊神话中，她曾抚养爱神阿芙洛狄忒（Aphrodite）的情人阿多尼斯（Adonis），在其长大后，冥后也爱上了他；并因此与爱神产生争执，最后宙斯出面调停，命令阿多尼斯三分之一时间与珀尔塞福涅在一起，余下时间与阿芙洛狄忒在一起。后来，阿多尼斯在打猎时被野猪咬死。奥尔弗斯的故事也体现了她的仁慈。奥尔弗斯的

图1.3　珀尔塞福涅的被劫（公元前4世纪马其顿墓室壁画）

注：引自 http://www.theoi.com。

妻子欧律狄刻（Eurydice）被蛇咬死后，奥尔弗斯来到地府恳求冥王让妻子返回阳世。他用歌声打动了冥后，她同意了他的请求。然而，他却违约，在返回阳间的途中，忍不住回头观看，结果使妻子无法生还。只是到了后期，希腊人将冥后珀尔塞福涅的崇拜与古老的司夜和冥界的女神赫卡特（Hecate）混同起来，使珀尔塞福涅具有了残忍的一面。

由上可知，得墨忒耳和珀尔塞福涅在古希腊受到了普遍的崇拜。在埃琉息斯，母女二人则获得了最高的崇拜。她们是埃琉息斯秘仪的主要神祇，以母女的身份共同出现。秘仪神话的主题以珀尔塞福涅的被劫为基础，讲述了不同于公共崇拜中有关两位女神的神话，即得墨忒耳的漫游寻女、珀尔塞福涅的失而复得以及秘仪向埃琉息斯人的传授。如前所述，两位女神具有远古来源，她们的原型形象是地母神和蛇女神，本质上都属于大地女神，甚至有人认为她们本质上是一个神。古希腊的大地女神和其他民族中的大母神一样，是众神之母、众人之母和万物之母。大母神盖亚（Gaia，即得墨忒耳的原型）生了天神乌拉诺斯（Uranus），后与乌拉诺斯结合诞生了第二代神灵；据赫西俄德，盖亚是"宽胸的大地，所有一切的永远牢靠的根基"①，大地上的一切都是依赖她而生的。她与广天交合生了十二位神灵，也就是希腊神谱上的第二代神。此外，她还是"大地深处的幽暗的塔尔塔罗斯（Tartarus）、爱神厄洛斯（Eros）"②的根基，塔尔塔罗斯在希腊文中就是指地府。另外，蛇也与她有直接的关系，在希腊神话传说中，巨蟒皮同（Python）正是由大地女神盖亚所生，居于德尔斐（Delphi，在帕尔纳索斯山山麓），负责守卫此处的盖亚（或忒弥斯Themis）神谕所。后来皮同被阿波罗所杀。可见，盖亚或得墨忒耳本身也是一位蛇女神，与阴间崇拜有关。埃琉息斯秘仪就是在这种远古的地母神、蛇女神与冥府之间建立起了密切的联系，并通过这种联

---

① ［古希腊］赫西俄德：《神谱》，张竹明、蒋平译，商务印书馆2006年版，第29页。

② ［古希腊］赫西俄德：《神谱》，张竹明、蒋平译，商务印书馆2006年版，第29页。

系，向入会者提供来世进入幸福之地生活的入场券。

那么，地母神或蛇女神如何成为秘仪之神呢？珀尔塞福涅被劫、得墨忒耳漫游寻女及母女在埃琉息斯团聚的神话传说将地母神和秘仪之神巧妙地联系起来。秘仪神话①中，得墨忒耳是地母、农业女神、谷物女神，这与奥林波斯崇拜中得墨忒耳的身份一致。而在埃琉息斯，她拥有一个新身份，即秘仪女神。珀尔塞福涅被劫后，得墨忒耳极为悲伤，身穿黑衣，手举火把，四处寻找她，在漫游中她化成老妇人来到了阿提卡的埃琉息斯，在那里受到了国王凯留斯一家的热情接待。女神在埃琉息斯期间禁食，拒绝一切舒适的东西，常常坐在椅子上发愣，为了向宙斯抗议，她发誓要大地不孕育果实，以此哀悼她的女儿，所以整个大地都了无生机，万物凋零，人们面

---

① 关于得墨忒耳和珀尔塞福涅的秘仪神话，许多古典作家都有所涉及，诸如《荷马颂歌》的作者、阿波罗多鲁斯、奥维德等，他们在主要内容上基本保持一致，但细节上略有差异。主要表现在四方面：一是关于那个被放在炉火上烤的孩子的父母是谁的问题。阿波罗多鲁斯和奥维德同意《荷马颂歌》的作者，称之为凯留斯（Celeus）和梅塔尼拉（Metanira）。但许金努斯（Hygnius）称之为埃琉息努斯（Eleusinus）和科托尼亚（Cothonea）；塞尔维乌斯（Servius）（on Georg. 1. 19）称之为埃琉息努斯和昆提尼亚（Cyntinia），而在另一篇文章中（on Georg. 1. 163）又称其父亲为凯留斯。拉克坦提乌斯·普拉西杜斯（Lactantius Placidus）称他们为埃留息乌斯（Eleusius）和西奥玛（Hioma）；第二罗马教廷的神话收集者（the Second Vatican Mythographer）称他们为凯留斯和西奥娜（Hiona）。二是那个被放进火中的孩子究竟是谁。阿波罗多鲁斯同意《荷马颂歌》的作者，称之为德莫风（Demophon）并区别于其兄长特里普托勒姆斯的说法。但奥维德、许金努斯、塞尔维乌斯、拉克坦提乌斯·普拉西杜斯和第一罗马教廷神话收集者称被放入火中的孩子为特里普托勒姆斯，并且没有提到德莫风。第二罗马教廷的神话收集者对这种说法比较犹豫；因为在提及得墨忒耳得到孩子特里普托勒姆斯来抚养后，他居然称被放入火炉中的孩子为埃留息乌斯。三是关于被放入火中的孩子的命运。《荷马颂歌》的作者只是说得墨忒耳愤怒于被打扰，将他扔在地上，他是否活着作者没有提到。阿波罗多鲁斯明确地断定那个孩子丧生于火中；而第二罗马教廷神话收集者说得墨忒耳在盛怒中杀了他。称那个孩子为特里普托勒姆斯的作家们不支持他丧生于火中的观点，因为他们记载得墨忒耳委托他向人类传授她的谷物之礼。最后，作家们关于打扰得墨忒耳授予永生恩惠给那个孩子的莽撞人的记载也不一致。奥维德赞同《荷马颂歌》作者，说那个人是孩子的母亲梅塔尼拉；阿波罗多鲁斯称她为普拉克西亚（Praxithea），她可能是孩子的姐姐或极可能是他的保姆。许金努斯、塞尔维乌斯、拉克坦提乌斯·普拉西杜斯和第二罗马教廷神话收集者说是孩子的父亲通过他的惊呼或恐惧分散女神的注意力而挫败了她仁慈的目的。（关于上述神话版本上的差异，参见 Apollodorus：*The Library*, Vol. 2, Translated by J. G. Frazer, with an Enlglish Translation, Harvard University Press, 1995, pp. 311 – 312.）本书以《荷马致得墨忒耳颂歌》中讲述的故事为基准，颂歌的内容参见附。

临着饥荒和毁灭的威胁，神也面临着失去人类献祭祭品的威胁。女神在做客期间，负责照顾凯留斯的小儿子德莫风，为了使他永生，女神夜里将他放在火上烤。可是凯留斯的妻子梅塔尼拉无意中撞见了这一幕，惊叫出声，女神对梅塔尼拉的莽撞十分愤怒，她向他们显示了她自己，并要求埃琉息斯人为她建立神庙，虔诚地尊奉她。于是凯留斯召集民众为女神修建神庙。由于大地不结果实，宙斯多次派使者前来和解，但是得墨忒耳只想和自己的女儿团聚。于是，天父宙斯命令哈迪斯将珀尔塞福涅还给得墨忒耳。狡诈的冥王，哄骗珀尔塞福涅吃下了石榴籽，因为古时人们传说吃了阴间的食物便无法再返回阳间，因此，珀尔塞福涅每年必须有三分之一的时间住在地府，余下的三分之二时间与她母亲和众神在一起。母女团聚后，得墨忒耳向埃琉息斯人传授了纪念她的秘仪。此后，埃琉息斯兴起了庆祝这对母女神的秘仪。秘仪神话中的得墨忒耳是位个性极为鲜明的女神，她敢于向奥林波斯诸神尤其是向天父宙斯挑战，这是在父权制社会建立之初，母权制与父权制激烈斗争的一个缩影。

埃琉息斯两位女神的秘仪于每年的鲍厄特龙庙翁月（Boedromion）举行。① 每年有许多雅典人和来自外邦的希腊人参加。仪式前后持续十多天。从该月 13 日开始，就要进行秘仪的准备工作，包括受洗、斋戒、涤罪仪式等。从 20 日起才开始举行真正的仪式，主要包括向得墨忒耳和珀尔塞福涅庄重地献祭；模拟表演神话故事，以神的悲欢离合为主题；向入会者展示圣物；举行祈雨仪式和夜晚表演灵魂穿越地下的过程。通过这些仪式，参与者仿佛亲身体验了女神们的悲喜和生死，在情感上获得了极大的满足，使他们实现了与神直接交流的愿望，更加坚定了他们对来世幸福生活的向往。

（二）伊阿库斯

伊阿库斯（如图 1.4）是埃琉息斯秘仪中的一位少年神，大约

---

① 鲍厄特龙庙翁月是阿提卡历第三月，相当于现在的九月和十月。该月主要举行纪念得墨忒耳和珀尔塞福涅两位女神的埃琉息斯秘仪庆典。

在公元前 6 世纪左右或更早的时期，正式进入埃琉息斯秘仪的崇拜体系中。希波战争后，伊阿库斯的崇拜变得较为重要，因为希腊人认为这一年轻神在萨拉米（Salamis）战役中帮助雅典人打败了波斯人。伊阿库斯的仪式活动或庆典，特定在每年鲍厄特龙庙翁月的 19 日举行。然而，伊阿库斯的身份众说纷纭，扑朔迷离。有人将伊阿库斯视为少年赫拉克勒斯、狄奥斯库里，甚至是小财神普路托，如古典作家"金嘴"狄奥、现代学者伯克特等。诺努斯（Nonnus）较为离谱，在《酒神传》中说伊阿库斯是狄奥尼索斯和提坦女神奥拉（Aura）的儿子。① 古典时期及以后的许多作家将伊阿库斯看成是得墨忒耳或是珀尔塞福涅的儿子，将他看成是狄奥尼索斯，比如奥维德、斯特拉波、克莱门等，这种观点也为诸多现代学者接受。奥尔菲斯教则赋予了他更多的身份，不仅说他是狄奥尼索斯，还将他与埃琉息斯的次神第绍卢斯和欧布鲁斯等同。他们还臆想伊阿库斯的一种女性方面，称之为弥塞②，将其等同于双性造物

图 1.4　赫卡特与伊阿库斯（公元前 4 世纪埃琉息斯红彩陶罐画）

注：引自 http://www.theoi.com。

---

① Nonnus: *Dionysiaca*, 48. 848ff.
② 双性的弥塞是亚洲安塔伊阿祭祀中的一个人物。译自：*The Orphic Hymns*, Translated by Taylor, Thomas（1792）. University of Pennsylvania Press, 1999. 见：http://www.theoi.com/中的英译文。参见刘小枫主编的中文版《俄耳甫斯教祷歌》，吴雅凌编译，华夏出版社 2006 年版，第 82—84 页。

神法涅斯（Phanes）。①

　　赞歌之四十一　致母神安塔伊阿（Antaia）［得墨忒耳］：（焚植物香料）
　　［得墨忒耳］曾在痛苦之中四处漫游，
　　在埃琉息斯山谷找到了安慰，
　　为了找到你纯洁的女儿珀尔塞福涅，
　　你来到了阴暗、模糊的地府。
　　当你穿过大地漫游时，
　　一具有神性的年轻人第绍卢斯［伊阿库斯］为你引路；
　　向被悲伤压迫的你揭穿地下宙斯的圣婚。

　　赞歌之四十二　致弥塞：（焚安息香）
　　我呼唤立法的（Thesmophoros［Iakkhos］）生殖神狄奥尼索斯，
　　具有诸多名字的欧布鲁斯，
　　他带有枝繁叶茂的权杖。
　　弥塞，无法形容的、纯洁的、神圣的王后，
　　具有男性和女性双重性别的伊阿库斯。
　　他们中任一个杰出者在你芬芳的殿堂庆祝，
　　在弗里吉亚你的化身是愉悦的，

---

① 奥尔弗斯教建立了新的、与赫西俄德传统对立的神谱，提出了新的宇宙起源论。据赫西俄德所建的神谱，最先产生的是卡俄斯（混沌）（Chaos），由混沌生大地，由大地生万物，包括大地深处的塔耳塔罗斯（Tartarus）和爱神厄洛斯（Eros）……从混沌还产生了厄瑞玻斯（Erebe）和黑色的夜神纽克斯（Niut）。奥尔弗斯教却将时间（Chronos）视为宇宙伊始。由时间产生了宇宙，由宇宙孕生了卵（Oeuf），由卵生双性神法涅斯。法涅斯是诸神的创造者和第一任统治者，在他后面还有五位神王：纽克斯、乌拉诺斯（Ouranos）、克洛诺斯（Kronos）、宙斯和狄奥尼索斯。这里的纽克斯也不同于赫西俄德笔下的纽克斯。奥尔弗斯教的纽克斯与法涅斯密切联系在一起，充当了赫西俄德《神谱》中大地女神盖亚的角色。到了第五任神王宙斯统治时，他吞食了法涅斯，继而成为万物之始。后来他与女儿珀尔塞福涅乱伦而生第六任神王狄奥尼索斯。

> 执行你母亲的神圣仪式……

近现代学者一般都赞同伊阿库斯是狄奥尼索斯这一说法。例如，克兰伊认为伊阿库斯是狄奥尼索斯的一个变身，他到埃琉息斯是为了寻找他的母亲塞墨勒（Semele）。① 赫丽生甚至将埃琉息斯秘仪的一切精神因素都归之为狄奥尼索斯崇拜。② 米劳纳斯一方面否认埃琉息斯秘仪圣婚的存在和圣子的诞生，认为狄奥尼索斯和埃琉息斯秘仪没有关系；另一方面承认在罗马时代伊阿库斯和狄奥尼索斯的等同。③ 那么，伊阿库斯究竟是不是狄奥尼索斯呢？

伊阿库斯希腊语名字是 Ιακχος，音译是 Iakkhos，拉丁语拼写 Iacchus，翻译过来意思是 ritual Cry，"Iakkhe"，即仪式上的呼喊，"Iakkhe"后来变成了一个人格化的神。希罗多德说："每年雅典人举行祭拜母神和少女神的秘仪庆典，任何雅典人或是其他希腊人，只要他愿意都可以入会。你所听到的呼喊声正是他们在这一庆典上所唱的'伊阿库斯'赞歌。"④ 这种充满欢乐的呼喊，在酒神狄奥尼索斯的仪式和其他神秘崇拜中也有。基督教父克莱门认为伊阿库斯就是少年狄奥尼索斯。⑤ 奥维德在《变形记》中也提到伊阿库斯来自于巴库斯的崇拜者高喊他的名字，等同于巴库斯。⑥ 索福克勒斯的悲剧《安提格涅》中，歌唱队呼唤巴库斯神出现，来到他的信徒狂女（Thyiads）身边，并称巴库斯为保护埃琉息斯得奥女神圣地之神。⑦ 然而，笔者

---

① Kerényi, Carl: *Eleusis: Archetypal Image of Mother and Daughter*, translateel from the Germenby Ralph Manheim, Princeton University Press, 1976, p. 64.

② Harrison, Jane: *Prolegomena to the Study of Greek Religion*, Cambridge University Press, 1922, p. 539.

③ Mylonas George: *Eleusis and the EleusinianMysteries*, Princeton: University Press, London: Routledge and Kegan Paul, 1961, pp. 270、311、318.

④ Herodotus: *Histories*. 8. 65. 4. 参见［古希腊］希罗多德《历史》，王以铸译，商务印书馆2005年版，第584页。

⑤ Clement: *Exhortation to the Greeks*, Translated by G. W. Butterworth, London: Wtlliam Heinemann, 1999, pp. 43、47.

⑥ Ovid: *Metamorphoses*, 4. 15.

⑦ Sophocles: *Antigone*, 1115 – 1125.

赞同克林顿教授的观点，即这个伊阿库斯并不是埃琉息斯秘仪的伊阿库斯，而是专指狄奥尼索斯；《安提格涅》反映了在诗歌中伊阿库斯这个名字与 Βάκχος 互换的事实。① 因为狄奥尼索斯在埃琉息斯也拥有自己的神庙，索福克勒斯称之为埃琉息斯圣地的守护神反映了古典时期狄奥尼索斯崇拜的盛行。许多古典作家将伊阿库斯视为狄奥尼索斯，可能是将狄奥尼索斯·伊阿库斯与埃琉息斯秘仪的伊阿库斯相混淆。②

伊阿库斯就是少年狄奥尼索斯的观点虽然直至今日在学界仍为许多学者所认可。然而，这种说法是经不起推敲的。因为埃琉息斯的伊阿库斯和狄奥尼索斯之间尽管有共同点，但二者是有区别的，不可能是同一位神。首先，表明二者身份的典型特征不同。伊阿库斯的典型特征是手持火炬，是为女神服务的启蒙师或引导者。据波桑尼阿斯，在雅典的一个得墨忒耳神庙内，在两门之间柱廊附近靠着圣门有普拉克西特勒斯（Praxiteles）③ 的三个雕像作品：得墨忒耳、珀尔塞福涅和手持火炬的伊阿库斯。④ 阿里斯托芬的《蛙》对伊阿库斯进行了最全面的描写：地府中，入会者的歌舞队呼唤伊阿库斯加入他们，并让他戴上入会者传统的枝繁叶茂的花冠。他们将他说成是"夜的仪式的带来光明之星"，因为他手里拿着一根火炬（就像秘仪队伍的入会者那样）；他是引导信徒到达得墨忒耳那里去的指路人、引导者。

> （入会礼）歌队：哦，居住在这里的，最受尊敬的伊阿库斯，
> 伊阿库斯，哦，伊阿库斯，
> 到这块草地上来在你虔诚的信徒们面前跳舞，
> 摇动你头上溢满长春花的枝繁叶茂的花冠，
> 用你无拘束的脚合着节拍跳舞，

---

① Clinton: *Myth and Cult, The Iconography of the Eleusinian Mysteries*, p. 66.
② 从语音学上看，对伊阿库斯的呼喊与对狄奥尼索斯的 Bacchus 呼喊一致。
③ 普拉克西特勒斯（公元前375—前330年），希腊雕刻家。活跃于雅典，据说是雕刻家大凯菲索多托斯之子。他的作品风格优美细腻，为希腊雕刻中的抒情大师。
④ Pausanias: *Description of Greece*, 1.2.4.

将充满优雅和神圣的舞蹈奉献给你的信徒。
……
快醒来,因为该举起你手中的火把了。
……
伊阿库斯,哦,伊阿库斯,
我们夜的仪式的带来光明之星。
……
以你手中的火把照亮,
引导这些新来的信徒们到长满鲜花的广阔的大地上去,
哦,受祝福的人!
……
受万人尊敬的伊阿库斯,
我们节日最甜美歌曲的设计者,
请跟我们一起到女神那里去,
给我们指引一条你如何安闲穿行的路。
伊阿库斯,舞蹈的热爱者,引导我前进。
……
伊阿库斯,舞蹈的热爱者,引导我前进。①

狄奥尼索斯是掌管葡萄生产和酿酒的酒神,是奥林波斯十二主神之一,与植物崇拜和农业生产密切相关。表明狄奥尼索斯身份特征的是常春藤、葡萄藤、蛇,而他手中所持之物一般是缠绕着蛇的权杖。阿里斯托芬和波桑尼阿斯的描述,并没有赋予伊阿库斯任何狄奥尼索斯的这种传统特性。他反而拿着一支火炬(或两支火炬)。他像其他入会者一样头戴枝繁叶茂的花冠,走在秘仪队伍的最前方。其次,在埃琉息斯秘仪中也没有狄奥尼索斯的随从或狂女出现。酒神的狂女与埃琉息斯的伊阿库斯没有任何关系;在前往埃琉息斯的队伍中或是在埃琉息斯伊阿库斯的欢迎会中没有丝毫狂女的踪迹。再次,在埃琉息

---

① Aristophanes: *Frogs*, 324–407.

斯秘仪献祭中，没有献给狄奥尼索斯的祭品，被献祭的神灵名字中也没有狄奥尼索斯。最后，阿里斯托芬的《蛙》提供了伊阿库斯不是狄奥尼索斯的证据。一是该剧的人物设置中只有狄奥尼索斯，没有伊阿库斯这一角色；二是狄奥尼索斯和他的奴隶克桑西阿斯（Xanthias）要去地府，赫拉克勒斯指引他如何到达那里的对话；三是去地府途中，狄奥尼索斯主仆二人初遇祭祀埃琉息斯秘仪队伍时的对话。

> 赫拉克勒斯：再往前走，会传来笛声。……然后你会看见成群结队的男女快乐地歌唱。
> 狄奥尼索斯：这些人是谁啊？
> 赫拉克勒斯：祭祀秘仪的人们。①
> ……
> 狄奥尼索斯：嘿！
> 克桑西阿斯：怎么了？
> 狄奥尼索斯：你没听见吗？
> 克桑西阿斯：听见什么？
> 狄奥尼索斯：笛子的吹奏声。
> 克桑西阿斯：哦，是啊，我还闻到了神秘仪式所用火把的烟味。
> 狄奥尼索斯：我们蹲下来静静聆听吧！
> 歌唱队：伊阿库斯！哦，伊阿库斯！
> 伊阿库斯！哦，伊阿库斯！
> 克桑西阿斯：我听过这个，主人，正如赫拉克勒斯所说，入会秘仪的人正在这儿歌唱狄阿哥拉斯所作的伊阿库斯颂歌……②

从这两段对话可以看出，假如狄奥尼索斯是伊阿库斯，那么他又怎会不知道纪念自己的秘仪庆典呢？！又为何站在旁边聆听而没有和

---

① Aristophanes：*Frogs*，150 – 160.
② Aristophanes：*Frogs*，311 – 320.

他们一起庆祝呢？这只有一种解释，即狄奥尼索斯不是埃琉息斯秘仪中的伊阿库斯。

狄奥尼索斯虽可被称为 Ιακχος，但一个雅典人通常不称埃琉息斯的伊阿库斯为狄奥尼索斯。我们不能将伊阿库斯和狄奥尼索斯视为同一：Iakchos 是可被赋予狄奥尼索斯的诸多名字中的一个，但埃琉息斯秘仪中的伊阿库斯肯定是个不同的神。他是手持火炬，走在秘仪队伍最前列、引导入会者去寻找得墨忒耳的年轻人。他的神像极可能是木制的，由一个叫伊阿卡格格斯（Iakchagogos）的神职人员拿着；位于秘仪队伍的领头部位。从此角度来说，与其说他是狄奥尼索斯，毋宁说他是一个精灵或相当于基督教中圣灵的角色更为恰当。伊阿库斯源于人们在举行秘仪时的呐喊，类似于 My Lord，主，神，后来希腊人将其人格化。他是一个小神，或是精灵，是女神得墨忒耳的侍者，是埃琉息斯秘仪的主要引导者。斯特拉波为这种观点提供了佐证，他在《地理志》中说："现在大多数的希腊人将一切具有一种狂欢的或酒神巴库斯的或合唱队性质的东西以及入会仪式中的神秘因素的起源归于狄奥尼索斯、阿波罗、赫卡特、缪斯女神，尤其是得墨忒耳。他们不但将伊阿库斯的名字送给了狄奥尼索斯，还将它送给了得墨忒耳的邪灵、秘仪的主要引导者。而手持火炬、歌舞合唱和入会仪式是这些神灵崇拜的共同因素。"①

伊阿库斯是古典艺术中最难辨别的埃琉息斯神。尼尼翁陶版（Ninnion Tablet）为其身份的辨别提供了线索。"所有的男性和女性入会者，都处在高处和低处，都穿着大长袍；男人只穿一件大长袍，女人则是在大长袍外面又穿了一件长衫。……大长袍是秘仪入会者的传统服饰。"② 尼尼翁陶版上的伊阿库斯也穿着一个大长袍，他的大长袍顶端装饰着（女用）束腰外衣。这说明辨认伊阿库斯的外形特征，除了火把外，还有带有女用束腰外衣的长袍，而作为得墨忒耳女神的精灵，他极可能具有双重性别。这是辨认伊阿库斯的另一重要特征。陶

---

① Strabo：*Geography*，10.3.10.
② Clinton：*Myth and Cult*，*The Iconography of the Eleusinian Mysteries*，p.67.

版上描绘了得墨忒耳、珀尔塞福涅、伊阿库斯、赫卡特以及入会者的队伍。在入会礼大厅里，得墨忒耳坐在柜子（Kiste）上，赫卡特手拿着火把向她介绍入会者。入会的每个人都持着一个名为 Bakchoi 的树枝，第二排的入会者由伊阿库斯手持火把带领，他站在翁法洛斯①附近。珀尔塞福涅在第二排的柜子上坐着，手中拿着一个权杖以及可能是装有混合饮料"Kykeon"的器皿。（如图 1.5）

由上述可知，伊阿库斯是产生于公元前 6 世纪的一位新神，是仪式呼喊的拟人化。他的典型特征除了手持火炬外，还穿着带有女式束腰外衣的长袍，极可能具有双重性别。从其拟人化起源及引导入会者来到女神们面前来看，他是得墨忒耳或珀尔塞福涅女神的精灵，即从母女神发出的灵，类似于基督教中的圣灵。在秘仪过程中，有专属他的庆典。虽然只有　天，但是伊阿库斯作为一种"灵"和女神秘仪引导者，他一直存在于秘仪庆典中。在秘仪的高潮阶段，他更是以灵的身份充满入会者，使入会者能从女神经历的表演和圣物的观看与神灵合一。

图 1.5　尼尼翁陶版

注：引自 http://www.greek-thesaurus.gr。

---

① 翁法洛斯（Omphalos）在希腊语中意为"肚脐"，是一种人造的宗教性圆形石器，象征着"大地的肚脐"。据说宙斯曾经放出两只老鹰：一只向东飞，一只向西飞，这两只老鹰在环绕大地一圈后汇合于德尔斐，因此这里即为大地的中心。人们在据传为老鹰会合的地方竖立了一个白色的圆柱形大理石，以纪念这个传说。

二 相关信仰与观念

埃琉息斯秘仪的信仰与宗教观念不是存在于神圣的圣书中,而是通过神灵的属性,尤其是秘仪的神话传说来表达的。讲述埃琉息斯秘仪神话传说的最古老文献是公元前7世纪的《荷马致得墨忒耳颂歌》。该诗歌以优美的语言展现了女神们的身份和职能,并折射出隐含的相关宗教信仰与观念。

(一)生殖力崇拜

生殖力崇拜是源自原始社会普遍流行的一种风习。它是原始先民及农业社会人们追求幸福、希望丰产的一种反映。埃琉息斯两位女神的故事清楚地向我们展示了生殖力崇拜的主题。

首先,从秘仪所崇拜的神祇来看,得墨忒耳是地母神、谷物女神,珀尔塞福涅是年轻的谷物女神、冥后,她们都是司农业之神(如图1.6)。古希腊人认为得墨忒耳的喜怒哀乐与农业丰产有直接的关系。女神在埃琉息斯哀悼女儿时,整个大地都呈现萧条景象,种子被大地深深掩埋而不发芽。在寻回女儿后,她向特里普托勒姆斯传授播种谷物的知识,并向凯留斯、欧摩尔波斯、特里普托勒姆斯等传授秘仪,大地也重新获得生机。因此,为了确保农业丰产,人们尊奉她们,执行她们的秘仪。所以,从神灵属性上看,秘仪体现了一种生殖力崇拜的信仰。

其次,在秘仪庆典中,入会者的呼喊也直接体现了秘仪与生殖力崇拜的密切关系。普罗克鲁斯(Proclus)对此有所描述:在埃琉息斯秘仪中,他们凝视天空,大声呼喊"下雨",他们俯视大地,大声呼喊"怀孕"。[①] 这源于古代原始农业仪式,在希腊具有普遍性。例如,在雅典迪普隆门边的井沿上的碑铭写着:"哦,潘,哦,人们,愉悦欢呼,美丽的宁芙们,下雨,怀孕,溢出。"[②] 而秘仪中蕴含的宙斯与得墨忒耳的神婚,象征着雷雨神与地母神或谷物女神的结合,直接

[①] Proclus: *Timaios*, 293c.
[②] BCH, 20 (1896),转引自 Mylonas: *Eleusis and Eleusis Mysteries*, p. 270.

体现了一种生殖能力。可见，"下雨—怀孕"的程式及神婚是埃琉息斯秘仪与生殖力崇拜密切相关的生动体现。

（二）阴间崇拜

阴间崇拜来自于万物有灵观念，古人们不仅相信自己灵魂的存在，还相信灵魂不灭。他们认为，人的精神和肉体活动，受魂与魄的支配。人死形魄入土，灵魂则变成鬼魂。为使这些鬼魂有个生活的场所，人们便制造了另外一个世界——阴间或者冥府，给鬼魂居住。阴间崇拜在诸多民族中普遍存在。在许多民族的原始神话与宗教中，蛇往往象征着阴间冥府的鬼神幽灵。一方面，蛇生活在阴暗的地方，成为黑暗的来源。另一方面，蛇有蜕皮重获新生的能力。① 在古希腊，对地下冥神和亡灵的崇拜也是其宗教生活的重要组成部分。埃琉息斯秘仪则通过珀尔塞福涅女神将秘仪与阴间崇拜紧密地联系起来。珀尔塞福涅的原型形象正是蛇女神，希腊人有宙斯化身为蛇与珀尔塞福涅幽会的神话传说。宙斯节仪式表面上是祭祀宙斯，实际上却是祭祀阴间的一条蛇。② 因此，珀尔塞福涅蛇女神的身份本身反映了一种阴间崇拜的信仰。通过与冥王哈迪斯的神婚，珀尔塞福涅成为冥后，地府的

图1.6 珀尔塞福涅与得墨忒耳
（公元前5世纪雅典红彩陶长颈带柄油瓶）

注：引自http://www.theoi.com。

---

① ［德］汉斯·比德曼：《世界文化象征词典》，刘玉红等译，漓江出版社2000年版，第286页。
② ［英］赫丽生：《希腊宗教研究导论》，谢世坚译，广西师范大学出版社2006年版，第17—19页。

女统治者，其阴间神灵的身份得以正式确立。正是她的地府女统治者身份使埃琉息斯秘仪具有了来世的意义，她是秘仪与阴间崇拜和来世幸福说紧密结合的关键点。埃琉息斯秘仪强调入会，认为入会关系着来世幸福的实现。入会者的名字会登记在阴间，来世他们凭此能拥有得到幸福的特权。因而，埃琉息斯秘仪不仅满足了古希腊人农业丰产的祈求，并且通过与阴间崇拜的特殊关系，向人们承诺来世的幸福、死后的生活。此外，秘仪庆典结束前，在鲍厄特龙庙翁月22日举行死者的奠酒式和祭仪，其目的就是为了安抚那些死去的灵魂。这种对死者的纪念仪式也是阴间崇拜的写照。

（三）来世幸福观

神灵一般被认为影响或控制着物质世界的现象和人的今生和来世的生活，并且认为神灵和人是相通的，人的一举一动可以引起神灵高兴或不悦；于是对它们存在的信仰就导致对它们的实际崇拜或希望得到它们的庇佑，因此产生了信奉灵魂和未来生活的观念。来世观实际上就是关于鬼魂或亡灵们在冥府中如何生活，以及来世生活的状况与人活着时的生活状况有何区别和联系的观念。荷马传统中，普通人死后，肉体丧失，灵魂只能以苍白的形象存在于地府中，没有才智和力量。埃琉息斯秘仪向人们展示的是幸福的来世。不论生前贫穷还是富有，入会者死后，其灵魂在地府中都因入会而过着幸福的生活。对死亡的恐惧是生命的一个现实，然而，埃琉息斯秘仪宣扬的是，死亡并非仅仅是邪恶和恐怖的，也可以是美好的。雅典农民特里盖乌斯是《和平》中的英雄，赫尔墨斯（Hermes）告诉他，他犯了反对众神之罪，而对他仅有的处罚是死亡，他冷静地回答说："那么借我3德拉克玛买只猪，我必须在死前入会。"[①] 西塞罗对此有最精辟的描述，即埃琉息斯仪式使人们从中学会了如何生活，"不仅获得了幸福生活的力量，而且获得了带着更好的希望死去的力量"[②]。伊索克拉底也

[①] Aristophanes: *Peace*, 374–375.
[②] ［古罗马］西塞罗：《国家篇·法律篇》，沈叔平、苏力译，商务印书馆2005年版，第203—204页。

有类似的论断。① 这种来世的幸福观，与珀尔塞福涅的冥后身份密切相关。索福克勒斯说："备受祝福的凡人是那些看到这些仪式之后去地府的人们。他们在那里被给予好的生活，对其他人来说那里的一切则是罪恶的。"② 可见，埃琉息斯秘仪不仅满足了人们农业丰产的祈求，而且通过与阴间崇拜的特殊关系，向人们承诺来世的幸福、死后的生活。不同于其他秘仪，埃琉息斯秘仪宣扬的得救是"恩惠"或"幸福"，而且是用来指来世的而不是其他的。得墨忒耳赐予埃琉息斯人两项礼物，一是谷物，另一个便是那些曾看见秘仪的人死后一种享有幸福生活的许诺。

不似奥尔弗斯教徒那样，需要经过现世的禁欲、节制等苦行僧式的生活才能实现来世的幸福，埃琉息斯的神秘仪式强调入会仪式便是这一切能否实现的关键。《荷马致得墨忒耳颂歌》对此有直接的描述："地上曾看到这些秘仪的人是幸福的；但是没有入会的人和未加入他们的人，一旦死去在黑暗和阴沉的地府则噩运连连。"③ 未参加秘仪的人或泄密者，死后在地府中要遭受惩罚。波桑尼阿斯说那些错失入会礼而在冥府那未入会的人，波利格诺图斯（Polygnotus）阴间的壁画上描述了这种惩罚，即他们在用一个漏洞的破罐子运水，未曾运到目的地水已流光，需要不停地运水。④ 对未入会者和生前犯有重罪者的这种惩罚也出现于奥尔弗斯教中。后文提到的达纳乌司（Danaus）的女儿们达奈德斯（Danaides）因嗜杀丈夫而在阴间做这种苦力。可见，只有入会，救赎和幸福的许诺才会实现，但这种以入会为条件的救赎许诺将未入会者排除在外，具有一定的排外性。

（四）死而复生观

死而复生观本质上也是灵魂观的一种，认为肉体的死去并不是生命的终结，而是一个新的开始，即灵魂在新的地方重新生活。在古代宗教中，死而复生观多与农业生产或植物季节性变化密切相关。例如

---

① Isocrates：*Panegyricus*, 28.
② Sophocles：*Fragment*, 719.
③ Homeric Hymns：480 – 485.
④ Pausanias, 10.31.11.

埃及的奥西里斯，古希腊的狄奥尼索斯，弗里吉亚的阿提斯等都是死而复生之神。埃琉息斯秘仪也包含了这种死而复生的观念。女神的失而复得，象征着植物的一岁一枯荣，也表现了人与植物神秘一致性的宗教经验。同时，对入会者来说，他们通过入会也经历一种死而复生。死亡和重生是入会仪式的一种基本观念。能否入会是死后灵魂能否解脱、再生的关键。① 品达说："受祝福的人是死前看到这些仪式而去地府的人。他理解了凡世生命的终结和神所赐的新生命的开始。"② 此外，格思里教授认为，通过收养使人成为神的儿子也是死而复生观的一种表现；因为在希腊人的家庭中，对一个孩子的正式收养代表着从其新的母亲子宫内重生……在埃琉息斯最后的仪式实际上包含了一种上演入会者从得墨忒耳子宫内重生的象征性仪式。③ 这一观点不无道理，因为神话传说中的外邦人赫拉克勒斯和狄奥斯库里入会埃琉息斯秘仪之前，都要和雅典建立一种新的血缘关系，即都被雅典公民收为养子。新的父子或母子关系的确立，某种程度上象征了在新的母亲子宫内重生，体现了一种死而复生的观念。因此，可能入会者认为自己入会意味着被得墨忒耳收养而会获得重生。

总之，埃琉息斯秘仪所崇拜的神灵主要是得墨忒耳、珀尔塞福涅女神和伊阿库斯神。它没有专门的文字圣书，其生殖力崇拜、阴间崇拜、来世幸福观和死而复生观等宗教信仰与观念是通过神话传说来表达的，而诗人、剧作家、甚至是史学家、入会者则不自觉地充当了传播者。

第二节　埃琉息斯秘仪的神职人员

神职人员（或祭司）是宗教组织中居于核心地位、起关键作用的特殊人物，是人与神的中介或桥梁。他们精通宗教仪式的知识和技

---

① 杨巨平：《古希腊罗马犬儒现象研究》，人民出版社2002年版，第106页。
② Pindar: *Fragment*, 102.
③ Guthrie, W. K. C.: *The Greeks and Their Gods*, Methun & CO. LTD. Londen, 36 Estrea, Strand, W. C. L. 1954, p. 292.

术，其职责就是主持宗教仪式活动，从事人神关系的沟通。在古希腊宗教中，男人、女人都可以成为祭司。除了德尔斐阿波罗神庙的女祭司外，神职人员往往与神的性别一致，女性神如阿尔忒弥斯、雅典娜等神庙一般由妇女担任祭司；男性神如宙斯、赫淮斯托斯等神庙一般由男性祭司把持。埃琉息斯秘仪则是一个特例，其祭司男女两性都有，甚至还有儿童祭司。秘仪祭司的任命有多种方式：抽签、选举、出生或拍卖。无论任命的形式和职位的任期如何，"他们一般都必须遵循将其从普通公民中区分出来的和使之适合做神和人中介的特殊原则"①。传统观点认为，古希腊虽存在各种祭司，却没有形成一个独特的垄断宗教事务和拥有特权地位的社会阶层，祭司没有实权，他们的职务往往是荣誉性的。各神庙中的男女祭司虽有时也帮助人们祭神，但他们一般并不被视为是人神的中介。专门从事祭祀和其他宗教活动的祭司很少，且主要坐在神谕所内。然而，在埃琉息斯，主持秘仪活动的却是一群专业化的神职人员或祭司们。他们具有极高的社会地位，大多来自两大祭司家族——欧摩尔波斯家族和克里克斯家族。他们精通秘仪的专业知识，引用一句希腊化时期的碑文：正是"许多代世袭的祭司职业所能传承的知识"才使祭司的权威有所依恃。②

一 欧摩尔波斯家族的神职人员

欧摩尔波斯家族是埃琉息斯秘仪的第一大祭司家族。根据神话传说，该家族的始祖欧摩尔波斯是得墨忒耳女神亲任的秘仪大使，是第一位传秘师（Hierophantes）。传秘师、传秘师助理（Hierophantides）、得墨忒耳的女祭司（Priestess of Demeter）、帕纳吉斯女祭司们（The Panageis Priestesses）、秘法解说者（Exegetes of the Eumolpidae）均来自欧摩尔波斯家族。

---

① Simon: *Religions of the Ancient Greek*, Cambridge Press, 1999, Reprinted 2003, p. 68.
② *Decree Honoring Daduch Themistocles*, *Inscription of a Daduchos*, *First Century B. C.*, Line 64, in Cliton: *The Sacred Officials of the Eleusinian Mysteries*, the American Philosophical Society, 1974, pp. 50 – 52.

（一）传秘师

传秘师是埃琉息斯得墨忒耳秘仪的最高祭司，或称为首席大祭司，社会地位极高，终身任职。他是埃琉息斯秘仪中最重要的人物，负责管理神庙和秘仪庆典。只有他有权拒绝或批准入会申请，① 他也是唯一能够进入阿纳克托隆（Anaktoron）的人。② 他负责宣布神圣的休战和派遣休战使者（Spondophoroi）或信使到希腊各邦邀请所有希腊人来参加秘仪庆典和向女神献祭。他负责主持秘仪庆典，只有他可以在入会高潮阶段向入会者展示神秘的圣物并说神圣的话语。他的名字可能就是得自于圣物的展示。但他并不传授信徒们如何得救，也不像奥尔弗斯教的祭司那样四处行走劝说人们参加秘仪。因此，他是个名副其实的"主持演出者"，而不是一个传授者。③ 传秘师及其家族的其他成员，还是管理秘仪未成文传统法的解释者，他可能主管违反这些法律的案子。④

传秘师是一个令人敬畏的人物，穿着精美的祭司服，⑤ 蓄着长须，头戴花冠，手拿权杖。他可以结婚，⑥ 吕西阿斯和伊赛俄斯的演说词中都提到传秘师有子女。⑦ 但是传秘师在秘仪庆典期间要禁欲，⑧ 其目的可能是为了更好地接近神。他在入会仪式的神婚模拟性表演中，扮演了宙斯的角色，因其服用了禁欲的药物，所以这种神婚表演只是象征性的。他在狄奥尼索斯剧院中享有一个荣誉座（Proedria），其宝座位于狄奥尼索斯祭司的宝座旁边，表明在剧院中其地位仅次于狄奥

---

① Philostratus: *The Life of Apollonius of Tyana*, 4.18.
② Aelian: *Fragment*, 10. 阿纳克托隆是埃琉息斯得墨忒耳神庙中的一个内殿，用于存放得墨忒耳女神的圣物。这一内殿的建立始于梭伦时期。
③ Guthrie: *Orpheus and Greek Religion*, Methuen & CO. LTD. London, 36 Essex Street, Strand, W. C. L. 1952, p. 154.
④ Lysias: *Against Andocides*, 6.10.
⑤ Athenaeus, 1.12. "埃斯库罗斯还发明了那种漂亮又庄严的服装，传秘师和火炬手/传令官模仿这一服饰，当他们穿上其祭司服时……"
⑥ Pausanias, 2.14.1.
⑦ Lysias: *Against Andocides*, 54. 提到传秘师哈勃科拉提翁（Harpokration）的子女；Isaeus: 7.9，提到传秘师拉克拉提德斯（Lakratides）的子女。
⑧ Hippolytus: *Philosophoumena*. 详见本章仪式禁忌部分。

尼索斯的祭司。他有权在神庙区域内修建自己的雕像。在小秘仪和大秘仪上，他每天从每个入会者那里获取 1 奥波尔银币。

（二）传秘师助理

传秘师的主要助理，是服侍两位女神的两名女祭司，其名字经常与传秘师和火炬手一起出现，终身任职，可以结婚。她们在秘仪中作用的增强可能出现于希腊化时期，因为在公元前 250 年以前的文献和碑铭中没有她们的相关记载。关于传秘师助理较为著名的事件是苏拉围攻雅典时，一位传秘师助理请求阿里斯提翁（Aristion）给她十二分之一蒲式耳小麦，[①] 这位女祭司死后，雅典公民大会修建了纪念她的纪念碑。[②] 此后，传秘师助理可能获得了和得墨忒耳女祭司相当的地位。她们在入会仪式中起着重要的作用，随侍在传秘师左右，主要负责携带传秘师从阿纳克托隆中取出的圣物。一位名叫凯利斯托（Kallisto）的传秘师助理，曾将自己说成是"站在得墨忒耳和科瑞门口附近的持火炬者"，就像那种怀有"用比白天弱的光点亮黑夜"回忆的人。[③] 雅典那乌斯论及了一位传秘师助理名气之高，"即使是格雷斯（Graces）统治者麦涅（Mene）的儿子缪塞俄斯（Musaeus）也没获得安提欧普（Antiope）那样的荣耀赞许。她在埃琉息斯的海边，以洪亮、神圣的声音向入会者详细阐述了神秘神谕，因为她适时地护送祭司穿过拉里亚平原去纪念得墨忒耳。她甚至在地府中也很有名气"[④]。她们也有权在神庙区域内为自己建造雕像。同传秘师一样，每天每个参加入会小秘仪或大秘仪的人要支付给她们 1 奥波尔银币。

（三）得墨忒耳的女祭司

得墨忒耳的女祭司，在罗马时代也被称为"得墨忒耳和科瑞的女祭司"，来自欧摩尔波斯家族或菲雷德斯家族，终身任职。她的社会地位很高，埃琉息斯的重大事件以得墨忒耳女祭司的名字和继任神职的时间来命名，这与阿哥斯（Argos）的赫拉（Hera）女祭司相同。

---

① 蒲式耳，谷物、水果等重量单位，美 = 35.238 升，英 = 36.368 升。
② Plutarch：*Sulla*, 13.3.
③ Mylonas：*Eleusis and Eleusis Mysteries*, p.231.
④ Athenaeus, 13.597.

她在入会仪式的神圣表演中扮演了得墨忒耳和科瑞双重角色。她的职位也十分高,可能承担某些秘仪的献祭权。托于德莫斯提尼名下的演说词《反对尼艾拉》中讲述了一个传秘师因执行了属于该女祭司执行的仪式而被处死一事,证明了得墨忒耳女祭司的献祭职责。① 她在秘仪期间从每个入会者那获得 1 奥波尔银币。

(四) 帕纳吉斯女祭司们

帕纳吉斯女祭司是神圣不可侵犯的女祭司群体。她们一起住在位于神庙辅区的专门居所中,不得与男人交流和接触。她们被称为 *Melissai*(Bees),波尔菲里(Porphyry)提到:"古人们称入会了地母神刻瑞斯(得墨忒耳)秘仪的女祭司们为 Bees(蜜蜂),称珀尔塞福涅为 Honied(多蜜的)。"② 帕纳吉斯女祭司们的这种与世隔绝的生活状态可能是为了保持秘仪的圣洁,类似于无性欲的蜜蜂。在蜜蜂社会里,它们仍然过着一种母系氏族生活。只有蜂王(蜂后),是具有生殖能力的雌蜂,负责产卵繁殖后代,同时"统治"这个大家族。其他没有生殖能力的雌蜂,也就是工蜂没有性欲,保持贞洁,采蜜为新蜂王服务。*melissai*(Bees)的称呼可能正是得名于此。她们可能是秘仪的女服侍者,但她们的具体职责我们仍无法获知。但她们似乎有权"接触圣物",负责将圣物带到雅典和返回埃琉息斯。至于她们是否专门地选自欧摩尔波斯家族仍不清楚。这些女祭司们每天从入会者那获得半奥波尔银币。

二 克里克斯家族的神职人员

克里克斯家族是埃琉息斯秘仪的第二大祭司家族。根据波桑尼阿斯记载的埃琉息斯人的传统,他们的祖先克里克斯(Keryx)是欧摩

---

① Demosthenes: *In Neaeram*, 116.

② Porphyry: *On the Cave of the Nynphs*, 8, Thomas Taylor: *Select Works of Porphyry: Containing His Four Books on Abstinence from Animal Food; His Treatise on the Homeric Care of the Nymphs; and His Auxiliaries to the Perception of Intelligible Natures*. With an Appendix Explaining the Allegory of the Wanderings of Ulysses by the Translator, Printed in London: Thomas Rodd, 17, Great Newport Street, 1823, p. 249.

尔波斯的小儿子；但该家族坚持声称克里克斯是赫尔墨斯与雅典国王科克洛普斯（Kekrops）的女儿阿格劳罗丝（Aglauros）、或赫尔丝（Herse）、或潘德罗索丝（Pandrosos）的儿子。① 火炬手（Dadouchos或称torchbearer）、传令官（Herald或Hierokeryx或Keryx）、祭坛祭司（Altar-priest）来自克里克斯家族。

（一）火炬手

火炬手或持火炬者在埃琉息斯秘仪男祭司中的重要性仅次于传秘师。他选自克里克斯家族，可以结婚，终身任职。火炬手参与秘仪庆典的净化和入会仪式，参加净化的献祭。他是小秘仪中的关键人物，使用"宙斯的羊毛"净化污血是他的特权。准备入会的人经过他的净化，才能被确定为入会候选人。他常与传秘师一起出现，因为他负责秘仪必需的照亮效果。然而，他不能进入阿纳克托隆，也不能参与向入会者展示圣物。他也有很高的社会地位，有权在神庙区域内修建自己的雕像。

（二）传令官

传令官是秘仪中发布宣告之人，其显著特征可能是有一种清晰浑厚的嗓音，终身任职。色诺芬描述了传令官的这种优点，"克里奥克里图斯（Cleocritus），是入会者的传令官，他具有极好的嗓音，他使现场安静下来……"② 这一特征使他在入会礼大厅内也拥有发言权，但不同于传秘师，他负责向入会者人群大喊，要求他们安静下来。因此，传令官也被称为传秘师的"代言人"。③ 他常常与传秘师和火炬手一起出现于秘仪庆典中，普鲁塔克的《亚西比德传》暗示了传令官与揭示秘仪最核心秘密相关，④ 他参与了入会礼大厅内的神秘庆典。另外，他扮演着入会向导（Mystagogos）的角色，在秘仪举行过程中向入会者传达指示。秘仪期间，他每天从每个入会者那收取1奥波尔银币。他有权在神庙区域内修建自己的雕像。并且他在狄奥尼索斯剧院第一排的荣誉座位中也占有一席之地。

---

① Pausanias, 1.38.3.
② Xenophon: *Hellenica*, 2.4.20.
③ Cliton: *The Sacred Officials of the Elesinian Mysteries*, p.77.
④ Plutarch: *Alcibiades*, 22.

（三）祭坛的祭司

祭坛的祭司可能是两位女神神像的清洁者，终身任职，往往是子继父业，也来自克里克斯家族。他负责得墨忒耳祭坛和珀尔塞福涅祭坛的清洁、献祭等工作。其地位可能仅次于传令官。碑铭中很少提到他，古典时期只有一个碑铭提到了祭坛祭司。公元前460年根据歌颂特米斯托克利的法令首次出现了祭坛祭司。[①] 晚期罗马帝国时期的一块碑铭上，列举了埃琉息斯祭司们，其中便有祭坛祭司。据米劳纳斯推测，他可能也是一个入会向导或介绍人，从每个入会者那里获得半个奥波尔银币，他有权在神庙区域内建造自己的雕像。[②] 但克林顿教授认为祭坛祭司从入会者那里所获得的酬劳是1奥波尔银币。[③]

以上这些是埃琉息斯秘仪最重要的祭司。他们属于欧摩尔波斯和克里克斯两大家族，有世袭继任权。他们究竟如何考虑继任和传承尚不清楚，但显然这些事情是由家族成员和选举决定的。这两大家族对祭司职位的垄断，在古希腊获得了普遍的认可，并受到地方传统和官方的保护。数个世纪以来，他们一直为秘仪提供高职位的祭司，欧摩尔波斯家族则一直维系其特权和继任到神庙存在的终结之时。普鲁塔克说不仅在过去而且在他的时代也是欧摩尔波斯发展希腊人入会。[④] 他们甚至还执行不同于秘仪所要求的职责。他们被委任处理女神神圣土地的边界问题，[⑤] 可以采取措施反对私人的亵渎之罪。这两大家族都对秘仪神圣性的维护、去除所有外来的侵扰因素和一起颁布共同法负有责任。[⑥]

三 其他神职人员

除上述从欧摩尔波斯家族和克里克斯家族抽选出的神职人员外，

[①] Cliton：*The Sacred Officials of the Elesinian Mysteries*，p. 82.

[②] Mylonas：*Eleusis and Eleusis Mysteries*，p. 233.

[③] Cliton：*The Sacred Officials of the Elesinian Mysteries*，p. 82.

[④] Plutarch：*On Exile*. Plutarch's Moralia，17.

[⑤] BCH13，Rhodes and Osborne Robin Edit：*Greek Historical Inscriptions* 404 – 323 BC，Oxford University Press，2003. 公元前352年的一碑铭文献。

[⑥] Aeschines：*Against Ctesiphon*，3. 18.

还有一些不知来自哪个家族的神职人员，他们在埃琉息斯秘仪中也起着重要的作用和拥有很高的社会地位。

斐迪恩特斯祭司（Phaidyntes）在埃琉息斯秘仪庆典之初起着重要的作用。据公元220年的关于正确引导埃琉息斯秘仪队伍的法令（*Decree of the Proper Conducting of the Procession of the Eleusinian Mysteries*）记载，"得墨忒耳和珀尔塞福涅两位女神的斐迪恩特斯祭司，按照古代的习俗向雅典娜的女祭司通告圣物和护送队已经到达了雅典"①。每个入会者要向他支付半奥波尔银币。

伊阿卡格格斯（Iacchagogos）是在从雅典到埃琉息斯的游行队伍中，陪伴伊阿库斯神像的专门祭司。他是一个雅典人，在雅典狄奥尼索斯剧院中有一个为他保留的荣誉座位。②

希德拉诺斯（Hydranos）是一个负责向入会者洒水，或向他们泼水净化的神职人员。他也被称为秘仪的净化者。米劳纳斯认为珀尔塞福涅女神扮演了希德拉诺斯的角色。③ 尼奥克罗斯（Neokoros）负责神庙的清洁和装饰，拥有一座专门的名为尼奥克里翁（Neokoreion）的建筑物。

在埃琉息斯秘仪庆典上有一些负责伴唱的小祭司或女祭司。她们也是不容亵渎的。据狄纳库斯（Dinarchus），雅典人特米斯提乌斯（Themistius）被罚死罪，就是因为他在埃琉息斯秘仪节庆时暴力地对待一个弹奏七弦琴的罗得岛（Rhodian）的女孩儿；欧希马库斯（Euthymachus）因将一个奥林西亚（Olynthian）的女孩送进妓院而被处以极刑。④

至于入会向导，也称秘法家，他可能就是初级入会者mystes的保

---

① IG II² 1078, *Athenian Democracy: Speaking Through its Inscription*, Edited by M. Lagogianni, Georgakarakos, K. Buraselis, University of Athens, Department of History and Archaeology, 2009, p. 132.
② Mylonas: *Eleusis and Eleusis Mysteries*, p. 236.
③ Mylonas: *Eleusis and Eleusis Mysteries*, p. 236.
④ Dinarchus: *Against Demosthenes*, 23.

证人。狄奥·克里索斯托说:"那些正准备入会秘仪的人,需要秘法家。"① 他向入会者介绍和执行一些初级的仪式。人们多认为秘法家来自克里克斯家族,然而,安多基德则暗示,父亲可以当他儿子的介绍人,"卡里阿德斯(Calliades)反对接纳他,但是克里克斯家族投票通过这样的法令:如果父亲发誓他所介绍的孩子是他的亲生儿子,那么父亲就可以介绍儿子入会"②。可见,入会向导可能就是那些已经入会的人,也包括克里克斯家族的某些官员,例如传令官和祭坛祭司。

此外,还有专门的儿童祭司。他们被称为"来自壁炉的入会者",可能与德莫风被放在火上烤以获得永生的传说有关。这些入会儿童至少在公元前5世纪中期就已经存在。在古典时期,儿童由王者执政官抽签,从他们父亲自愿提供的候选人中选出。公元前2世纪末和1世纪初,他们"大多数人……来自在雅典城邦和宗教生活中最有影响力和最特殊的家庭……许多是欧摩尔波斯家族或克里克斯家族的孩子或后代"③。官方授予极高的荣誉给被选中的男孩或女孩,他们的称号为社会所认可。神庙中允许有任职的男孩或女孩的神像。

他们的职责可能与基督教的那些祭坛侍童类似。孩子们代表入会者提供祈祷和献祭。波尔菲里讲述了一个小男孩在神与人之间的关系中所起的作用,"在秘仪中,负责照料祭坛的那个小男孩,准确地执行他被要求去做的事,其目的是为了报答神将平安吉利赐给了所有入会者"④。

可见,不同于古希腊其他宗教活动,埃琉息斯秘仪拥有庞大的祭司队伍,他们各司其职,精通自己所在职位的仪式知识,社会地位较高,甚至受到了官方的保护。这些专业化祭司在埃琉息斯的存在和发展,说明其祭司制已经相当成熟。这既是埃琉息斯秘仪区别于古希腊其他宗教崇拜仪式的一个重要特征,又是其能存在长达2000年之久的原因之一。尤其是主祭司为两大家族所垄断,一方面有利于秘仪地方传统的保护和仪式的延续,另一方面也反映了雅典与埃琉息斯之间

---

① Dio Chrysostomva, 4.5.9.
② Andocides: *On the Mysteries*, 127.
③ Cliton: *The Sacred Officials of the Elesinian Mysteries*, pp. 98–114.
④ Porphyry: *On Abstinence From Animal Food*, p. 138.

第三节　埃琉息斯秘仪的主要活动

人们对宗教的信仰或神灵的信奉主要是通过仪式活动表现出来的。宗教仪式，是对具有宗教或传统象征意义的活动的总称。它具有

表1.1　　　　　　　　　　秘仪流程表

日期	仪式活动场所	主要仪式活动	主要参加者
安替斯铁里翁月①（Anthesterion）	雅典阿格拉（Agra）	献祭猪和第一批收获物，禁食，洒水，唱颂歌和跳圣舞	入会仪式候选人、传秘师、火炬手、雅典王者执政官和监查官
鲍厄特龙庙翁月（Boedromion）13、14日	从埃琉息斯到雅典	送送圣物到雅典的埃琉息尼翁神庙（Eleusinion）②	护送圣物的男女祭司们和雅典青年团体以弗比（Ephebeia）
15日	雅典	宣布仪式开始	入会者、各邦代表、非入会者
16日	雅典	雅典庆典的开始、净化	入会者、祭司、入会向导、非入会者、王者执政官
17日	雅典	献祭、祈祷	传令官、入会者、各邦代表团、王者执政官、非入会者
18日	雅典	纪念医药神的几日	入会迟到者、非入会者
19日	从雅典返回埃琉息斯	圣路上的伊阿库斯节	所有参加者、非入会者
20日	埃琉息斯	入会仪式	入会者、祭司
21日	埃琉息斯	入会仪式	入会者、祭司
22日	埃琉息斯	奠酒仪式	入会者、祭司
23日	从埃琉息斯返回	秘仪活动结束，入会者离开返乡	入会者
24日	雅典埃琉息尼翁神庙	雅典官方举行议事会总结秘仪庆典	500人议事会，王者执政官

---

①　安替斯铁里翁月是阿提卡历的八月，相当于现代历法的公历2—3月，主要得名自花月节Anthesteria，是纪念酒神狄奥尼索斯的一个节日。该月可能与祭祀鬼神等仪式活动相关。

②　埃琉息尼翁神庙是雅典卫城西北角的一个露天的得墨忒耳神庙，用以秘仪庆典时临时存放圣物。伊阿库斯神像可能保存在这一神庙中。

一定的时段、特定的场合，可以由个体、群体或团体组织主持和进行；既可以在任意场合或特定的场合，也可以面向公众、私人或特定人群。由于埃琉息斯秘仪没有文字教义传承下来，所以仪式活动不仅表达了秘仪的信仰与观念，而且使入会者通过献祭、净化、表演、入会等活动达到与神灵直接沟通的目的，进而获得了特殊的宗教体验和情感。因此，仪式活动是埃琉息斯秘仪的核心部分。本节以秘仪庆典的进程为依据，按时间和活动场所的变化将整个秘仪庆典分为四部分。

一 庆典的准备——埃琉息斯小秘仪

（一）主要仪式活动

小秘仪是大秘仪或整个秘仪庆典的预备仪式。一般在每年春季安替斯铁里翁月举行一次。① 如果准备入会的人较多，那么可以同一年举行两次。这个时间有时候也会有变化，不像大秘仪那样严格。小秘仪在雅典伊利苏斯河（Illissos）东岸的阿格拉（Agra）② 举行。参加小秘仪的被称为myesis，小秘仪结束后，获得参加大秘仪的候选人被称为amyetos。

禁食、献祭、洒水或在伊利苏斯河中沐浴、唱颂歌、跳圣舞构成了小秘仪的庆典活动。显然这些活动是为大秘仪的入会仪式提供候选人，为大秘仪的净化做准备。③ 那些候选人参加净化的私人典礼，但要在传秘师的关注下和欧摩尔波斯或克里克斯家族的入会向导的指引下进行。小秘仪中有个科诺福利亚（Kernophoria），包括跳圣舞和举着神圣器皿科诺斯（Kernos，如图1.7、图1.8）。科诺福利亚仪式可能就是得名自举着的科诺斯，只有妇女能够参加，大秘仪中也有这一

---

① Plutarch：*Demetrius*，26.
② 阿格拉（Agra）位于伊利苏斯河畔，是每年举行埃琉息斯秘仪小秘仪的地方，可能指的是一所神庙。因为Agra原是一位女神，后来人们将她视为阿尔忒弥斯的一个化身。在阿格拉有这位女神的神庙。
③ Aristophanes：*ploutos*，845.

图 1.7　神圣器皿科诺斯

注：引自 http://www.classics.upenn.edu。

仪式。① 波鲁克斯（Pollux）提及一种包含器皿 kerna 和将火把举在头顶的舞蹈，② 可能说的就是科诺福利节。可能女神神话中的某些细节在歌唱和祈祷中上演。此外，还举行了公共献祭，监查官（Epimeletai）与王者执政官一起负责小秘仪的管理，代表雅典城邦和人民献祭。

关于神圣器皿科诺斯，它是埃琉息斯秘仪庆典上的一种用具，雅典那乌斯对其有详细的描述。他说："帕勒蒙（Polemon）在《论神圣的羊毛》（*On the Sacred Fleece*）一文中说：'在这些初步活动后，（祭司）继续进行神秘仪式的庆典；他从神龛内取出神圣的东西，将它们分发给所有带着科诺斯的人。科诺斯是一种陶器器皿，由一些小杯子粘贴在一起围成一圈（如图 1.7），里面是鼠尾草，白罂粟种子，小麦和大麦粒，豌豆，野豌豆，秋葵种子，扁豆，豆，稻麦，燕麦，扁长形果实，蜂蜜，油，酒，牛奶和不洁的羊毛。拿着科诺斯的人像

---

① 后文涉及大秘仪中到科诺福利节时不再对此详述。
② Pollux, 4.103.

拿着利克农（Liknon）①的人一样，要品尝这里面的东西.'"② 从科诺斯内所装的谷物果实看，科诺福利节的意义很可能是第一批收获物的献祭。

净化是小秘仪庆典的核心。净化的方式有两种：一是用水来净化。可能是到伊利苏斯河沐浴或者是由前面提到的洒水的祭司向入会者头上洒水或倒水。用水净化是那些没有犯杀戮罪之人的净化方式。二是火炬手用"宙斯的羊毛"在入会者脚下展开净化。火炬手的净化可能是为那些受诅咒的人（Enageis）和有杀戮罪的人举行的净化。艺术作品中赫拉克勒斯的净化证实

图 1.8　头顶器皿的妇女

注：引自 http://www.wikipedia.com。

了一点，暗示了那些有杀戮罪的人在经历火炬手主持的净化后允许加入秘仪。火炬手主持净化仪式的结束，意味着申请入会的人在被授予入会资格前对本身罪孽的涤除。

（二）小秘仪的起源

关于小秘仪，有人认为它是专门纪念珀尔塞福涅的仪式，并且也是在这位女神的监督下进行的，得墨忒耳以尊贵的客人身份参加小秘仪。这一观点受到了米劳纳斯等西方学者的赞同。然而，这种观点实际上是缺乏说服力的。

根据传说，小秘仪起源于赫拉克勒斯执行第十二项任务去冥府前的净化。狄奥多鲁斯说："得墨忒耳为纪念赫拉克勒斯而建立小秘仪，女神可能净化了他屠杀马人的罪孽。……为了顺利完成这个任务，赫

---

① 利克农是一种簸谷物的工具，将谷物和谷壳分开。
② Athenaeus: *The Deipnosophists*, 11.476, 11.478.

拉克勒斯去了雅典,并加入了埃琉息斯秘仪,奥尔弗斯的儿子穆塞俄斯(Musaeus)主持入会仪式。"① 阿波罗多鲁斯的说法与狄奥多鲁斯略有出入,他说:"赫拉克勒斯准备启程去捉克尔伯罗斯(Cerberus)前,来到埃琉息斯拜访欧摩尔波斯,希望能被接纳入会。那时法律不允许外国人入会,后来他以皮利乌斯(Pylius)养子的身份被接纳入会。但不能观看秘仪,因为他屠杀马人而未被净化,后来他被欧摩尔波斯净化并被接纳入会。"② 普鲁塔克重述了皮利乌斯作为其养父的说法。③ 阿里斯托芬说,雅典人不想拒绝他们的恩人,但同时又得努力遵守不发展外邦人入会(即非雅典人)的原则,他们因此建立了小秘仪。④

小秘仪在雅典的举行以及神话传说中体现的外邦人入会需要和雅典建立亲缘关系的原则,说明小秘仪是后期政治联合的产物,是在雅典将埃琉息斯征服后产生的。况且,小秘仪的献祭、洒水、跳圣舞等活动没有凸显出珀尔塞福涅女神的相关崇拜而是强调净化这一主题。与其说它是为纪念珀尔塞福涅专门举行的仪式,不如说它是古风时期为所谓的外邦人举行的仪式,本质上是使外邦人入会合法化而已。这是雅典阿提卡政治统一和在希腊世界寻求发言权的必然结果。通过类似于赫拉克勒斯的净化,被收养为养子而建立新的血缘关系,实际上是实现了象征性的血缘上的净化。可能在发展过程中随着古典时期入会仪式条件的放宽,小秘仪逐渐发展成为为所有候选入会者净化的仪式。

尽管我们对小秘仪中的仪式知之甚少,但可以肯定的是,它们是完成候选人净化的预备活动,是入会大秘仪前的准备仪式。正如苏格拉底曾讥讽地说:"我嫉妒你,卡里克勒斯(Callicles),因为你在入会小秘仪之前已经入会大秘仪了。我认为这是不被容许的。"⑤ 此处苏格拉底的话暗示了小秘仪是申请入会者参加大秘仪必须经历的仪式。

---

① Diodorus, 4.14, 4.25.
② Apollodorus, 2.5.12.2.
③ Plutarch: *Theseus*, 30.
④ Aristophanes: *ploutos*, 1013. Xenophon: *Hellenica*, 6.3.6.
⑤ Plato: *Gorgias*, 497.

二 庆典的开始——雅典的庆典

大秘仪每年举行一次,始于鲍厄特龙庙翁月,该月是秘仪的神圣月,这与现代的 9 月和 10 月初相对应。入会者们从希腊世界各地前往埃琉息斯参加大秘仪,后期甚至也有来自罗马世界的入会者,入会者包括本邦男性公民、妇女、儿童、奴隶和外邦人。

(一) 专门信使到各地的访问

在庆典来临之前,选自欧摩尔波斯和克里克斯家族的专门信使,前往希腊各邦甚至海外,宣布神圣休战,邀请他们献祭第一批收获物,向女神派官方代表团。信使们根据传秘师的特殊指示,可能在不同时间成群地离开埃琉息斯,那些最远途的先离开。他们的费用由神庙的财库支出。在公元前 4 世纪时可能有专门被派往海外的信使,波利比乌斯说,在继业者战争时期(Diadochoi,意思为承继其事业而非承继其地位的人)① 一个护卫队被派往埃及。② 还有使团去叙利亚的劳迪西亚(Laodikea)和安提俄克(Antioch)的记录。③ 被访的城邦相应地也派专门的代表团和祭品作为对女神的感恩。但弗西亚人(Phocians)例外,埃斯吉尼斯说:"当你们的传令官宣布秘仪的神圣休战时,所有希腊人中只有弗西亚人拒绝接受休战。"④ 由于他们拒绝休战使其一直在希腊世界不受欢迎。除了官方使团外,渴望入会的公民个人将到雅典去,他们在那里将在入会向导的指引下为特殊体验做准备。

---

① 继业者战争时期(The Diadochoi, 323-280BC),见〔苏联〕塞尔格叶夫《希腊史》,缪玲珠译,高等教育出版社 1955 年版,第 430 页。
② Polybius, 28. 6.
③ Mylonas: *Eleusis and Eleusis Mysteries*, p. 244. 劳迪西亚(叙利亚最大海港拉塔基亚的古名)。安提俄克(公元前 64 年前的古叙利亚首都,现为土耳其南部城市)。
④ Aeschines: *On the Embassy*, 2. 133.

(二) 运送圣物到雅典

在鲍厄特龙庙翁月 13 日，雅典年轻人的团体以弗比①到达埃琉息斯，从起点埃琉息斯的庞培（Pompeion）② 正式护送祭司队伍及圣物或雕像到雅典。以弗比们服从王者执政官和监查官的命令，他们在行进的途中要进行某种献祭和奠酒。碑铭文献中有对以弗比护送圣物到雅典及返回埃琉息斯的详细记载。

> 人民决议：以弗比队伍按照古老的传统在 9 月 13 日来到埃琉息斯，以传统的队形陪伴圣物在 14 日到达雅典卫城。19 日以弗比的队伍以类似的方式将引导他们陪伴圣物回埃琉息斯。……以弗比在队伍中穿着全副的甲胄，头戴桃金娘花冠，有秩序地前进；因为我们曾指示他们走完整个过程，让他们在行进路途中参加献祭、奠酒和唱颂歌是正确的，这样能使圣物带有一种更强大的保护力量和更长的游行行进，而以弗比们，看到了城邦对神圣事务的关注，将会变成更虔诚的人；所有的以弗比将分享部落首领提供给欧摩尔波斯家族的其他好处和分享钱财。③

鲍厄特龙庙翁月 14 日，传秘师将圣物从阿纳克托隆中取出，由男女祭司组成的队伍陪伴圣物到雅典。埃琉息斯的祭司们在前面引导着队伍，圣物被装在盒子（Kistai）中，这是专门的圣器柜，由女祭

---

① 在雅典，18 或 19 岁的青少年需要通过训练，主要是军事事务，以成为公民，称为 Ephebeia。这项制度在公元前 5 世纪时就已经存在，公元前 4 世纪末的吕科斯时期，Ephebeia 成为雅典人一门必修的两年制服务课程，内容是训练 500 名雅典年轻男子。德米特里奥斯统治期间或在公元前 307 年他下台后，服务课程缩减了 1 年，因以弗比会员限制于高经济阶层，数量也日渐减少。在公元前 3 世纪末期，男青年的数量可能只有 20—50 名，他们可能都来自特权阶层，在城邦举行的许多仪式活动中扮演着重要的角色，参与主要节庆的游行队伍和赛会，承担大范围的其他宗教责任。这可能就是所谓的雅典宗教中的"青年运动"，这种运动在后期也极为常见。可见，随着历史的发展，以弗比的军事职责逐渐被宗教职责所取代。

② 这里庞培指一种带有长廊的建筑，一般位于两门之间。

③ IG Ⅱ² 1078, *Athenian Democracy：Speaking Through its Inscription*, Edited by M. Lagogianni, Georgakarakos, K. Buraselis, p. 132.

司们携带着。因此，旁观者和参与者无法看到里面装着什么。埃琉息斯小山门的女像柱表明了盒子的形状是圆筒状的，有盖子密封着。阿普列乌斯和普鲁塔克都暗示确有这样一些盒子。①

举行名为 prothymata（预先的献祭）的初级献祭后，队伍从神庙外院的埃琉息斯的庞培出发（运送圣物的路线见图 1.9）。起初，护送圣物的队伍是步行的。在古典时代后期，可能女祭司们坐在马车上

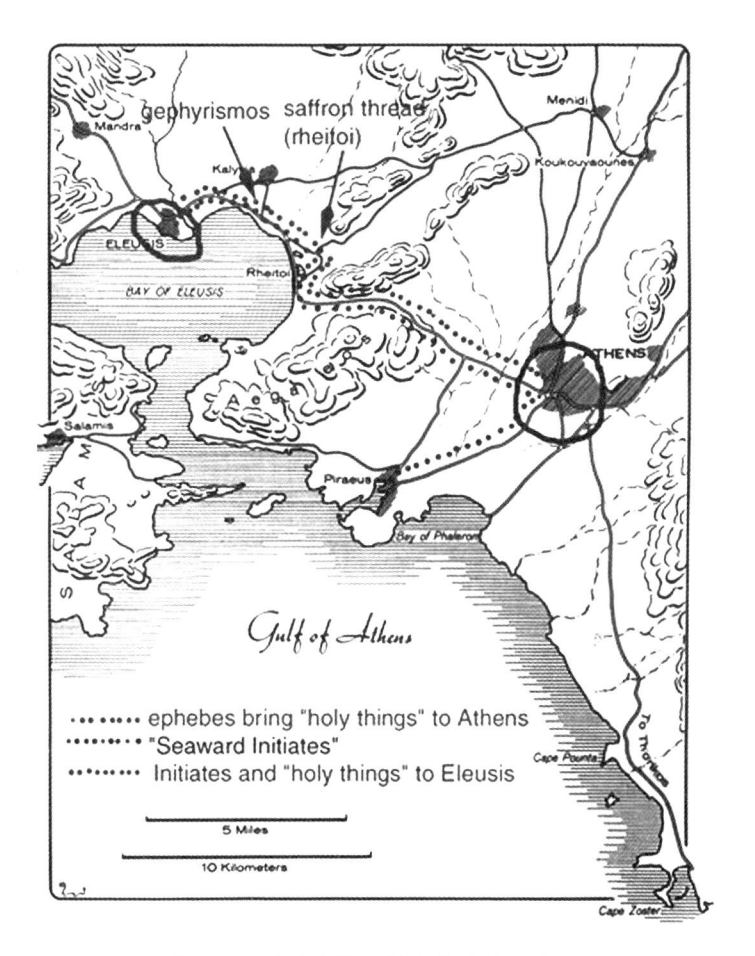

图 1.9　埃琉息斯秘仪庆典路线示意图

注：引自 http://www.uark.edu。

① Apuleius：*Metamorhoses*. Plutarch：62. *Phocion*，28.

前行某段路程。以马车运载圣物时,女祭司必须徒步走过雷托伊(Rheitoi)桥。该桥位于特里亚平原东南边界朝向雅典的地方,那里竖立着古代这两个国家之间的边界。这可能暗示了在阿提卡统一后,该桥成为两国合一的标志,徒步越过可能是出于尊敬和纪念的目的。

护送圣物的队伍接近雅典时,在名为神圣无花果树(Sacred Fig Tree)的郊区停下来休息。① 这个地方有西风神(Zephyrus)的一个祭坛和得墨忒耳及她女儿的一所神庙。根据传说,得墨忒耳在这个地方停留过,并受到英雄斐塔鲁斯(Phytalus)的照顾,为了感谢他的好客,女神将第一棵无花果树给了他,斐塔鲁斯墓前的碑铭证实了该故事②:

> 英雄和王,这儿的斐塔鲁斯欢喜的接待得墨忒耳,
> 奥古斯都女神,她首次创造了丰硕的果实,
> 神圣的无花果是凡间男子赋予它的名字。
> 出于这个原因,斐塔鲁斯和他的民族获得了不朽的荣誉。

雅典人也是在此迎接护送圣物的队伍,在男祭司引导下,将队伍护送到雅典卫城西北角的埃琉息尼翁神庙。圣物临时寄存在这一神庙内,埃琉息斯的斐迪恩特斯祭司到卫城向雅典娜的女祭司宣布圣物的到达,这一仪式既标志着庆典预备日的结束,也隐含着一定的政治意义和宗教意义。雅典娜是雅典的守护神,得墨忒耳是埃琉息斯的守护神,得墨忒耳来到雅典的宣告,一方面意味着埃琉息斯与雅典政治上的结合,另一方面也显示了宗教上的联合,即埃琉息斯秘仪被纳入雅典官方崇拜体系之中。

(三)秘仪庆典在雅典的正式开始

秘仪活动的官方程序始于鲍厄特龙庙翁月 15 日。拥有庆典最高管理权的雅典王者执政官,召集人民在雅典伊利苏斯河畔的阿格拉柱

---

① Philostratus: *The Life of Apollonius*, 20.602.
② Pausanias, 1.37.2.

廊集会。那天被称为阿吉尔莫斯（Aghyrmos）。在柱廊内，传秘师和火炬手出席，传令官重述预先的宣告（Prorrhesis），① 标志官方仪式正式开始。然后郑重邀请人民参加秘仪庆典和入会秘仪。具体宣告的内容如何，尚不清楚，但能从一些资料中拼凑出一部分。应该是包括入会条件的宣布，即"任何没有犯杀戮罪和说希腊语的人"，也就是说，没有任何污秽并且灵魂也没有罪的意识的希腊人能继续入会仪式；余下的人应该弃权。任何犯有杀人罪者都被摒弃于入会资格之外，通常是由王者执政官宣布将之从宗教活动中排除。② 蛮族人遭到拒绝，一方面因为波斯的薛西斯（Xerxes）和玛尔多尼奥斯（Mardonios）的士兵亵渎了神灵；另一方面因为他们不懂希腊语，不能理解和体验入会仪式中传秘师的话语。伊索克拉底说："甚至在今天的公民大会上，在审议其他事情之前，我们总是先诅咒建议派使节去波斯议和的公民；在秘仪庆典上，欧摩尔波斯和克里克斯家族因我们对波斯的憎恨，而向其他蛮族人发出警告，他们像杀人犯那样永远被弃绝在秘仪之外。"③ 伊索克拉底的倡言暗示了拒绝杀人犯和蛮族人入会可能出现于希波战争后。因为小秘仪就是为了净化赫拉克勒斯屠杀马人的罪孽而建立的，所以这可能是古典时期宣告的新内容。

此外，宣告中没有提到相关所需的献祭和其他准备，这些或许是由入会向导在教化入会者过程中向他们解释的。在这一天，可能要对入会者进行一般性的考核，以小秘仪的参与与否来决定他们是否适合入会。一般来说，出于对秘仪的敬畏，不虔诚之人是不敢参与这些仪式的。尼禄的例子是最好的说明。他在希腊时，不敢出席埃琉息斯秘仪的庆典及其入会仪式，因为传令官提醒不虔诚和邪恶的人不得接近秘仪。④ 他们还勒令被视为男巫的提阿纳的阿波罗尼奥斯不得接近埃

---

① Prorrhesis 希腊语的意思为预先的陈述，可能在秘仪中就是指传令官让那些邪恶之人远离秘仪的宣告。
② ［古希腊］亚里士多德：《雅典政制》，颜一译，见苗力田主编《亚里士多德全集》第十卷，中国人民大学出版社1997年版，第61页。
③ Isocrates：*Panegyricus*，4.157.
④ Suetonius：*Nero*，34.

琉息斯秘仪。① 那些获得认可的人，用放在门边去污的水洗手后，有权进入存放圣物的埃琉息尼翁的圣区。吕西阿斯对安多基德的指控暗示了获得入会资格的人可以在祭坛那儿献祭，可以进入存放圣物的埃琉息尼翁神庙，并可以在圣水中洗手。②

（四）净化、献祭和祈祷

鲍厄特龙庙翁月 16 日和 17 日主要是进行净化、献祭和祈祷。16 日一大早，传令官将命令所有的参加者到海中清洗，"喂，入会者，到海中吧！"的呼喊响彻全城。他们可能乘坐马车到达海边。该净化仪式处于监查官的监管下。每个入会者都随身带着一只小猪，由他的介绍人陪伴着到海中与小猪一起净化。

希腊人认为大海是纯洁无瑕的，③ 能将人从所有罪中清洗和净化。④ 入会者可能去最近的海边，到东边的法勒隆（Phaleron）海岸，或到雅典的港口城市比雷埃夫斯（Peiraeus）。⑤ 在蓝色海水中将他们自己和猪净化后，他们将返回雅典。可能他们一回到雅典城中就必须将猪献祭，因为等到改天献祭就需要第二次净化它。每个入会者必须为自己献上他的猪。⑥ 因为小猪如同火把和神圣器皿一样是埃琉息斯秘仪庆典的象征，许多艺术作品中入会者都怀中抱着它。据阿里斯托芬的《蛙》中描述，"哦，王后，伟大的得墨忒耳的女儿，猪肉的甜美香味飘向了我。"⑦ 因此，小猪的献祭一定是秘仪活动的重要部分。和小猪一起到海中沐浴并不是埃琉息斯秘仪唯一的净化方式，可能还有投掷石头的仪式、将孩子抱过火堆的净化仪式等。这些仪式的目的都

---

① Philostratus: *The Life of Apollonius of Tyana*, 4.18.
② Lysias. Against Andocides, 6.25.
③ Aeschylus: *Persians*, 577.
④ Euripides: *Iphigenia Among the Tauri*, 1193.
⑤ Plutarch: *Phocion*, 28. 讲述了一个密斯特斯（Mystes）初级入会者，在"坎塔罗斯湾"（Kantharos Haven）将自己和他的猪洗净时，被一个"海怪"（一条巨大的鱼）抓住，将他的下半身吃掉了；希腊人认为这表明神在预示他们，他们将失去城市中靠近海边的地势低的部分，但能保住地势高的部分。埃斯吉尼斯记载了一条大鱼将一个入会者抓住。Aeschines, 3.130. 尚无法确定普鲁塔克和埃斯吉尼斯所提到的是否为同一件事。
⑥ Lysias Against, 6.4.
⑦ Aristophanes: *Frogs*, 377.

是为了去除污秽，使人的灵魂变得洁净。

那么，为何埃琉息斯秘仪的献祭是以猪为祭品呢？猪具有很强的生殖能力，生殖力崇拜是埃琉息斯秘仪的主要信仰之一，以猪为祭品可能蕴含了祈求丰产丰收的愿望。奥维德对此作了另一番解释。他说牛可以为人服务，于是将无用的猪用于献祭。

穿着缝折长袍的侍者们，将屠刀远离牛；让牛去犁地，将懒猪献祭。斧头不该击向牛的脖子而是该套上轭，让它活着在田间劳作吧。①

17 日可能是为雅典城邦和其他派遣代表团来参加秘仪庆典的城邦举行大的献祭和祈祷。相关官员带着动物牺牲（Hither the Victims），王者执政官在四名监查官的帮助下，在其他城邦代表和雅典人民面前，向正在埃琉息尼翁神庙的埃琉息斯女神们进行大的献祭，并且为雅典的议事会和人民大会祈祷，依照祖辈传统（Patria）为国家的妇女和儿童祈祷。依据祖辈传统为妇女和儿童祈祷，似乎与神话中梅塔尼拉及女儿们热情招待得墨忒耳的故事有关。在雅典献祭之后，各邦代表轮流为其城邦和人民献祭和祈祷。② 苏格拉底暗示了确实有代表城邦利益的大的献祭发生，他说："即使人们听见了有关不敬神的可怕故事，这种情况也是少见的，只有秘仪庆典上少数经挑选的人会听见。这时他们应该献祭某种大的和不容易获得的牺牲，而不该是仅仅献祭一只埃琉息斯的小猪。"③

（五）专门纪念医药神的节日活动

18 日这一天被称为埃皮达罗斯节（Epidauria）或阿斯克勒庇俄斯节（Asklepieia），是为了纪念阿斯克勒庇俄斯及其迟到。因为根据雅典地方传说，医药神从埃皮达罗斯（Epidauros）来埃琉息斯参加秘仪迟到了；宣告和海中的净化都已举行，献祭也已完成。所以不得不专门重复举行了前面的这些仪式以使医药神能适合入会得墨忒耳秘仪。波桑尼阿斯证实了这一说法，"雅典人公然地与阿斯克勒庇俄斯

---

① Ovid：*Fasti*, 4.409 – 416.
② Mylonas：*Eleusis and Eleusis Mysteries*, 250.
③ Plato：*Republic*, 2.378.

共享秘仪,并将这一天命名为埃皮达罗斯节,他们声称阿斯克勒庇俄斯崇拜源自那时"①。根据菲洛斯特拉托斯记载,埃皮达罗斯节在宣告和献祭的第二天举行,纪念阿斯克勒庇俄斯入会秘仪的迟到。② 此后,这一天被用于为那些参加庆典迟到的人做准备。而对于那些正常参加开始几天的秘仪活动的人来说,这一天是休息日。亚里士多德告诉我们,在举行纪念阿斯克勒庇俄斯的神圣游行时,入会者待在屋子里;为迟到者举行的仪式是在命年执政官(Archon Eponymos)的监管和指导下进行的。③ 命年执政官对仪式的负责是后来加进秘仪中的。

据说阿斯克勒庇俄斯神在他的神庙建成之前一直住在雅典的埃琉息尼翁神庙内。这显示了他与埃琉息斯女神们的联合。医药神和秘仪女神崇拜的合流,是宗教融合的必然结果,因为医药神的做客为秘仪的治愈功能提供了合理的依据。这说明随着社会历史的发展,埃琉息斯秘仪并非固守其传统而一成不变,而是能不断吸收新的因素以适应时代的需求。然而,阿斯克勒庇俄斯节发生在雅典,他并未在埃琉息斯与两位女神形成某种崇拜关系。伊阿库斯不似阿斯克勒庇俄斯那样,他虽也是后来进入秘仪庆典中,但他属于埃琉息斯之神,与两位女神形成了近似于三位一体的崇拜体系。因此,从根本上讲,阿斯克勒庇俄斯是做客秘仪的一位神灵,而伊阿库斯则是秘仪的主神之一。

(六)纪念伊阿库斯的游行

19日这一天被称为伊阿库斯节或庞朴节(Pompe),是在雅典举行的仪式和节庆的高潮。它是庆典最重要的日子之一、重大的游行队伍之日、返回埃琉息斯之日。如前面的碑铭文献所载,雅典的以弗比

---

① Pausanias, 2.26.8. 值得注意的是,波桑尼阿斯对这一天使用了单数 Epidauria,说明埃皮达罗斯节只有一天。

② Philostratus: *The Life of Apollonius of Tyana*, 4.18.

③ Aristotle: *The Athenian Constitution*. 中文版见第59—60页。命年执政官(Archon Eponymos),之所以有此名称,是因为雅典人用该执政官的名字命名其任职年份。公元前6世纪以前,命年执政官是城邦最高执政官,是一个被许多人觊觎的职位,前5世纪以后只徒有其名,负责一些无关紧要的法律事务。此外,还有王者执政官(Archon Basileus),从先前巴塞琉斯那里接管了主持宗教仪式的职能;军事执政官(Polemarchon),其本来职责是指挥军队,后来失去了军事权力,只剩下少许宗教职能和处理一些涉及外邦人的法律事务。

再次武装起来,负责护送游行的队伍前往埃琉息斯朝圣。这时他们都戴着秘仪的神圣花冠。入会者及其保证人可能在雅典迪普隆门附近的庞培集合。他们也穿着节日的服饰,戴着花冠,手持神秘的树枝。他们带着装着必需品的麻袋,里面可能是寝具,或在入会仪式期间他们将穿的新衣服。如果必需品很重,可能用牲畜来驮;主要是驴,对此,阿里斯托芬笔下的克桑西阿斯(Xanthias)惊呼:"凭借宙斯,我成为引导秘仪的驴。"①

通往埃琉息斯的路途约 14 英里;游行队伍起初可能是步行行进,但在公元前 5 世纪时是乘坐马车前往。阿里斯托芬在他的《普路托斯》中告诉我们,卖弄风情的老女人乘坐马车参加了秘仪队伍的游行,因有人盯着她看,她遭到了情人的毒打。② 在公元前 4 世纪里,有钱人乘坐马车参加秘仪成为一项风俗,雅典执政官吕科斯(Lykourgos)通过法令禁止他们在伊阿库斯节中使用马车,并确立了罚金制,违反者将交纳 6000 德拉克玛。他居然是交罚金的第一人,因为他的妻子是第一个违反者。③ 在公元前 4 世纪末,祭司们也乘坐由城邦提供的马车,马车也用于圣物的运载。大群的步行者,许多马车和成群的牲畜,容易产生秩序问题,监查官和以弗比的护卫队,照管队伍的有序前进。

19 日一大早,埃琉息斯的祭司们将圣物从雅典的埃琉息尼翁神庙中取出,沿着神庙附近的泛雅典娜节大道(Panathenaic Way)前进,穿过阿格拉,来到雅典的迪普隆门。伊阿克乌姆神庙(Iaccheion)可能位于附近。④ 手持火把、头戴花冠的伊阿库斯的木制神像,由其专门的祭司伊阿卡格格斯陪伴,位于队伍的最前列。⑤ 同时,入会者及其介绍人和在大门外短距离护送圣物的许多雅典人,被召集在一起,准备从雅典的庞培出发(游行队伍的路线见图 1.9)。伊阿

---

① Aristophanes:*Frogs*,159.
② Aristophanes:*Ploutos*,1013.
③ Plutarch:*Lykourgos*,842a.
④ Plutarch:*Aristides*,27. 据说是伊阿库斯的一所神庙。
⑤ Pausanias,1.2.4.

库斯的神像及其祭司在队伍的前面,然后是男祭司们和携带圣物的帕纳吉斯女祭司们,再后面跟着的是城邦的官员,其他城邦的使团和外国代表,然后是步行的入会者 mystai 及其介绍人,接着是坐在马车中的人,最后是驮运的牲畜。可见,参加者队伍是极为庞大的。①

队伍行进缓慢,但极具热情和生气,不断回荡着参加者载歌载舞的回声。②入会者穿过雷托伊桥,就来到了克劳肯宫(Crocon)。据说雷托伊河是献给少女神和得墨忒耳的,只有女神的祭司才被允许捉河里的鱼。古时这些小河是埃琉息斯人和雅典人领土的边界,而第一个在雷托伊河畔居住的是克劳肯,雅典人说他与凯留斯的女儿赛安塞拉(Saesara)结婚。③他的后代有权在每个入会者右手和左腿上绑上红带。④这一仪式可能为入会者提供了休息的机会,直到日落,队伍才以火把照亮继续前进。古希腊高级妓女芙丽涅(Phryne)裸体从海中出来一事可能发生在海边暂时休息这段时间。⑤

到达目的地之前,队伍必须穿过埃琉息斯的克菲索斯桥(Cephisos)。在桥上等候着蒙住头的男子,大声谩骂参加庆典的有地位的公民。⑥谩骂的目的似乎是驱邪用的;辱骂高贵的人使他们变得卑贱,使嫉妒的罪恶意识反应不再逗留。⑦当然,这种谩骂一定带来了诸多欢乐。这可能是与纪念伊阿姆贝(Iambe,或称鲍勃 Baubo)老人讲下流的笑话将女神逗乐有关。随后,点燃火把的伊阿库斯队伍最后来到神庙的外庭院。⑧伊阿库斯神像在庭院中受到了欢迎。

夜间还要举行纪念女神的唱歌和跳舞活动。⑨可能举行小秘仪

---

① Plutarch:*Themistokles*, 15.
② Aristophanes:*Frogs*, 340-345.
③ Pausanias, 1.38.2.
④ Mylonas:*Eleusis and Eleusis Mysteries*, 256.
⑤ Athenaeus:*The Deipnosophists*, 13.591a.
⑥ Strabo, 9.400.
⑦ Mylonas:*Eleusis and Eleusis Mysteries*, 256.
⑧ Plutarch:*Phocion*, 28. Aristophanes:*Frogs*, 326. 古代作家计算日期从日落开始算。因此,19 日结束于日落,而第二天 20 日开始于 19 日的日落。Pompe 在夜间继续举行,是在 19 日日落后,因此 20 日被视为伊阿库斯的节日。
⑨ Euripides:*Ion*, 1074.

时的科诺福利亚仪式，妇女头上顶着神圣的器皿表演专门纪念女神的舞蹈。科诺福利亚仪式完成后，这些人解散去寻找住所，在神庙附近的某家旅馆住下，或是在朋友家中或住宅内寻求接待。① 伊阿库斯节就此画下句号，同时也意味着秘仪公开部分庆典之结束。接下来在入会礼大厅内举行的神秘仪式，是谢绝未入会者观看和聆听的。

在秘仪的发展历史中，只有一次伊阿库斯节被中止，即当亚历山大毁掉底比斯后，雅典人在悲伤中取消了埃琉息斯秘仪的庆祝活动。② 在伯罗奔尼撒战争期间，当休战不能实现时，圣路上的庆典活动被大量削减，但仪式仍旧进行；在斯巴达人侵占狄西里亚（Decelea）后伊阿库斯节被从雅典陆上移到海上执行。亚西比德返回雅典时，恢复了陆上的庆祝活动。③

三 庆典的高潮——埃琉息斯的庆典

（一）入会仪式前的禁食、净化和献祭

20 日是用来禁食、净化和献祭的。普劳提努斯（Plotinus）提到类似的仪式活动，"那些接近神圣秘仪庆典的人，按规定要净化和将以前穿的衣服扔在一旁"④。"接近神圣秘仪庆典"就是指正式的入会仪式开始前。禁食是有意识地停止进食，甚至饮料。禁食是为了实现净化。在埃琉息斯，纪念和模仿在珀尔塞福涅被劫后得墨忒耳的禁食得到了严格遵守。卡利马库斯提及，"在得墨忒耳的神圣日子里禁食"⑤。禁食是遵守和模仿得墨忒耳的禁食，它可能由入会者在埃琉息斯居住的第一天里开始。奥维德提及，因为女神是在晚上打破禁食的，因此，入会者们将他们吃饭的时间定在星星出现时。⑥ 可能以埃

---

① Mylonas: *Eleusis and Eleusis Mysteries*, 257.
② Plutarch: *Alexander*, 13.1.
③ Plutarch: *Alcibides*, 34.
④ Plotinus: *First Ennead*, 6.7.
⑤ Callimachus: *Aetia*, 10.
⑥ Ovid: *Fasti*, 4.530.

琉息斯秘仪的专门饮品混合饮料 kykeon 的饮用宣告结束，这是遵守女神拒绝红葡萄酒、要求喝在水中混有薄荷的饮品的经历。① 秘仪中的禁食往往被视为对完成净化和摆脱罪之肉体最具根本意义。

如前所述，饮用混合饮料也构成了当天仪式活动的一部分，它不仅标志着禁食的结束，还是入会仪式即将开始的象征。饮品的混合在早期希腊传说中是罕见的，《伊利亚特》和《奥德赛》中略有提及。② 在人类的宗教传统中，它可能属于农业庆典的一部分。后来逐渐发展成为纪念农业女神的象征性仪式。《荷马致得墨忒耳颂歌》里描述的事情是已经流行的，并将这一仪式归于女神自身，是女神自己制定了它的成分，"混有不含酒精的薄荷的食物和水"③。混合饮料的饮用是一种宗教回忆，是对女神行为的奉行。它可能帮助入会者在心理上体验与女神相似的遭遇。

此外，这一天还要举行纪念得墨忒耳、珀尔塞福涅和其他埃琉息斯神的献祭。献祭也在王者执政官和监查官的监督之下，他们代表雅典城邦和人民的利益祈祷。自公元前 4 世纪以后，以弗比也参与了这一献祭，提供一只公牛和一个浇祭用的盘子（Phiale）。在这期间，可能向众神献祭 Pelanos，即由拉里亚平原收割的大麦和小麦制成的大型蛋糕，欧摩尔波斯家族有权决定献祭多少和献祭给哪些神。通过献祭得到休息、净化和适应的入会者们已经做好了迎接伟大启示的准备。为了在神秘启示中获得认可，他们将穿上带来的新衣服。如前面普劳提努斯提到的，旧衣服将被扔掉。

可能在山门口，入会者的观看资格得以确定；并且，可能在这时，他们将被告知下一步的活动安排。普罗克鲁斯说："对那些进入圣域的人来说，程序开始了，但不进入神庙的禁区。"④ 他们的名字

---

① Homeric Hymns, 200 – 201.
② Homer: Illiad, 11.624 – 641, Odysseus, 10.234, 见中文版《伊利亚特》第 259 页，《奥德赛》第 181 页。
③ Homeric Hymns, 205 – 210.
④ Proclus: *Alcibiades*, 1.5.

被男祭司们保存下来记在木板上。① 被确定可以入会者,将从候选人变成初级入会者。

(二) 神秘入会仪式和神圣体验

如果说前面的献祭、禁食和净化主要是为了取悦神灵,获得神灵的认可,那么接下来的仪式则主要是为了让入会者获得伟大的宗教体验或情感,从而达到与神沟通、甚至合一的目的。宗教情感或体验产生于宗教信仰者对其所信奉的神圣对象的特殊感受和直接体验,② 是人在宗教活动中的心态或体悟及伴随的情感体验,它是一个过程。埃琉息斯秘仪入会者宗教体验的获得,主要是通过三方面实现的:一是神话故事的表演;二是传秘师的讲解或启示;三是药物的使用,即混合饮料的饮用。入会者通过对女神遭遇的模拟性表演,能切身体会女神的悲伤、无助、愤怒以及母女重逢时的喜悦,从而引起与神灵心灵上和情感上的共鸣。传秘师的讲解或启示则从理论和观念上影响入会者体验的获得。混合饮料中的幻觉剂成分则使入会者在生理机能产生化学变化,从而激发心理上和情绪上的反应,进而产生神秘体验。希尼西斯(Synesius)提及亚里士多德曾说,"入会者们不是去学习任何东西,而是去遭受,去感觉,去体验某些感觉和心灵情绪"③。据特米斯提乌斯(Themistius)说:"入会者进入神秘建筑物后,他满是恐惧和惊讶。孤独和完全的困惑紧紧地攫住了他;他无法向前行进一步,不知道怎么样找到通往他渴望到达之地的入口,直到先知或向导向他指示神庙的接待室。"④ 普罗克鲁斯也论及类似的体验:"在某种程度上他们引起灵魂及其仪式(Dromena)的共鸣,这对我们来说是无法了解的和神圣的,所以一些准备入会者被恐惧侵袭,充满神圣的敬畏;其他人将他们自己吸收进神圣的符号中,抛弃他们自己的身份,变得熟悉神并体验神圣占有。"⑤

---

① Mylonas:*Eleusis and Eleusis Mysteries*, p. 261.
② 吕大吉:《宗教学通论新编》,中国社会科学出版社2002年版,第261页。
③ Synesius:*Dio*, 1133.
④ Themistius:*Oration*, 50.
⑤ 转引自 Burkert, Walter:*Ancient Mystery Cults*, Harvard University Press, 1987, p. 114。

埃琉息斯 21 日的仪式使入会者获得某种宗教体验的经历。这种体验可能既充满着敬畏和困惑，同时也充满幸福和喜悦，这也是入会仪式的真正开始。但这一日的入会仪式是一种还是两种呢？西方学者普遍认为，不同等级的入会者在入会仪式中经历了不同的仪式，而最后的特殊体验似乎只有高级入会者 epoptai 才能参加。然而，从埃琉息斯秘仪的术语上看，在大秘仪中只有单一的入会仪式"Telete"，变化的是入会者的名称。我们不能因其称呼的不同断定他们经历不同的仪式，或者说高潮阶段秘密只向高级入会者揭示。参加小秘仪以确定参加大秘仪资格的人被称为 myesis，确定可以参加大秘仪的候选人被称为 amyetos，被确定可以入会者被称为 mystes（初级入会者），入会满一年后他被称为 epoptai，可能以高级入会者身份参加入会仪式；秘仪结束时，他是"完成 epopteia 的人"①。换句话说，参加入会仪式的只是 mystes 和 epoptai。他们共同参加同一个 telete，只是他们因其入会资格或等级的不同而产生了不同的宗教体验。初级入会者获得属于一个 mystes 的体验，在 telete 入会仪式的末尾他是以 mystes 被发展入会的。高级入会者获得属于一个 epoptai 的宗教体验，在仪式中他是以体验者、监誓人或观看者完成仪式活动的。古代作家中，只有公元 3 世纪上半期的希波吕图斯提及，"雅典人在埃琉息斯发展人们入会，向 epoptai 展示完美启示的伟大和惊人秘密，在庄严的静穆中，展示一根谷穗"②。没有其他古典文献能证明希波吕图斯的说法，因此，这极可能是他对只有 epoptai 才能经历的特殊体验的误解。因为高级入会者，他们资历深，已经属于女神的选民，因此他们对最后圣物展示的体会自然要高于那些尚在执行入会礼的初级者们。正如他们等候在入会大厅外时（如图1.10），只有 epoptai 能看到珀尔塞福涅和她的母亲从普路托神庙洞穴区域（如图1.11）出现，在那里她从地下世界上升（复活）

---

① Michael B. Cosmopoulos：*Greek Mysteries*：*The Archaeology and Ritual of Ancient Greek Secret Cults*，Routledge，London and New York Press，2003，p.60.

② Hippolytus：*Philosophoumena*，5.38 – 41.

图 1.10 埃琉息斯得墨忒耳与珀尔塞福涅入会礼大厅概貌

注：引自 http://www.wikipedia.com。

图 1.11 普路托神庙或洞穴

注：引自 http://www.calvin.edu。

一样。① 因此，笔者认为，21日晚上所有入会者经历了相同的仪式活动，只是不同等级的入会者获得了不同的宗教体验。

此外，西方学者多认为入会仪式大体上包含了三个不同的部分：Dromena（多梅纳，所做的事情）、Deiknymena（戴克尼梅纳，圣物的展示）、Legomena（莱格梅纳，所说的话）。他们多从这三个方面论及秘仪高潮阶段的仪式活动。可是，这种划分方法略有不妥。因为在多梅纳中，是极少有解释性的话语的，仅是简短的评论。而莱格梅纳实际上是传秘师的讲解，可能是对多梅纳的讲解，可以肯定的是，在戴克尼梅纳中也有莱格梅纳的存在。据此，本书根据主体和神秘体验获得方式的不同将入会仪式分为两部分进行分析：一是入会者们的象征性表演；二是传秘师的神圣启示。

1. 入会者的象征性表演

多梅纳意为"已做过的事"，它可能包括了得墨忒耳母女神话故事的表演和其他模拟性表演，其目的是通过这种象征性表演让入会者经历女神的遭遇，从而获得伟大的体验，以便与神灵相通合一。这样的盛会，伴随着音乐、歌唱和舞蹈，极少有解释性的话语，具有令人印象深刻的敬畏、悲哀、绝望和愉悦感。在一片黑暗之中，将上演如下情景：哈迪斯劫走珀尔塞福涅，得墨忒耳寻找自己的女儿以及最后当女神和女儿重新团聚时的喜悦，可能也包括了宙斯和得墨忒耳的婚姻等。因此能充分分享女神的体验，并由此感到自己与女神更为亲密。

女神遭遇的表演是在神秘的夜间、在黑暗中及火把的光亮中举行的，这对入会者来说是一种难忘的经历。尤其是在女神所选的圣洁之地上演，更能凸显它所附加的意义。即通过观看和参与神圣表演，使入会者获得敬畏感、依赖感、惊异感、喜悦感和神秘感等。入会者们可能模仿得墨忒耳女神，手持火把四处呼喊寻找珀尔塞福涅，为她的消失而悲痛，对她的消息怀有希望，最后因她的返回和她与其母亲的

---

① Michael B. Cosmopoulos: Greek Mysteries: *The Archaeology and Ritual of Ancient Greek Secret Cults*, p. 67.

重聚而欢欣。德尔图良（Tertullian）说："为何是得墨忒耳的女祭司被劫走，除非得墨忒耳亲自遭遇相同的事?!"① 这些是在神秘的火把光亮中，发生在起初神话故事发生的地方，包括在入会礼大厅里面和外面上演，因为得墨忒耳的实际遭遇如此。高级入会者在入会礼大厅外看见女神的降临证实了这一点。入会者们可能忧郁地坐在"Mirthless Stone"（悲伤的石头）② 上分享女神的悲伤；他们在神庙内的圣路和主平台上漫游，努力寻找珀尔塞福涅；在普路托神庙的洞口再次集合，观看珀尔塞福涅从地府中出来；他们愉悦地挥着手中的火把并最后将之投入洞穴中，陪伴珀尔塞福涅进入入会礼大厅，想象女神们在阿纳克托隆内重聚时的喜悦作用于他们身上。在午夜，伴随着忽明忽暗的灯光，音乐和鸣唱的祈求，这对入会者来说确实是难忘的经历，对演出的参与将成为其特殊的回忆，为他们的余生带来了希望。

神圣表演中还包括其他部分吗？多数学者认为还包括圣婚的象征性表演。而以米劳纳斯等为代表的一些学者认为它在埃琉息斯秘仪中并没有发生。然而，如果承认秘仪与农业生产和来世幸福的密切关系，那么我们有理由相信圣婚也是表演的一部分，而且很可能它的表演不止一次。因为秘仪的神话本身蕴涵了两次神圣婚姻，即得墨忒耳与宙斯的婚姻以及哈迪斯与珀尔塞福涅的婚姻。得墨忒耳与宙斯的结合，是地母神或谷物女神与天神或雷雨神的结合，他们的结合诞下了年轻的谷物女神、冥后，主要体现的是秘仪与农业生产的关系。入会者在秘仪中"下雨—怀孕"③ 的呼喊暗示了这一圣婚表演的存在。冥王哈迪斯虽用下流的手段强娶了珀尔塞福涅，但他们的婚姻也是合法的，是死神与谷物女神或冥后的结合，主要体现的是秘仪与来世幸福的关系。在秘仪中，圣婚（神婚）的结合表演是由传秘师和得墨忒耳的女祭司来完成的：一个代表宙斯或哈迪斯，一个代表女神。不过他们的交媾仅仅是戏剧性的或象征性的，因为传秘师为了保持秘仪的

---

① Tertullian, *To the Nations*, 30.
② 根据《荷马致得墨忒耳颂歌》，这个石头可能指女神在卡利克鲁斯井旁哀伤时所坐的石头。
③ Hippolytus: *Philosophoumena*, 5.7.34.

圣洁而禁欲，服用了一种药物，暂时失去了性行为的能力。这可能是埃琉息斯秘仪以圣洁著称的重要原因。神秘仪式开始后，所有火炬熄灭，这一对"夫妻"降临到一幽暗处，膜拜的人群在周围焦急地等待着神人会合的结果，他们相信自己能否得救都取决于此。

可能神圣表演也包括入会者穿越地下世界的模仿性之旅。对此，西方学者存在两种截然不同的观点。弗卡特认为，地下世界的幻想和漫游，是在入会礼大厅内上演的，向入会者揭示幸福场景。米劳纳斯和诺科（Noack）则认为神圣表演中不包括穿越地下世界，原因是在入会礼大厅中没有产生神奇景象的装置、背景和效果存在；此外，没有入会者下往地府的地下室和通道存在。然而，笔者倾向于相信这一表演的存在，但是它不是发生在入会礼大厅内，而是发生在女神出现的洞穴内，即普路托神庙中。普路托神庙是一个洞穴，在幽暗曲折的洞穴中最适合进行穿越地下的表演，因为洞穴本身就是墓穴或地下世界的一个象征。它的存在，就能很好地解释珀尔塞福涅从洞穴的出现以及火把的扔掷，因为入会者们通过在洞穴中的模拟性寻找，亲临了女神的死而复生，最后在珀尔塞福涅降临时愉悦地扔掉火把，将她迎接到入会礼大厅内与母亲团聚。入会者在观看秘仪神秘场景前，有种恐惧感注入他们的意识中。这种恐惧感极可能就是来自下地府的象征性表演。他们可能在昏暗中，闭上眼睛，由向导引导，在黑暗中穿过弯曲的路，他们将"看到"所有的幽灵，遂引起战栗、流汗和恐惧。然后入会者将穿过埃琉西昂平原（Elysian）的草地，被美好的光线照亮着；他们在草地上和其他圣洁之人交流，深切体会到女神们许诺给入会者的幸福存在。通过这种下至地府的象征性表演，入会者的灵魂得到了净化。

普鲁塔克在《论灵魂》中描述了类似的死亡体验，证实了地下世界之旅是神圣表演的一部分。

> 那时［在接近死亡时］它［也就是灵魂］遭遇一些参加伟大入会仪式的人们所遭遇的事情。因此词语"Dying"（"死亡"）与词语"to be Initiated"（"即将入会者"）相符，而（死亡）的表演与（入会的）表演相符。开始是不断的徘徊，走入歧途，绕

着令人疲倦的圈圈，不少黑暗中令人恐惧的小径却不指向任何地方；然后紧接着在死亡之前便产生所有恐怖的东西，恐慌、颤抖、大汗淋漓、惊吓不已。但是后来奇妙的光芒将照向你，所有纯净的土地和牧场在那里向你表达祝福，同时伴有音乐、舞蹈、庄严而又神圣的话语、场景；到现在已经纯净无瑕的那些新入会者，将从所有束缚中得到解脱，自由地走着，戴着花环，与其他神圣的和纯洁无瑕的人们共同庆祝节日。他俯视着世上那些未入会的、未净化的芸芸众生，在他脚下那个泥泞不堪、尘雾缭绕的世界中挣扎着。①

此外，有的学者认为神圣表演还包括特里普托勒姆斯的使命和圣餐。尽管艺术作品对特里普托勒姆斯传播稼穑之术多有描述，但这不能证明它也构成了神圣表演的一部分。因为特里普托勒姆斯的使命在颂歌中未被提及。伊索克拉底的著名论述也能证明这一点，他说，得墨忒耳授予雅典人两项礼物，也是赐给人类的最伟大的礼物：秘仪和大地的出产。② 可见，特里普托勒姆斯及其使命不属于入会仪式之礼，而属于大地果实之礼。波桑尼阿斯在他的埃琉息斯之旅中提到属于特里普托勒姆斯的东西，但梦想却禁止他描述属于女神及其秘仪的神庙高墙内的东西。③ 因此，特里普托勒姆斯及其圣地不属于入会仪式的保密禁区，即它不是入会仪式中神圣表演的一部分，应将特里普托勒姆斯的使命从神圣表演中排除。

那么，神圣表演中存在圣餐吗？很多学者对此进行了推测。有可能存在某种共享的餐会，在餐会中，入会者品尝谷类食物，女神赐给人们的礼物。但是否是圣餐还不能确定。前文提到的雅典那乌斯保存下来的帕勒蒙的说法较为模糊，祭司取出盒子里的东西后，将装在科诺斯里面的东西给举着神圣器皿的人品尝。④ 可能确实有

---

① Plutarch：*On the Soul*，178.
② Isocrates：*Panegyricus*，28.
③ Pausanias，1.38.6.
④ Athenaeus，11.476 – 478.

某种餐会的存在，但据奥维德的相关文献，那发生在禁食结束时，① 是在入会仪式之前而非入会仪式过程中。因此，圣餐也不是入会仪式的一部分。

总之，在埃琉息斯秘仪神圣区域内，发生了象征性的神圣表演，主要包括两位女神的神话故事、圣婚和穿越地下之旅。通过这些表演，入会者亲临女神们的经历，获得了恐惧、敬畏、惊异、喜悦等体验，从而使自己的灵魂得以净化，达到与神灵沟通合一的目的。

2. 传秘师的神圣启示

传秘师的启示是入会者获得宗教体验的重要途径，是仪式的核心部分之一，主要包括神圣解释和圣物的揭示，即莱格梅纳和戴克尼梅纳。关于这两部分，我们知之甚少，缺乏有力的证据，仅有的一些结论多属于推论性质。"莱格梅纳"（Legomena）意为所说的话，常指口述的神秘知识，口述的心法，口述的密法。这存在于许多神秘宗教中。一些神秘的心法、密法，都只是由师父亲口传述给入门弟子而已，别人听不到，也不形诸文字，以免落入第三者或不相干人之手，一来担心本门的精要因此外传，就无法再位居领先地位；二来是避免不知情的人胡乱修法的行为，会招来各种不可名状的外力、怪灵，会造成不可弥补的伤害。学者们一致认为埃琉息斯秘仪的莱格梅纳不是布道说教或冗长的宗教演说，而是简短的礼拜式的叙述、解释和祈求，它可能是伴随着神圣表演的简短评论和圣物展示时传秘师的某些话语。索帕特罗斯（Sopatros）名下的一篇演说词讲述了一个年轻人梦想入会埃琉息斯秘仪的故事，他看到了神圣表演，但是由于他没有听清楚传秘师的话所以他不能被视为已经入会。② 这说明莱格梅纳是入会仪式的重要一环，即没有它入会仪式是不完全的，因为没有听到，入会者不能完全理解他所看到的。安多基德受到控告，正是因为

---

① Ovid：*Fasti*, 4.530.
② Sopatros：*Rhetores Graeci*, 8. 转引自 Mylanas：*Elwusis and Eleusis Mysteries*, p.272。

他展示了圣物和讲述了不能泄露的东西。① 因此，传秘师的神圣解释可能只是简短的程式使入会者明白他所看到的表演和圣物展示，很可能提供的是对另一世界的解释。因为其重要性，所以只有会说和懂希腊语的人才被邀请入会。

圣物的展示是秘仪的最高潮，入会者通过观看圣物获得了最伟大的体验。传秘师站在阿纳克托隆前面在光芒四射的灯光中向入会者展示圣物是秘仪庆典达到高潮的标志。而传秘师的名字便是得自于圣物的揭示。② 那么，被揭示的装在密封盒子中的圣物到底是些什么呢？遗憾的是，我们并不清楚。显然，圣物的本质是最重要的秘密，泄露它将受到严惩。这一秘密被忠实地保守着。早期基督教父和现代的学者们对此进行了多种猜测和推断。米劳纳斯说它们可能是迈锡尼时代的神圣遗物，一代代地传下来；对历史时期的希腊人来说这类遗物是惊奇的和令人敬畏的。③ 希波吕图斯认为展示的是一根谷穗，他说弗里吉亚人将"割断的谷穗"视为一种神秘的事物。④ 但正如米劳纳斯所推测的，如果割断的谷穗是"完美启示的伟大和惊奇之秘密"，那么它是如何被刻在小山门女像柱上的盒子以强加给入会仪式候选人观看的？⑤ 德尔图良认为传秘师展示的是阴茎（Phallos），"著名的埃琉息斯秘仪，阿提卡迷信的异端，向入会者揭示的是一个男性生殖器的雕像"⑥。然而，生殖器或放荡的性体验并不是纪念得墨忒耳和珀尔塞福涅节庆的一种标志。显然，德尔图良将狄奥尼索斯秘仪与埃琉息斯秘仪混为一谈。克莱门含糊地说神秘盒子里装的是牛角、一盏灯、一把剑，还有一把女人的梳子，⑦ 但他并没有明确指出这些就是属于埃琉息斯的。

---

① Lysias Against Andocides, 6.51.
② Plutarch: *Progress in Virtue*, 81e.
③ Mylonas: *Eleusis and Eleusis Mysteries*, p.273.
④ Hippolytus: *The Refutation of All Heresies*, 5.3.
⑤ Mylonas: *Eleusis and Eleusis Mysteries*, p.275.
⑥ Tertullian: *Against the Valentinias*.
⑦ ［古希腊］克莱门：《劝勉希腊人》，王来法译，生活·读书·新知三联书店2002年版，第27—28页。

因此，传秘师所揭示的圣物究竟是什么，至今无法获知。因为秘仪的威严，无人敢以任何方式违反或窥探或外泄，对神的深厚敬畏阻止了它的外露。① 近 20 个世纪之中，埃琉息斯秘仪最核心的秘密被成功地保守着，可能它早已随着秘仪的没落而埋葬在历史的尘埃中。

四 庆典的结束——最后的仪式及入会者的返回

（一）最后的仪式

22 日是入会者在埃琉息斯的最后一天，主要是用于向死者奠酒和祭仪。这可能是安抚死者灵魂的一种仪式。雅典那乌斯描述了奠酒仪式的某些细节。他说："普勒莫科伊（Plemochoe）是一种形状像陀螺的陶土制成的器皿，能平稳地直立，帕姆斐鲁斯（Pamphilus）说有人称它为科提里斯科斯（Kotyliskos）；② 入会者们在埃琉息斯秘仪最后一天使用它，他们称这一天为普勒莫科伊（Plemochoai）。在这一天里，每个入会者将两个普勒莫科伊装满酒，将它们分别朝东和朝西放着，然后将它们倒入大地中，倾倒时入会者还宣读一段神秘的仪式用语。"③ 入会者在倾倒时所说的话语或许与普罗克鲁斯描述的"下雨—怀孕"有关。这个仪式没有占用入会者很多时间，那天的大部分时间可能用于庆祝、唱歌和跳舞。在这一天里大多数入会者将他们在庆典中穿的新衣服献给女神。有些人将它们带回家当成刚出生婴儿的襁褓布使用。④ 这一天的仪式活动意味着在埃琉息斯的庆典活动的结束。

（二）入会者的返乡

23 日是入会者们返回家乡的日子。返乡时，他们不需要再形成有组织的队伍，所有的入会者在其返乡之前不用再返回雅典；有些人直接从埃琉息斯回到他的城邦；另一些人和雅典人一起，结成小团体

---

① Homeric Hymns, 478–480.
② 可能指一种杯子。
③ Athenaeus, 11.496.
④ Aristophanes: *Ploutos*, 845.

返回雅典。可能在返回的旅途中还会发生斯特拉波提到的 gephyrismoi,① 人们站在雅典的克菲索斯桥上朝入会者谩骂。这种谩骂与前面所述的功能类似,主要是驱邪和发泄情绪。至于伊阿库斯神像是否返回雅典,尚不能确定,可能是以弗比护送伊阿库斯的神像返回了雅典。

(三) 雅典官方对秘仪庆典的总结

在 24 日,500 人议事会根据梭伦立法在雅典的埃琉息尼翁神庙召开会议,听取王者执政官关于秘仪庆典的报告和对应审理的亵渎案件采取措施。② 可能解释宗教法的权力掌握在欧摩尔波斯家族手中,因为克里克斯家族的卡里阿斯曾因逾权控告安多基德而遭罚款。官方总结会议的结束意味着一年一度的埃琉息斯秘仪庆典圆满落幕。

随着埃琉息斯秘仪庆典的结束,入会者对神庙和女神的专门义务也宣告结束。他们不用定期返回神庙进行朝拜;不用像奥尔弗斯教那样强制遵循某种生活方式或行为原则。他们也未组成献身于女神和人类的西雅索以或团体,也不属于什么"教会团体"。秘仪结束后,他们可以自由地返回其正常的生活,回归到自己本来的角色。发生变化的是他们的情感和体验,埃琉息斯的体验使他们充实起来,如狄奥多鲁斯所说的,可能帮助他们成为"在各方面更虔诚、更正直和更优秀的人"③。

总之,埃琉息斯秘仪的庆典活动,从安替斯铁里翁月开始,确定可以入会大秘仪的候选人,到鲍厄特龙庙翁月秘仪庆典的正式举行,前后持续长达十余日。但入会仪式纯粹是个人行为,集体入会受到法律的禁止。入会者们必须向为他们服务的各个神职人员支付费用。这些仪式活动不仅体现了秘仪的相关宗教信仰,也是入会者获得宗教体验的重要途径。因此,仪式活动构成了埃琉息斯秘仪的核心。然而,我们对埃琉息斯秘仪的了解是极为有限的,它留给我们更多的是遐想

---

① Strabo, 9.400.
② Andocides, On the Mysteries, 1.81–83.
③ Diodorus, 5.48.

的空间。

第四节 埃琉息斯秘仪的禁忌

禁忌是宗教生活中的一种常见现象，本质上是人们信仰和崇拜神秘的异己力量和神圣的宗教对象的一种宗教行为。由于人们对神秘力量和神圣对象在观念上有所意识，在体验上有所感受，一般就会在情绪上产生惊奇、恐惧以及尊敬、爱戴等宗教感情。这种敬畏感往往在行为上表现出来，在人与神秘力量和神圣对象的关系上，体现为对自己行为上的限制和禁戒规定，这就是宗教禁忌。① 有些宗教禁忌随着社会的发展而成为宗教观念的一部分，有些则成为人们的风俗习惯，沉淀在人们的宗教行为中。关于宗教禁忌，人类学家涂尔干和弗雷泽都有详细的论述。涂尔干将献祭、祈祷、净化等仪式行为看成是一种积极膜拜，而将宗教禁忌视为一种消极膜拜，他说："倘若没有禁忌，倘若禁忌没有产生相当大的作用，就不会有宗教存在。"② 弗雷泽将禁忌视为"消极巫术"，而禁忌的产生是为了保证灵魂的平安。那么，可以将埃琉息斯秘仪的宗教禁忌也看成是一种消极膜拜或消极巫术吗？实则不可。因为它虽也体现敬畏神灵和保证个人平安之意，但与其他宗教禁忌不同的是，其宗教禁忌的违反不仅要受到神灵的惩罚，舆论的指责，还要受到司法的审判。这已不是个人自律的问题，而是受到了政治的干预。

同时，它的有些禁忌是只发生在秘仪庆典期间的，并不构成日常生活的准则。根据禁忌规定本身的表现形式和物质手段，分为语言禁忌、行为禁忌和饮食禁忌三个方面。

一 语言禁忌

语言禁忌出于人们相信语言有一种特殊的"召唤"力量，一旦说

---

① 吕大吉：《宗教学通论新编》，中国社会科学出版社2002年版，第318页。
② [法]爱弥尔·涂尔干：《宗教生活的基本形式》，渠东、汲喆译，上海人民出版社1999年版，第396页。

出来就会真的如此这般,① 所以要求人们在神圣对象、神圣场所、神圣时间内,禁说污秽不净、亵渎神明的言辞,或不吉利的话,非说不可的术语常用谐语或隐语代替,以避其讳。另一方面,人们禁忌某些语言,是出于崇敬,唯恐冒犯神灵或以不洁亵渎了神灵。埃琉息斯秘仪的语言禁忌主要体现在两方面:一是保守秘密;二是不得称呼传秘师或其他地位高的祭司的名字。

(一) 保守秘密

保守入会秘密是入会者必须严格遵守的一项要求。他们对自己的所见所闻必须永远保持沉默,② 不得以任何语言或文字或艺术的方式泄露。这项义务由雅典城邦管理实行,违反者将受到严重的惩罚。城邦政府对保守秘密的管理是埃琉息斯秘仪区别于其他秘仪的一个重要特征。例如奥尔弗斯教,也对外保守秘示的一切,但它并没有获得政府的保护。伊索克拉底说:"他们知道,城邦在与神相关的事极易暴怒,如果有人错误对待秘仪,和胆敢破坏民主政治的话。"③ 可见,泄露秘仪的秘密相当于破坏民主。当亚西比德醉酒中模仿秘仪活动时,他被缺席审判,其财产被没收,城邦内所有的祭司和女祭司被召集在一起咒骂他。④ 即使是到公元2世纪,这一禁令也是极为严格的,所以旅行家波桑尼阿斯,不仅对于秘仪相关的某些习俗避而不谈,甚至避免提到他在埃琉息斯和雅典的圣域内所见的建筑物。他说:"我的梦禁止我描述神庙墙内的事物;显然未入会者不能听闻禁止他们所见的景象。"对于雅典的圣殿,他说:"我想继续这一话题,描述所有被称为埃琉息尼翁的神庙内允许记述的事物,但梦中的景象阻止了我这么做,因此,我将转向对每个人来说允许被讲述的事物。"⑤ 据亚里士多德记载,埃斯库罗斯因为被雅典人认为在悲剧中泄露了埃琉

---

① 金泽:《宗教禁忌》,社会科学文献出版社1998年版,第45页。
② Aristophanes: *Knights*, 282.
③ Isocrates: *Concerning the Team of Horses*, 6.
④ Plutarch: *Alkibiades*, 19–22.
⑤ Pausanias, 1.38.7, 1.14.3.

息斯秘仪的秘密而差点送命。①

除了立法方面的保障外,在希腊人的思维意识中,神灵也会亲自对那些不遵守其保密原则的人予以严惩。据说有人曾进入只允许传秘师进入的圣区,不久后他死于未知的疾病。② 另一个未入会者,爬上岩石观看秘仪庆典,结果莫名坠落而亡。③ 即便是那些因居住在远离希腊之地在雅典司法管辖权之外的人,也因对女神的敬畏而自觉保守秘密。贺拉斯坦言他不会和亵渎秘仪的人共乘一条船,因为必有灾难降临于他,顺便也会波及和他同行的人。④ 此外,泄露秘仪者还会受到公众的责难。因为这些惩罚体制的存在,更加激发人们的敬畏之意,因而使秘密的保守成为一项流传20个世纪之久的制度。德尔图良说:"著名的埃琉息斯秘仪,阿提卡迷信的异端,即使他们保持沉默的是可耻的事情,……随之的是沉默的义务。这被不懈地坚持着。"⑤

(二) 不得称呼某些祭司的名字

祭司的职位往往被一系列类似的限制或禁忌所束缚,主要目的似乎是为了保护祭司的生命。罗马统治时期,传秘师和其他执行埃琉息斯秘仪的高级官员们的名字,在其在任期间是不得称呼或提到的,如果称呼便是犯法。享受这一特权的祭司主要有传秘师、传秘师助理、得墨忒耳的女祭司和火炬手。这一制度被称为 hieronymy。琉善描述了入会仪式的某些场面,提到了不得称呼祭司们名字这一禁忌。据对话中的人物叙述,当他听见祭司官员喊他时,"我穿着裁缝新做的最鲜亮的衣服和新鞋走出了队伍。我先遇见的是火炬手、传秘师和其他已经入会了的人;在这些评审人面前高呼其尊名 Dinias,而不能直接称呼他们的名字。虽然众人皆知道他们的名字,但从他们神圣化的那

---

① Aristotle: *Nicomachean Ethics*, 3.1.17.
② Aelian: *Fragment*, 1.2.
③ Aelian: *Fragment*, 58.8.
④ Quintus Horatius Flaccus, *Odes*, 3.2.
⑤ Tertullian, Against the Valentinians, 1.

一刻起,他们都是不宜说出口的,除了尊名他们没有别的名字了"①。这些祭司将名字刻在铅牌或铜牌上然后扔进海里,其目的是要将这些人的原名深深掩藏起来。这一制度是古希腊宗教文化与罗马政治统治相结合的一个产物。这一宗教禁忌也是埃琉息斯秘仪与其他秘仪的一个区别。例如,奥尔弗斯教的祭司们多是一些乞丐祭司,他们生活在社会底层,地位十分低下,备受嘲弄和鄙夷,柏拉图则说,奥尔弗斯教欺骗了国家、欺骗了人民。② 该教的祭司有些就是研究奥尔弗斯诗作之人。在其宗教禁忌中不存在不允许称呼或提到祭司名字。那么,是何原因促使埃琉息斯秘仪的祭司获得如此至高的殊荣呢?其根本原因在于,埃琉息斯秘仪已经官方化了,祭司的神圣化有利于罗马统治者王权观念和统治的加强。③

二 行为禁忌

宗教的行为禁忌主要是指从事某项宗教活动时,要在行为上严守一系列的禁忌。埃琉息斯秘仪的行为禁忌主要包括休战、传秘师的禁欲、不得进入女神的神庙、不允许触摸死人的躯体和刚分娩的妇女、④不伤害动物等。但其行为禁忌是不同于奥尔弗斯教的。拿禁欲来说,仅是对传秘师而言的,如前所述,在秘仪期间,他要服用一种药物,这会使他丧失性能力。可能这种神职人员的禁欲,是为了更接近神祇或悟得宇宙真理,而采取此类措施。但是,在非秘仪期间,传秘师不需如此。而奥尔弗斯教则不然,它要求所有信徒以禁欲、自制、正直为基本原则,过一种苦修的生活。因此,从禁欲上看,埃琉息斯秘仪更能符合世俗的需要。关于不准伤害动物,波尔菲里提到赫尔米波斯(Hermippos)在其论立法者的著作第二卷中如此写道:"他们说特里普托勒姆斯将法律赐给雅典人,哲学家色诺科拉迪(Xenokrates)说这三种法律在埃琉息斯仍然存在——赋予荣誉给你的父母;用谷物赋

---

① Lucian: *Lexiphanes*, 10.
② Plato: *The Republic*, 365e.
③ 关于罗马时期祭司神圣化具体背景将在第三章详细介绍。
④ Porphyry: *On Abstinence From Animal Food*, 4.16, pp.155–157.

予荣誉给神；不伤害动物。"① 这与强调禁杀生的奥尔弗斯教类似。

在秘仪期间，雅典派传令官四处宣布为期55天的休战：② 对入会者、监查官、服务人员及所有外国人和雅典人的属地来说有一种休战；休战始于美他盖特尼翁月（Metageitnion）的中旬，整个鲍厄特龙庙翁月继续，一直到朴安诺批斯翁月（Pyanepsion）的第20天；休战对所有使用神殿的城邦有效，也对在那些城邦中的雅典人有效；至于小秘仪，休战从盖梅里翁月（Gamelion）月中持续到整个安替斯铁里翁月直到爱拉弗波里翁月（Elaphebolion）第20天。③ 神圣休战是在具有广泛影响的泛希腊性赛会和节庆时，各邦必须遵守的一项准则，人们以此来表达对神的敬畏。若有城邦违反该准则，则会受到严惩。而这种"神圣时期"不能被军事行动所亵渎的共识无疑加强了城邦之间的联系，使希腊在埃琉息斯秘仪神圣节庆期间能统一在共同的宗教仪式下。休战禁忌的存在，证实了埃琉息斯秘仪的官方性。

同时，还有其他行为禁忌。修昔底德说埃琉息斯的神庙和埃琉息尼翁的神庙是严格禁止人们去住的。④ 李维留下了关于两个阿卡那尼亚（Akarnanian）年轻人偶然进入神庙的故事。他们不知道正在举行神圣的秘仪，跟着人群一起围观，并说了亵渎秘仪的话语，因此被拘捕，并根据传统的法律被处死。⑤ 吕西阿斯和安多基德的著作也传递了许多行为禁忌的信息。如前面提到的，吕西阿斯说有罪的人不得到祭坛那儿，也不能在圣水中洗手。安多基德则说，将橄榄枝放在祭坛前面是死罪。⑥ 琉善也表达了关于行为禁忌的类似观点，《渔夫》中的人物声称："如果我看到秘仪的入会者泄露秘密的仪式，在公共场

---

① Porphyry: *On Abstinence From Animal Food*, 4.22, pp.168–169.
② Price, Simon: *Religions of the Ancient Greek*, Cambridge Press, 1999, Reprinted 2003, pp.26–27.
③ IGI²6 B, David G. Rice and John E. Stambaugh: *Sources for the Study of Greek Religion*, published by Scholars Press, 1979, p.184.
④ ［古希腊］修昔底德：《伯罗奔尼撒战争史》，谢德风译，商务印书馆2006年版，第134页。
⑤ Livius, 31.14.
⑥ Andocides On the Mysteries, 1.115.

合跳舞的话，我会变得震怒并且揭露他，你会认为我是做错事的人吗？"①

除了传秘师外，其他人不得进入阿纳克托隆，不得接触圣物；只有火炬手才有权使用"宙斯的羊毛"进行净化等，这些对传秘师和火炬手来说是特权，但对他们之外的人而言则是一种禁忌。据说一个传秘师向妓女西诺普提供献祭，而这是属于得墨忒耳女祭司的职权，他因此受到了审判被处死，可见，在禁忌面前，人人平等，即使是尊贵的传秘师，亵渎了秘仪，也难逃一死。

三 饮食禁忌

饮食问题在人们的日常生活中占据着极为重要的地位，故饮食方面的禁忌最能体现对神圣崇拜对象的情感。在宗教禁忌中，饮食禁忌是最常见、最重要的禁忌。因此，许多民族和社会群体都有关于与其宗教文化传统相联系的饮食方面的禁忌。埃琉息斯秘仪的饮食禁忌主要包括入会者不允许吃某些鱼，例如羊鱼（Red Mullet）、角鲛。埃里安（Aelian）说："在埃琉息斯入会者为羊鱼举行纪念，这种纪念有两种说法。有人说因为它一年产生三次，另一些人说因为它吃令人致命的海兔。……据说那些参加两位女神秘仪的人，将不得接触角鲛，因为他们说它是不洁净的食物，因为它从它的嘴里产生。……而这些相同的入会者不能吃羊鱼，在阿哥斯赫拉的女祭司也不能吃羊鱼。"②

波尔菲里还列出了其他禁忌食物的清单。他说："大多数神学家说珀尔塞福涅的名字来源于喂养斑鸠；因为斑鸠是该女神的神圣物。……也向得墨忒耳女神献祭公鸡，入会她秘仪的人戒除家禽。在埃琉息斯秘仪中，那些入会者同样地被要求戒除家禽、鱼、豆子，不得接触石榴和苹果，正如他们不允许触摸死人的躯体和刚分娩的妇女。"③ 显然，葡萄酒也在埃琉息斯入会者的食物禁忌中，因为得墨

---

① Lucian: *The Fisherman*, 33.
② Aelian: *On Animals*, 9.65.
③ Porphyry: *On Abstinence From Animal Food*, 4.16, pp.155–157.

忒耳女神在做客埃琉息斯期间，拒绝饮用它。但过了秘仪庆典，葡萄酒仍是可以饮用的，酒神崇拜的盛行证实了这一点。其他禁忌食物是否也是如此，尚无法得出结论。

然而，埃琉息斯秘仪的饮食禁忌只是对特定的食物而言，并未向奥尔弗斯教那样强调素食主义。秘仪庆典上分享献祭的烤猪本身就说明埃琉息斯的仪式未将肉食排除在外，奥尔弗斯教信徒则拒绝豆子和一切肉类。

这些禁忌一方面是为强化神圣观念服务的，另一方面则在于它们有助于入会者获得宗教体验。因为参加埃琉息斯秘仪而不可吃神圣的食物，不可吃不净的食物，不得泄露它的秘密，客观上强调了入会者的身份认同。宗教禁忌的产生和存在，是埃琉息斯秘仪发展的必然，说明它的宗教体系已经日渐成熟。正如弗雷泽所说："神话是变动的，风俗是持久的；……在整个宗教史中人们总是不断企图用新理由说明旧风俗，给荒唐的做法寻找健全的理论。"① 宗教禁忌毕竟是古代人们对自然恐惧无力应对时的本能反应。

---

① ［英］弗雷泽：《金枝》，徐育新、汪培基、张泽石译，新世界出版社 2006 年版，第 683 页。

第二章 埃琉息斯秘仪的起源（公元前2000—前1200年）

第一节 关于埃琉息斯秘仪起源的辨析

关于埃琉息斯秘仪的起源问题，自古以来便有诸多说法。可以肯定的是，这种秘仪中的某些部分是从其他地方引进到埃琉息斯的，这些外来因素与希腊本土文化相结合并且得到了极大的发展，而埃琉息斯也从一个村庄部落一跃发展成为著名的希腊宗教圣地。那么，秘仪究竟何时出现于埃琉息斯？又源自何处呢？这一问题目前尚无定论，主要有以下三种说法：

一 埃及说

很多古今学者都将埃及视为埃琉息斯秘仪的起源地，将女神得墨忒耳与埃及的伊西斯女神等同。希罗多德是古典作家中这一说法的代表者。他说：

> 埃及人夜里便在这个湖上表演那位神的受难的故事，而埃及人则称这种仪式为秘仪。关于这些事情，我是知道它们的全部内容的，故而本来可以讲得更确切些，但是我不准备谈了。关于希腊人称之为铁司莫波里亚的戴美特尔的秘仪，除去允许我讲的部分之外，我也不准备谈了。那是达纳乌司（Danaus）的女儿们把这种秘仪传出埃及并把它教给了佩拉司吉亚的妇女们。后来，当伯罗奔尼撒人被多里斯人赶走的时候，这种秘仪也就随之失传

了，只有阿尔卡地亚人还保存了它，因为他们未被驱出而是留在他们的家乡了。①

达纳乌司是传说中埃及国王拜鲁斯（Belus）②的儿子，和埃吉普图斯（Aegyptus）是兄弟，达纳乌司有50个女儿（Danaides，达奈德斯），埃吉普图斯有50个儿子。他们的孩子长大后，埃吉普图斯要求他的儿子们娶达纳乌司的女儿们为妻，但遭到了达纳乌司的拒绝。于是达纳乌司带着女儿们渡海来到希腊伯罗奔尼撒东北部的阿哥斯城。埃吉普图斯和他的儿子们随后追赶至阿哥斯，达纳乌司不想伤害阿哥斯人，佯装同意婚事。但他在婚礼当天，告诫女儿们将自己的丈夫杀死在新婚的床上，所有的女儿都按他的吩咐行事，除了海柏姆尼斯特拉（Hypermnestra）外。她爱上了自己的丈夫林凯乌斯（Lynceus），将他放走。后来林凯乌斯返回阿哥斯将达纳乌司杀死，为兄长们复仇，并与海柏姆尼斯特拉成婚，成为阿哥斯的国王。《荷马史诗》中提到了达奈德斯人，这些人就是他们的后代。达纳乌司的神话可能反映了公元前1600—前1200年埃及与迈锡尼希腊人的交流。他的那49位女儿，因犯了杀丈夫的重罪，死后在地府中受到了严惩，不停地做苦力，拿一个破罐子打水

图2.1 在冥府中运水做苦力的达奈德

注：引自 http://www.mlahanas.de/Greeks/Mythology。

---

① ［古希腊］希罗多德：《历史》第二卷，171，王以铸译，商务印书馆2005年版，第186页。

② 在希腊神话中，拜鲁斯是海神波塞冬与利柏亚（Libya）的儿子。

（如图 2.1）。埃斯库罗斯失传的《达奈德》就是描写这一故事的。这一惩罚与未入会秘仪者在地府中所受的惩罚相同。这可能一方面暗示了得墨忒耳秘仪与埃及的关系，另一方面表明杀戮丈夫与未入会同是重罪。

如果按照希罗多德的说法，得墨忒耳女神的秘仪是在达纳乌司到希腊殖民时引入的，那么，据帕罗斯编年史（Parian Chroniche）① 记载，得墨忒耳秘仪从埃及传入希腊的时间应该在公元前16世纪初。

> 距今1247年前（即公元前1510/1509年），［达纳乌司所建造的第一艘50桨］船——被称为"Pentecontoros"——从埃及航至赫拉斯……②

基督教父克莱门也提到了埃及起源，他说是阿密萨翁（Amythaon）的儿子梅拉普斯（Melampus）③ 把得墨忒耳的庆典，也就是赞美诗里所唱的有关她的悲哀故事从埃及引进了希腊。④ 梅拉普斯曾治愈阿哥斯妇女的疯狂，当时阿哥斯的国王是阿巴斯（Abas）的儿子普罗图斯（Proetus），也就是前面提到的海柏姆尼斯特拉的孙子。按前面达纳乌司殖民的时间推测，克莱门的埃及说大约是指公元前16—前

---

① 帕罗斯编年史也称《帕罗斯石刻》，该石刻一部分发现于帕罗斯，1627年运往伦敦，现由牛津大学保存；另一部分发现于1897年，现存帕罗斯博物馆。碑文的起止时间约为公元前1581—前264年，文中涉及政治、经济、军事、宗教、文化等，是古希腊重要的年表之一。帕罗斯编年史的纪年，作者以公元前264年为基点，距今多少年与基点年代相加，便能推算出其年代。参见 The Parian Chronicle，http://books.google.com；张强：《〈帕罗斯碑〉译注》，《古代文明》2007年4月第1卷第2期；郝际陶：《关于〈帕罗斯碑铭文〉的史料价值》，《世界历史》1998年第6期。文中关于帕罗斯编年史的引文，主要以张强教授的《〈帕罗斯碑〉译注》为准，译文参见 The Parian Chronicle。

② 张强：《〈帕罗斯碑〉译注》，《古代文明》2007年4月第1卷第2期。

③ 梅拉普斯是神话中著名的希腊先知，是希腊最著名的先知家族梅拉普斯家族（Melampodids）的祖先，据说曾居住在美塞尼亚，后来治好了阿哥斯妇女的疯狂，为他的兄弟比阿斯（Bias）赢得了一位新娘，而他自己则获得了部分领土的统治权，此后他与比阿斯一起在那里定居。也有神话说他是秘仪的创始人之一。

④ ［古希腊］克莱门：《劝勉希腊人》，王来法译，生活·读书·新知三联书店2002年版，第21页。

15 世纪。

狄奥多罗斯也记载了埃琉息斯秘仪是从埃及传入的说法：

> 埃及人出身的俄瑞克透斯（Erechtheus），是雅典的国王。……曾经发生一场大旱灾，席卷了除埃及外的所有居住地，在那里庄稼和人大量毁灭，俄瑞克透斯通过他与埃及的种族关系，从埃及为雅典带来大量谷物供应，那些分享这种帮助的人使他们的恩人成为国王作为回报。他获得王位后，在埃琉息斯建立了从埃及引入的得墨忒耳的入会仪式并确立了秘仪。①

狄奥多鲁斯此处暗示得墨忒耳秘仪在埃琉息斯建立的时间与帕罗斯编年史相吻合，即公元前 15 世纪末—前 14 世纪初俄瑞克透斯统治雅典时，埃琉息斯秘仪传入了希腊。

> 距今 1146 年（即公元前 1410 年），俄瑞克透斯统治雅典时，得墨忒耳来到雅典，（带来）稼穑之术，凯留斯与奈阿依拉（Neaira）之子特里普托勒姆斯（Triptolemos）首次将稼穑之术传播到其他国家。
>
> 距今 1145 年（即公元前 1408/1407 年），俄瑞克透斯统治雅典时，特里普托勒姆斯在拉里亚平原（Rharian）名为埃琉息斯的地方播种。
>
> 距今 1135 年（即公元前 1398/97 年），俄瑞克透斯统治雅典时，奥尔弗斯出版了他的诗作，主要是关于珀尔塞福涅被劫、得墨忒耳的寻找、奥尔弗斯下至地府和那些获得谷物的穿着黑色丧服的人。
>
> 距今……年（即公元前 1397/73 年），潘狄恩之子俄瑞克透斯统治雅典时，墨萨伊奥斯（Mousaios）的儿子欧摩尔波斯（Eumolpos）……在埃琉息斯庆祝秘仪，并将他父亲墨萨伊奥斯

---

① Diodorus, 29.1–5.

第二章 埃琉息斯秘仪的起源(公元前2000—前1200年)

的诗作发表。①

此外,狄奥多鲁斯称埃琉息斯秘仪的两大祭司家族欧摩尔波斯家族和克里克斯家族也是起源于埃及的。他笔下的奥尔弗斯也去过埃及,并将秘仪引入希腊:

> 奥尔弗斯,从埃及带来了大部分他的神秘仪式和狂欢仪式,这些仪式让人们想起他的漫游及在地府中他的经历。因为奥西里斯的仪式与狄奥尼索斯的仪式相同,而伊西斯的仪式非常类似于得墨忒耳的仪式,只不过叫法发生了变化而已;在邪恶地府中亡灵的洗罪、极乐众神的草地,还有流行于大众之中的虚幻之境——所有这些是由奥尔弗斯模仿埃及丧葬习俗而引入的。②

以上古典作家们的埃及说对近现代学者产生了重要的影响。尤其是在埃琉息斯秘仪研究的早期,由于考古材料的缺乏,埃及说在西方获得了普遍的支持。就目前笔者所能搜集到的专门性材料看,最早持埃及起源说的是法国学者(Sergei Semenovich Uvarov, James Christie, Antoine Isaac Silvestre de Sacy)合著的《埃琉息斯秘仪论集》。全书的主题围绕埃及宗教对埃琉息斯秘仪的各方面影响展开,奠定了近现代埃及说的基调。20世纪早期,弗卡特根据古典作家(例如希罗多德)的记载,通过埃琉息斯秘仪神话与埃及奥西里斯和伊西斯神话之间的极大相似性,也得出埃琉息斯秘仪起源于埃及的结论。他认为埃及是埃琉息斯秘仪的发源地,而谷物和葡萄种植也是由埃及传到希腊和阿提卡的,并断言埃琉息斯秘仪在埃及第十八王朝传入希腊。③ 而埃及第十八王朝所处的时间大致是公元前16世纪至前14世纪(约公元前1575—约前1308年)。

---

① 参见张强《〈帕罗斯碑〉译注》,《古代文明》2007年4月第1卷第2期。
② Diodorus, 1.96.5.
③ Mylonas: *Eleusis and the EleusinianMysteries*, p.15.

由上述可知，埃及起源说一般将埃琉息斯秘仪起源的时间置于公元前 16 世纪至前 14 世纪，都注意到了埃及文明对埃琉息斯秘仪及希腊文明的影响。然而，这种埃及起源说受到了多数现代学者的质疑。希罗多德生活在公元前 5 世纪，他一生到处游历，见闻甚广，他曾游历埃及，记载了当地的各种风俗。可是，希罗多德生活和游历的年代与埃琉息斯秘仪传入的时间相比，足足相差了 10 个世纪。早在古风时代，埃及的伊西斯和奥西里斯便在古希腊赢得了合法的地位，伊西斯秘仪在古典时代也得到了很大的发展，不可避免地，这两种相似的宗教要牵扯不清。希罗多德埃及起源说无疑反映了古典时期人们对埃琉息斯秘仪起源的某种猜测以及对埃及文明与古希腊文明接触交流的记忆。因为希腊殖民者和雇佣兵曾在公元前 7 世纪到下埃及殖民，希腊人和埃及人丰饶女神的秘仪可能自这时起借助克里特的影响互相渗透，崇拜者们将二者混淆在一起。狄奥多鲁斯生活的年代更晚，约公元前 1 世纪，他的记载体现了自希腊化时代以来，埃及文明与古希腊文明的融合。值得注意的是，狄奥多鲁斯虽然记载了埃及起源的这种说法，但是，他强调了是埃及人说埃琉息斯秘仪起源于埃及。古典作家的说法使我们确信埃及宗教对埃琉息斯秘仪具有极大的影响，但我们无法确认埃及就是埃琉息斯秘仪的起源地。因为目前在埃琉息斯或其邻近地区，埃及神的名字或明确的埃及风俗标记都是匮乏的。埃琉息斯神庙遗址所发掘出的遗存中，也没有发现来自迈锡尼时期埃及的物品，因此以上古今学者的论证不足以证明得墨忒耳秘仪的源头是埃及。

而且埃及说尚未解释清楚埃琉息斯秘仪和埃及伊西斯—奥西里斯秘仪之间的重大区别。在埃及的秘仪和秘仪神话中，我们找不到与珀尔塞福涅相符合的角色，而伊阿库斯也不同于埃及的奥西里斯。后者是一个少年的形象，是一个人格化的神。伊阿库斯、得墨忒耳和珀尔塞福涅在埃琉息斯形成了一种近似于三位一体的崇拜体系，这种秘仪显然不同于埃及的伊西斯和奥西里斯秘仪。

二 色雷斯说

持色雷斯起源说的多为现代学者。他们倾向于得墨忒耳秘仪源自希腊北部的帖萨利（Thessaly）或色雷斯，起源时间则为公元前15世纪。代表人物为米劳纳斯、克兰伊和米尔恰·伊利亚德。这种观点主要以三种论据支撑：一是在荷马和其他古代作家著作中提到了在帖萨利人城市德摩比利（Thermopylae，即温泉关）、皮拉索斯（Pyrasos）和斐拉伊（Pherai），有一些前多利亚时代的得墨忒耳神庙或圣域"Temenos"。例如，荷马在《伊利亚特》中提到了皮拉索斯的得墨忒耳神庙，① 希罗多德提到了温泉关附近安铁拉（Anthela）阿姆披克图欧涅斯人（Amphictyony）的得墨忒耳神庙。② 米劳纳斯认为这些名字显示了此地的史前起源；它们的得墨忒耳崇拜则可被追溯到前荷马时代，卡利马库斯将之与佩拉司吉人的仪式相联系，说明该仪式的古老。③

二是从语源学上看，某些得墨忒耳秘仪的关键术语与北部前希腊方言相关。米尔恰·伊利亚德认为希波吕图斯提到的在秘仪高潮阶段传秘师高声呼喊"布里摩女士（Brimo）生下了圣子布里摩斯（Brimos）"④ 中，Brimo 与 Brimos 这两个词可能就是源自色雷斯语。Brimo 特指死者女王，因此，她的名字既适用于科瑞和赫卡特，也适用于得墨忒耳。⑤ 克兰伊说，传秘师是在歌颂死亡女神在火中生了一个圣子。⑥ 同时，克兰伊还试图从欧摩尔波斯的儿子英雄伊马拉多斯（Immarados）的名字证实色雷斯与埃琉息斯秘仪的关系，"Immarados"与色雷斯名叫伊斯马洛斯（Ismaros）的地方有关，反映了一种语音学

---

① Homer：Illiad, 2.695. Illiad.［古希腊］荷马：《伊利亚特》，王焕生译，人民出版社2006年版，第51页。
② ［古希腊］希罗多德：《历史》，王以铸译，商务印书馆2005年版，第545页。
③ Mylonas：*Eleusis and the EleusinianMysteries*, pp. 19–20.
④ Hippolytus：*Refutation of All Heresies*, 5.8.39.
⑤ ［美］米尔恰·伊利亚德：《宗教思想史》，晏可佳、吴晓群、姚蓓琴译，上海社会科学院出版社2004年版，第254页。
⑥ Kerényi：*Eleusis：Archetypal Image of Mother and Daughter*, p.92.

上的关系。①

三是埃琉息斯最早的居民是色雷斯人。埃琉息斯是否曾经以一个独立的城市而存在我们无从知晓,但色雷斯人是埃琉息斯最早居民的说法却古而有之。如波桑尼阿斯、阿波罗多鲁斯等。米劳纳斯从考古学上证实,可能早在公元前 16 世纪之前色雷斯人就已经定居于此。克兰伊说:"麦加拉(Megara)的色雷斯英雄特列乌斯(Tereus)的坟墓证明了色雷斯人的部落曾挨着埃琉息斯外围一直延伸到地峡(Isthmus)。在公元前 20 世纪—公元前 10 世纪,这些色雷斯人的部落,像今天的阿尔巴尼亚人(Albanians)一样,与希腊人一起居住在荒野的山区并且被完全希腊化。"②他们还从埃琉息斯秘仪大祭司欧摩尔波斯是色雷斯人这一说法证明自己的观点。关于传说中秘仪祭司的始祖欧摩尔波斯,荷马对其出身只字未提,《荷马致得墨忒耳颂歌》的作者仅说他是埃琉息斯的权贵之一,和凯留斯、特里普托勒姆斯等一起接受女神传授的秘仪。波桑尼阿斯提到欧摩尔波斯来自色雷斯的说法。他说欧摩尔波斯是海神波塞冬和开俄涅(Chione)的儿子,开俄涅是北风神和奥蕾提亚(Oreithyia)的女儿。③阿波罗多鲁斯也说色雷斯人在雅典人与埃琉息斯人的战争中,站在埃琉息斯一边,与雅典人敌对,④暗示了色雷斯与埃琉息斯的密切关系。欧里庇得斯则将欧摩尔波斯刻画成十足的色雷斯人。普鲁塔克也说他来自色雷斯,"欧摩尔波斯是色雷斯的一个移民,如果我们对他的入会秘仪并且发展希腊人入会感到羞愧的话,那么遗留给埃琉息斯的荣耀是什么呢?"⑤

此外,有人通过埃琉息斯秘仪中的狄奥尼索斯因素尤其是奥尔弗斯教推测埃琉息斯秘仪可能来自色雷斯。这种观点主要源自奥尔弗斯可能是色雷斯人以及色雷斯人嗜酒和狂欢的特质。弗雷泽认为:"对

---

① Kerényi: *Eleusis: Archetypal Image of Mother and Daughter*, p. 22.
② Kerényi: *Eleusis: Archetypal Image of Mother and Daughter*, p. 22.
③ Pausanias, 1. 38. 2 - 3.
④ Apollodorus, 3. 15. 4 - 5.
⑤ Plutarch: *On Exile*, 607b.

他（酒神）的狂热的崇奉，通过纵情的舞蹈、激动的音乐和极度的醉酒而表现出来。这似乎起源于色雷斯的野蛮氏族，因为这些氏族都是以嗜酒而著名的。我们的神秘教义和奢靡仪式，对于希腊民族的聪明才智和清醒气质，基本上都是外来的东西。"①

上述的色雷斯起源说从考古学和语源学上注意到了埃琉息斯与色雷斯的密切关系，但这种学说仍存有不足之处。一是色雷斯人是埃琉息斯最早居民这一观点不能证明秘仪也是属于色雷斯人的。二是色雷斯人素以粗犷和彪悍的民风著称，埃琉息斯秘仪中找不到类似于狄奥尼索斯崇拜的那种野蛮因素。三是古典作家波桑尼阿斯，虽提到了欧摩尔波斯色雷斯血统的说法，但他的说法明显自相矛盾。因为在神话谱系中，奥蕾提亚是俄瑞克透斯的女儿，也就是说欧摩尔波斯不但不该是俄瑞克透斯的敌人，而且还是俄瑞克透斯的亲曾孙。可是，波桑尼阿斯在谈到雅典与埃琉息斯之间的战争时，又说战争的双方领袖是欧摩尔波斯、甚至是他的儿子伊马拉多斯和俄瑞克透斯。显然，波桑尼阿斯的说法不足为信。四是没有直接的文字史料可以证明埃琉息斯秘仪就是源自色雷斯。虽然奥尔弗斯教与色雷斯渊源颇深，但奥尔弗斯教在希腊的兴起是在公元前7世纪—前6世纪，而埃琉息斯秘仪则早在公元前11世纪左右已经广为希腊人所知。因此，色雷斯说无法将埃琉息斯秘仪的起源问题彻底说清楚。对其起源的研究只能另辟他径。

三 希腊说

持有这种观点的学者认为埃琉息斯秘仪兴起于希腊本土，大体上可以分为三类：一是克里特—迈锡尼说，② 二是埃琉息斯某家族特定仪式说，三是其他的希腊起源说。

---

① ［英］弗雷泽：《金枝》，徐育新、汪培基、张泽石译，新世界出版社2006年版，第376页。

② 从人类文化史上看，希腊文明是欧洲文明的源头，而希腊文明主要来自以爱琴海为中心的爱琴文明，包括源于克里特的米诺文明与源于伯罗奔尼撒的迈锡尼文明。从历史角度看，爱琴文明就是古希腊史前文明。因此，本书将克里特说划为希腊说之内。

古典作家的作品中有埃琉息斯秘仪起源于克里特的说法。在《荷马致得墨忒耳颂歌》中，得墨忒耳在向凯留斯的女儿们做介绍时，称自己来自克里特，后来被海盗掳走。① 这可能暗示了得墨忒耳从克里特带来了她的神秘仪式。神话中还有得墨忒耳在克里特与伊阿西翁生下财神的传说。荷马在《奥德赛》中提到了得墨忒耳与伊阿西翁的结合，② 赫西俄德在《神谱》中也有类似的说法："聪明的女神得墨忒耳在富饶的克里特一块犁过三次的休耕地上与英雄伊阿西翁欢乐结合，生下一位好心的神祇普路托斯。他走遍各地——陆地和广阔的海面——一路上让找到他的人或抓住他的人发财，给他们带来巨大的财富。"③ 狄奥多鲁斯在《历史文库》中则明确地提到了埃琉息斯秘仪起源于克里特的说法。狄奥多鲁斯注意到了克里特宗教与秘仪之间的关系，他说克里特人宣称："给予神的荣誉、献祭和被奉行的入会仪式与秘仪有关，秘仪从克里特传到人类其他地方，为了支持这种说法，他们提出如下最有影响的论据，他们是这样考虑的：由雅典人在埃琉息斯庆祝的入会仪式，有人敢说是所有仪式中最为著名的，萨摩色雷斯的仪式和在色雷斯奇科涅斯人（Cicones）实践的仪式，这些是由来自色雷斯的奥尔弗斯引进的——这些仪式皆以一种神秘形式被传承下来，然而，在克里特的克诺索斯（Cnosus），公开地将这些入会仪式传承给所有人，这是来自古代的一项传统，所被传承的东西是不能在其他人中泄露的，对此克里特人不对任何想获知这些事情的人隐瞒。"④ 可见，克里特—迈锡尼时期的宗教可能是古希腊秘仪的来源之一。

现代学者中，克里特—迈锡尼说主要以瑞典学者派尔森（Axel Persson）、法国学者皮卡德（Charles Picard）和瑞典古典学家尼尔森

---

① Homeric Hymns, 120 – 125.
② Homer Odysseus, 5.125 – 127. [古希腊] 荷马：《奥德赛》，王焕生译，人民文学出版社2006年版，第90页。
③ [古希腊] 赫西俄德：《神谱》，张竹明、蒋平译，商务印书馆2006年版，第55页。
④ Diodorus, 5.77.

第二章 埃琉息斯秘仪的起源(公元前2000—前1200年)

等为代表。派尔森（*The Religion of Greece in Prehistoric Times.* ①）坚持将埃琉息斯得墨忒耳秘仪追溯到史前时代，如传统所显示的那样，接受克里特或米诺为秘仪的源头。派尔森认为，在埃琉息斯秘仪中的"男神"和"女神"是米诺—迈锡尼宗教中神婚的一种残存。神婚可能是丈夫和妻子，兄弟和姐妹，或是母亲和儿子。这种神婚表明了植物崇拜和丰产的宗教观念。米诺—迈锡尼宗教向希腊本土传播，其遗存可能在古典时期为人们所知晓。"派尔森将埃琉息斯神庙的大厅与克里特的中心地区相比较，发现阿纳克托隆或埃琉息斯的圣殿中的圣殿（Holy of Holies），与克里特的贮藏室或宝库（Repositories）完全相似。他根据埃琉息斯秘仪最古老大厅的多边形石灰石墙证明了埃琉息斯秘仪的迈锡尼起源。皮卡德也认为秘仪的起源是克里特而不是埃及，他巧妙地在他的论史前希腊宗教的著作中为他的理论辩护。"②皮卡德断言埃琉息斯的入会礼大厅，由始至终，封闭多柱式的建筑大厅显示了他在克里特发现的史前神庙的中央大厅设计上的密切关系。

尼尔森根据在埃琉息斯献给两位女神的有铭文的黏土器皿与米诺的器具 kernoi 之间的关系，支持克里特—迈锡尼说。他说："没有人否认这种联系，尽管在米诺和希腊的（埃琉息斯的）kernoi 之间有约 1000 年的间隔。……令人无法相信的是，这类造型奇特的容器在同一地区被独自地再三创造。但是这类被用于希

图 2.2　盖亚与婴孩普路托

注：引自 http://www.theoi.com。

---

① Axel W. Persson：*The Religion of Greece in Prehistoric Times*，University of California Press，1942.
② Mylonas：*Eleusis and the EleusinianMysteries*，p.16.

腊人的秘仪的仪式器皿的延续性，是神秘仪式与米诺密切关系的重要证据。"① 尼尔森认为，埃琉息斯秘仪中的婴孩崇拜是由克里特的圣婴崇拜引进的。他以后期在罗德斯（Rhodes）发现的、现藏于君士坦丁堡（Constantinople）博物馆的一个显示一组埃琉息斯神祇的红色彩绘花瓶（如图 2.2）为证据，试图说明埃琉息斯秘仪的克里特起源："盖亚地神从地面浮现，将坐在聚宝盆上的婴孩递给站在右边的一个手拿权杖的女神；左边是另一位手持两只火炬的女神，在这位女神头上是坐在其有翼的战车里的特里普托勒姆斯。"② 尼尔森认为，婴孩就是小财神普路托斯，右边手持权杖的是得墨忒耳，左边的可能是科瑞。狄艾特里克（Dietrich）在《希腊宗教的起源》（*The Origins of Greek Religion*）中对尼尔森的这个观点表示赞同。③

克里特—迈锡尼起源说强调了克里特—迈锡尼文明对埃琉息斯秘仪的影响，这种说法较为合理，甚至时至今日依然受到普遍认同，但它仍受到了米劳纳斯等色雷斯说学者们的质疑。米劳纳斯认为，《荷马致得墨忒耳颂歌》的克里特说很可能是一种文学创作的需要，因为得墨忒耳当时不想以其真面目见人，极可能是为了掩藏自己的身份而说自己来自克里特。赫西俄德虽然提及得墨忒耳与伊阿西翁在克里特欢爱，但并不能明确揭示秘仪的克里特起源。即使后来狄奥多罗斯明确讲述了埃琉息斯秘仪与克里特秘仪的关系，但他同时也强调了这是克里特人的说法，正如前面他说埃及人说埃琉息斯秘仪来自埃及一样。而且，克里特—迈锡尼说的结论所基于的假定与最新考古发掘所揭示的事实不相符合。埃琉息斯的著名的入会仪式大厅（Telesterion），曾被派尔森和皮卡德用来作为证明其克里特来源的证据。米劳纳斯断言："这座神庙具有一种中央大厅 megaron 的形式，而它与克

---

① Nilsson: *The Minoan-Mycenaean Religion and its Survival in Greek Religion*, Printd in Denmark, 1968, p. 452.

② Nilsson: *The Minoan-Mycenaean Religion and its Survival in Greek Religion*, Printd in Denmark, 1968, p. 559.

③ Dietrich B. C.: *The Origins of Greek Religion*, Press in Walter de Gruyter, Berlin, New York, 1974, p. 18.

第二章 埃琉息斯秘仪的起源(公元前2000—前1200年)

里特的建筑没有关系。入会礼大厅的正方形的设计是由雅典僭主庇西特拉图时期的建筑者们引进的,而这是秘仪在埃琉息斯确立很久以后发生的。"此外,米劳纳斯还从语言学角度加以论证,"得墨忒耳的名字是一个希腊语的名字,与克里特史前的名字无关。也应注意的是,从克诺索斯的刻写板上,诸神中并没有发现得墨忒耳和珀尔塞福涅的名字。这有力地指出了在米诺时代她们的仪式在克里特并不流行。因此,没有考古的、传说的或语言学的证据显示秘仪的一种克里特或米诺起源"[1]。

现代某些学者还将得墨忒耳秘仪的起源归于埃琉息斯某家族的专门仪式。尼尔森认为,埃琉息斯秘仪起源于一种原始的前希腊农业节庆,是埃琉息斯某些家族的私有仪式。[2] 波米罗伊(Pomeroy)明确地说埃琉息斯秘仪起初是贵族欧摩尔波斯家族的一种私人家族仪式,在公元前600年之前才受到了雅典城邦的控制。[3] 格思里也有类似的论断。他认为在埃琉息斯的得墨忒耳秘仪不是由任何入侵希腊的部族引进的,秘仪的属性和考古证据充分显示了它是属于原始居民的。他认为欧摩尔波斯家族是当地血统,这一家族对秘仪管理权控制的延续性表明秘仪可能包含了地方家族仪式起源的因素。[4]

此外,还有一些学者也认同希腊起源说,但他们多是笼统地称埃琉息斯秘仪起源于希腊本土,至于究竟源自希腊何处则没有言明。弗雷泽从象征学意义上提出,东西方宗教之间的相似性是偶然的巧合,是相似的原因同样地作用于地区不同国度不同但结构相似的人类头脑的产物。他说:"古希腊人没有必要远涉重洋到东方国家去了解一年四季变迁的情况,观察大马士革玫瑰瞬息即逝的美,金色谷穗的短暂的光辉,紫葡萄的片刻的绚丽。他们在自己美丽的国土上年复一年很

---

[1] Mylonas: *Eleusis and the EleusinianMysteries*, pp. 16-19.
[2] Nilsson, Martin P.: *A History of Greek Religion*, Translated from the Swedish by F. J. Fieledn, Oxford, at the Clarendon Press, 1956, p. 211.
[3] Pomeroy, Sarah B.: *Goddesses, Whores, Wives, and Slaves: Women in Classical Antiquity*, Published in the United States by Schocken Books Inc., New York, 1975, p. 76.
[4] Guthrie, W. K. C.: *The Greeks and Their Gods*, p. 282.

自然地满怀遗憾地看着夏天的葱郁繁茂逐渐进入冬令的衰谢凋枯,年复一年很自然地满怀喜悦地欢呼春季新鲜生命的苗长。"① 弗雷泽用大量篇幅证明,古希腊秘仪中,埃琉息斯秘仪中的两位女神、狄奥尼索斯、伊西斯、小亚细亚地区的库柏勒都是农业神或植物神,都反映了一岁一枯荣的农业季节性变化,体现了古代人们对农业丰产的祈求。

赫丽生从狄奥尼索斯这一神秘神的仪式的角度着手,提出神秘神起源于那些伴随着生命同时又再现生命的直觉、情感和欲望,而这些直觉、情感和欲望——只要它们属于宗教性的——从一开始就是集体意识而不是个体意识。② 她认为秘仪来自古代原始部落的某种仪式,如成人仪式、敬雷仪式等,神秘神和农业的关系、和母亲的关系反映了远古时期母权社会的某些特征,是源自当地一种古老的、以祈求丰产为目的的自然崇拜。一些考古学家认为埃琉息斯秘仪中的神祇是自然神,他们的到来和离去跟四季的更替同步,跟狄奥尼索斯、阿多尼斯、阿提斯和奥西里斯一样,是季节神、农业神,他们年复一年地出现,因而总是一个新来乍到的神,但不是外来的神。此外,埃利卡·西蒙(Erika Simon)、我国学者王来法支持希腊本土说。

温特里斯(Ventris)和查德威克(Chadwick)等学者认为得墨忒耳与女神 Dameter 是同一位女神,这位女神的名字在公元前 1200 年派罗斯线形文字 B 泥版上多次出现。这一证据显示了得墨忒耳秘仪可能来自南伯罗奔尼撒半岛。③ 不论埃琉息斯得墨忒耳秘仪究竟是来自希腊南部还是北部,不可否认的是,它与东部地中海地区谷物女神崇拜的相似性,表明丰产的宗教观念在古代世界具有普遍意义。

总之,持希腊说的学者们大多认为,埃琉息斯秘仪并非外来的,

---

① [英]弗雷泽:《金枝》,徐育新、汪培基、张泽石译,新世界出版社 2006 年版,第 375 页。

② [英]简·艾伦·赫丽生:《古希腊宗教的社会起源》,谢世坚译,广西师范大学出版社 2004 年版,第 3 页。

③ Ventris, Michael and Chadwick, John: *Documents in Mycenaean Greek*, 2nd. ed. Cambridge: Cambridge University Press, 1973, p. 289.

秘仪中的神祇也不是从外引入的。埃琉息斯秘仪是古希腊农业社会发展的一个必然结果，源自人们对农业丰产的祈求，是母系社会时代母权制的残留，反映了农业的季节性变化。这种本土起源说解释了秘仪在世界古代民族中的普遍性，然而，本土说的学者们几乎都生活在近现代，他们的理论虽然有的来自考古发现，但多属推测，他们忽视了古希腊与周边地区的交流和发展，无法解释埃琉息斯秘仪的来世观和自身的演变发展。没有古典资料能够证明埃琉息斯秘仪起源于希腊本土这一论断。况且，希腊宗教本就不是孤立发展的，在一次次的移民潮和文明的交融中，它不可避免地要受到周边其他文化的影响。

第二节　埃琉息斯秘仪产生的原因

上述关于埃琉息斯秘仪起源的三种说法，虽然都不无道理，但都没有为埃琉息斯秘仪的起源问题提出令人信服的证据。这是因为，埃琉息斯秘仪的产生是与古希腊社会历史文化的发展紧密联系在一起的，经过了长期的文化积淀，一直到古风时期才大致成型。埃琉息斯秘仪植根于古希腊社会文化土壤之中，在其产生和发展的过程中，与周边其他民族的宗教相互交融碰撞，吸收了其他民族宗教中的诸多因素，它的产生是内外因共同作用的结果，是古希腊文化与其他文化交融发展的必然产物。

一　古希腊本土因素

古希腊特有的社会文化土壤是埃琉息斯秘仪产生的滥觞之地。其本土远古时期的自然崇拜和母权制度下的女神崇拜是埃琉息斯秘仪赖以产生的先决条件，其独特的地理环境、文化特性又为埃琉息斯秘仪的产生提供了必要的补充条件。

（一）特有的社会文化土壤

首先，埃琉息斯秘仪在希腊本土有自己的远古来源。在古代世界，秘仪并不是古希腊特有的现象，在世界各地的原始文化或未开化的民族中似乎都能找到一些痕迹。为保证土地肥沃、祈求丰产的自然崇拜在世界各民族具有很大的普遍性，这说明秘仪或是神秘宗教在古代世界具有一定的普遍意义，因此有相类似的秘仪也不足为奇。正如古代世界对地母神的崇拜在各民族中具有一定的普及性和相似性。我们无法证明远古时期古希腊人对地母神、树神等的自然崇拜是外来的。这是几乎任何民族都有的。因此，认为埃琉息斯秘仪源自远古时期人们对地神、植物神的自然崇拜具有合理性。埃琉息斯秘仪中的两位女神，是远古时期母系社会对地母神和蛇女神崇拜的一种延续，是母权制社会的一种残留，得墨忒耳崇拜可能就是起源于远古时期希腊的地神崇拜。在古代整个地中海地区，大地被视为女神，宇宙的元素，例如空气和水、地府则被分配给男神统治。希腊人的神，例如宙斯、波塞冬和哈迪斯，是神的统治者和其各自统治领域内的王。然而，女神盖亚、瑞亚或得墨忒耳，不但是王后，而且被尊为地母。得墨忒耳"Demeter"（Earth Mother）一词，原为"Gê Meter"，意为"地母"。地母的神权不在于她统治的能力，而在于她能持续创造新事物和新生命的能力。史前艺术或以坐姿或以站姿描述了这类女神，着重体现女神丰饶的体形和典型的女性特征，强调其丰产的特性。这种地母崇拜在史前很多民族的原始宗教中都有迹可循，例如小亚细亚的库柏勒、埃及的伊西斯女神等。

  珀尔塞福涅也具有古老的本土渊源，其原型形象极可能是蛇女神。这种蛇的形象明显地存在于珀尔塞福涅神话的一种版本中：宙斯化身为蛇，引诱他的女儿珀尔塞福涅。1955 年，莱维（Levi Doro）教授在克里特费斯托斯（Phaistos）的一所宫殿的挖掘中发现了一只属于公元前 2000 年左右的杯子。克兰伊根据莱维所挖掘出杯子上的图案推测珀尔塞福涅最早的现存形象。莱维如此描述："一只低矮的杯子，内部表面显示了一种宗教的场景。可以看见两个女人正以最活泼的态度围绕蛇女神起舞。女神的头依靠在没有胳膊但有一系列弧线沿着其周边的一个延长的三角形身体上（见图 2.3）。女神的身体和蛇使我们立刻想起非常类似一千年后发现于普利尼阿斯（Prinias）和其他早期希腊遗址的管形的黏土偶像或祭献的管子。"① 而在希腊神话中,珀尔塞福涅的两个伙伴常常是阿尔忒弥斯和雅典娜,因而杯子上跳舞的可能就是她们。可见,这种对大地母神和蛇女神的崇拜,是新石器时代农耕文化和母权制社会特征的一个缩影,表现了原始社会人们对自然的恐惧和对丰产的祈求。

其次,古希腊自然环境上的开放性及文化上的兼收并蓄性为埃琉息斯秘仪的产生提供了天然的土壤。不似埃及、印度、中国等得天独厚的大河流域文明,古希腊是典型的海洋性文明。希腊半岛多山脉、多丘陵,内陆平原少,沿海附近虽有些小平原却多被海湾切割,平原只约占半岛全部面积的1/5。虽然土地贫瘠,但希腊有许多优良的港口,使得航海事业十分发达。希腊地理环境上的开放性,为希腊文明和其他文明的交流、互动打开了方便之门,有利于希腊文化对周边其他文化的吸收。埃琉息斯位于雅典西北部约14英里,是连接雅典、伯罗奔尼撒、麦加拉、底比斯以及希腊中部和北部的要道,这种海陆皆宜的优越的地理位置,使埃琉息斯成为文化传播和发展的重要中转站。这种开放式的地理环境使得古希腊文明具有兼收并蓄的特点,能不断地吸收其周边文明中的先进成分,为己所用。正是这种地理上的开放性和文化上的兼容性,使得埃琉息斯有可能在本土崇拜的基础上不断地吸收周边民族宗教中的诸多因素,最终成为享誉世界的宗教圣地。

图 2.3 原始的蛇女神珀尔塞福涅

注:引自 NannoMarinatos: *Minoan Religion, Ritual, Image, and Symbol*, University of South Carolina Press, 1993, p. 150。

---

① Kerényi: *Eleusis: Archetypal Image of Mother and Daughter*, pp. 19-20.

(二) 克里特宗教的影响

克里特宗教在埃琉息斯秘仪和古希腊宗教中扮演着不可或缺的角色。伊阿库斯崇拜深受克里特岛圣婴崇拜的影响。克里特有关于婴孩宙斯和狄奥尼索斯的崇拜。神话中，宙斯出生在伊达山的山洞里，为了避免自己的孩子再次被克洛诺斯吞食，瑞亚将他藏在克里特的一个洞穴里。库里特斯（Curetes）用击盾之声掩盖了其哭声，后来库里特斯成为圣婴的祭司、侍从，而库里特斯的战舞可能就是入会礼，它由年轻男子的兄弟会来主持。① 狄奥尼索斯在荷马的史诗中也是以婴孩神的形象出场的。② 小财神普路托斯也源自克里特，他极可能对埃琉息斯秘仪中的伊阿库斯崇拜产生了一定的影响。根据神话传说，得墨忒耳在克里特与伊阿西翁结合，生下了小财神。小财神的这种圣婴崇拜可以从陶瓶艺术中得以体现。这种圣婴崇拜是克里特宗教的典型特征，与地神崇拜和树神崇拜密切相关，象征着人们对丰产的祈求。埃琉息斯秘仪中的婴孩神可能源于克里特圣婴崇拜，其本质上与婴孩宙斯是一致的，都是农业丰产和植物一岁一枯荣的象征。

克里特的女神崇拜和神婚对埃琉息斯秘仪具有一定的影响。埃蕾希亚（Eileithyia）是一位自然女神，她在希腊许多地方，如德洛斯（Delos）、帕罗斯（Paros）、特诺斯（Tenos）和纳克索斯（Naxos）都受到了广泛的崇拜，是保护婴孩和分娩的女神。③ 埃蕾希亚帮助出生的那一刻，形成了一种与再生相关的宗教，这可能对埃琉息斯秘仪的死而复生观产生了某些影响。神婚是克里特宗教的又一特点，符合农耕宗教的特征。这种神婚制是与农业相关的神祇之间的婚姻或结合，与埃琉息斯秘仪密不可分，尼尔森说："正是发现于克里特的这种植物神的婚姻或结合，才诞生了埃琉息斯的圣子普路托斯。"④ 得

---

① [美] 伊利亚德：《宗教思想史》，曼可佳、吴晓群、姚蓓琴译，上海社会科学院出版社 2004 年版，第 113 页。
② [古希腊] 荷马：《伊利亚特》，罗念生、王焕生译，人民文学出版社 2016 年版，第 135—136 页。
③ Dietrich.: *The Origins of Greek Religion*, p. 87. 在帕罗斯（Paros），埃蕾希亚主要是治愈女神，人们常将埃蕾希亚看成是阿尔忒弥斯。
④ Nilsson: *The Minoan-Mycenaean Religion and its Survival in Greek Religion*, p. 577.

墨忒耳本身是农业女神、地母神，伊阿西翁据说也是个植物神，他们在克里特的结合与普路托斯的出生将埃琉息斯秘仪与克里特神婚紧密联系在一起。根据秘仪神话的另一个说法，埃琉息斯的那个年轻男神是狄奥尼索斯，奥尔弗斯教说这个狄奥尼索斯是宙斯化为毒蛇引诱他的女儿珀尔塞福涅所生。神话和艺术中，宙斯都与蛇有密切的关系，而珀尔塞福涅的原型形象可能就是蛇女神，他们之间的乱伦结合，也说明了克里特神婚对埃琉息斯秘仪的影响。

再次，克里特岛洞穴祭仪的盛行也对埃琉息斯秘仪产生了一定的影响。在克里特，洞穴长期以来是人们居住的地方，自旧石器时代开始，洞穴便成为宗教中的一部分，有相当多的洞穴都是祭祀神灵的场所，还有一些用来做墓穴。其中某些有名的洞穴相关的仪式、神话等后来还被纳入了希腊人宗教之中。狄克特（Dicte）山的一个洞穴，据说就是庇护婴孩宙斯的地方。安尼索斯洞（Amnisos）最负盛名，是祭奉埃蕾希亚女神的。洞穴是女神祭仪的场所，也因女神的分娩和抚育功能成为圣婴出生和被养育的场所。在埃琉息斯秘仪中，洞穴便是一个重要的符号，入会者再现得墨忒耳女神寻找爱女和母女团聚的情景，最后珀尔塞福涅降临时，他们将火把掷入洞穴之中。洞穴的这种仪式功能很可能便是承自克里特。洞穴在宗教中的另一个重要作用是与死者相关的，作为墓穴，显示了洞穴的一个重要特性，即进入洞穴就如同下降到哈迪斯的冥府。这种功能在埃琉息斯秘仪中也有所体现，在秘仪的举行过程中，有入会者在洞穴中模仿下至地府的仪式，这是一种入会仪式的象征性死亡，表明了克里特洞穴符号对埃琉息斯秘仪的影响。

显然，克里特宗教是埃琉息斯秘仪乃至希腊宗教的来源之一。克里特的盛名多次出现在希腊人的神话和宗教中，秘仪女神得墨忒耳自称自己来自克里特，阿芙洛狄忒、阿尔忒弥斯都与克里特女神崇拜有关。据说宙斯出生于克里特并在那里度过童年，狄奥尼索斯、阿波罗、赫拉克勒斯也都有在克里特度过童年的经历。可见，克里特宗教在埃琉息斯秘仪和希腊宗教的产生中扮演着不可或缺的角色。

（三）深刻复杂的社会根源

公元前15—前14世纪希腊社会的经济、政治状况是埃琉息斯秘仪产生的社会根源。首先，以农业为主的社会经济是埃琉息斯秘仪赖以产生的基础。迈锡尼时代埃琉息斯的经济以农业为主。这种农耕社会经济为以祈求丰产为目的的秘仪的产生提供了经济条件。其次，动荡的政治局势促进了埃琉息斯秘仪的产生。公元前15世纪后期到前14世纪，亚该亚人在希腊和其邻近地区进行了大范围的侵扰，战乱频繁，社会动荡不安，人们原有的社会地位和社会观念都受到了挑战。这为新的宗教的产生提供了条件。这种政治社会局势从《荷马致得墨忒耳颂歌》中可窥见一斑①：为了取信于凯留斯的女儿，得墨忒耳说自己被海盗掳走，足见当时海盗猖獗已是常事。此外，迈锡尼时代各城市多建立在陡峭的山上，城市之间争乱不断，而保卫城市的安全则是诸王的主要责任。可见，埃琉息斯秘仪产生于公元前15世纪并非偶然，具有深刻的社会根源。

关于埃琉息斯秘仪产生于公元前15世纪，希腊人的传说可以证实这一点。《荷马致得墨忒耳颂歌》将英雄埃琉息斯视为凯留斯（Celeus）的父亲，② 波桑尼阿斯在《希腊纪事》中提到，埃琉息斯这个城市是以英雄埃琉息斯的名字命名的，有人断言埃琉息斯是赫尔墨斯（Hermes）和海洋神之女达艾拉（Daeira）的儿子；然而，有些诗人则认为奥吉古斯（Ogygus）是埃琉息斯的父亲。③ 根据希腊传说，奥吉古斯是底比斯的国王，他的统治要早于卡德莫斯（Cadmos）。④ 帕罗斯编年将卡德莫斯统治底比斯的时间置于公元前1518/7年。⑤ 如果根据波桑尼阿斯提到的这种说法，则可以推断埃琉息斯秘仪产生的时间是在公元前15世纪后期。

根据阿波罗多鲁斯的记载，厄里克桑尼乌斯（Erichthonius）死后被葬在雅典娜的神庙内，潘迪恩（Pandion）成为国王，在他统治

---

① Homeric Hymns, 122 – 125, 150 – 155.
② Homeric Hymns, 105 – 108.
③ Pausanias, 1.38.7.
④ Pausanias, 9.5.1.
⑤ 参见张强《〈帕罗斯碑〉译注》，《古代文明》2017年第1卷第2期。

时得墨忒耳与狄奥尼索斯来到阿提卡。① 帕罗斯编年史上的记载与阿波罗多鲁斯略有出入，认为得墨忒耳在阿提卡的出现不是在潘迪恩一世统治时期，而是在潘迪恩的儿子俄瑞克透斯（Erechtheus）统治时期。如果按照阿波罗多鲁斯的说法，得墨忒耳在潘迪恩统治时来到阿提卡，那么根据帕罗斯编年史的纪年，潘迪恩的统治时期是在约公元前1462—前1423年，也就是说秘仪出现于公元前15世纪后半期。如果以帕罗斯编年史中的说法为准，那么在俄瑞克透斯统治时，得墨忒耳已来到雅典，带来稼穑之术，特里普托勒姆斯在拉里亚平原埃琉息斯第一次播种谷物，而欧摩尔波斯在埃琉息斯庆祝秘仪，这些事情也发生在公元前15世纪后半期。尽管二者所提及的统治者略有差异，但都将得墨忒耳的引进时间置于公元前15世纪下半期。得墨忒耳和狄奥尼索斯的出现虽是对阿提卡谷物首次耕作和葡萄种植的一种神话解释，却为秘仪在埃琉息斯的起源时间提供了重要的线索。

二 外来因素的融入

任何宗教文化绝不是与世隔绝地单一发展，不可避免地要受到其他文化的影响。埃琉息斯秘仪的产生绝非本土因素的单一性发展，而是在希腊本土文化的基础上，吸收了外来宗教文化的某些因素，是希腊本土文化和外来文化交融发展的一种必然的结果，这种融和不仅表明了希腊文化兼收并蓄的特性，同时也是古希腊社会历史发展的产物。地母崇拜和自然崇拜在古代世界民族中具有普遍性，正是这种文化土壤成为秘仪产生、发展的温床。然而，在历史发展进程中，埃琉息斯秘仪又不断地吸收新的因素，这充分体现了埃琉息斯秘仪的兼容性。

（一）埃及因素

第一，埃琉息斯秘仪神话可能是对埃及伊西斯、奥西里斯秘仪神话母题的改造。神话是原始思维的产物，是原始人的观念、信

---

① Apollodorus, 3.14.7.

仰、生活习惯等一种象征性语言，是离奇、怪诞的，古老的。神话并非一成不变，进入文明时代以后，人们不断地对神话进行整理、改造，使之符合文明时代的要求，因此，神话又在不断地创新。埃琉息斯秘仪的神话不仅反映了神话的古老，也体现了神话的创新。如前所述，得墨忒耳与珀尔塞福涅两位女神具有远古的希腊本土渊源，因此，神话中的女神是古老的，但关于这两位女神的秘仪的神话却是对埃及伊西斯、奥西里斯神话的改造。《荷马致得墨忒耳颂歌》向我们讲述了埃琉息斯秘仪的神话，主要包括宙斯与哈迪斯的阴谋、少女神珀尔塞福涅的被劫、得墨忒耳的四处寻找、女神获知真相的抗议、少女神的失而复得、秘仪的建立等。简言之，也就是阴谋—被劫（磨难）—寻找—失而复得，这与埃及伊西斯和奥西里斯神话极为相似。奥西里斯因为被自己的兄弟阴谋设计遇害而死，他的妻子伊西斯悲痛欲绝，四处寻找，最后将他尸体的碎片缝合到一起，奥西里斯死而复生。秘仪中的两位女神虽然是古老的，但秘仪的神话却是公元前7世纪的作品，而埃及的秘仪神话要比埃琉息斯秘仪神话久远得多。而且，早在爱琴时代，古希腊便与近东邻近地区，包括美索不达米亚、小亚细亚、叙利亚、巴勒斯坦、埃及等地有密切的往来。克里特岛上王国在其历史上的早期曾直接或间接地受到过来自北非或者安纳托利亚的文化的影响。[①] 这使双方的交流与相互模仿吸收有了可能性，因此，埃琉息斯秘仪与埃及秘仪的相似性绝非偶然，是希腊人将伊西斯与奥西里斯的神话移植到两位女神身上，并在希腊本土神话的基础上加以改造。这种移植与改造主要体现在：其一，将奥西里斯被阴谋陷害、死而复生和阴间统治者身份的神话移植到珀尔塞福涅身上；其二，将伊西斯的悲伤、漫游寻夫移植到得墨忒耳身上。事实上，古希腊神话的母题深受东方文化影响的例子还有很多，例如，关于双生子的神话、天父的神话，甚至赫西俄德《神谱》里的故事也是东方的舶来品，王朝的更

---

① ［英］唐纳德·麦肯齐：《克里特岛迷宫》，余瀛波译，新世界出版社2006年版，第203页。

第二章 埃琉息斯秘仪的起源(公元前2000—前1200年)

替、老神和新神之间斗争的主题在赫梯、阿卡德人、埃及人的神话故事里都有,是赫西俄德加工了这些神话。希罗多德认为,古希腊的神秘仪式、风俗、神、神话等都是埃及传入的,在希罗多德看来,宙斯就是埃及的阿蒙,狄奥尼索斯就是埃及的奥西里斯,得墨忒耳就是埃及的伊西斯。他说:"可以说,几乎所有神的名字都是从埃及传入希腊的。我的研究证明它们完全是起源于异邦人那里的,而我个人的意见则是,较大的一部分则是起源于埃及的。"① 事实上,在文化交融中,古希腊宗教难以避免地要受埃及宗教的影响。在那些埃及神中,希腊人自古风时代以前便给予伊西斯和奥西里斯特殊的关注。这两个神的身份与得墨忒耳和狄奥尼索斯一样,从一开始便得以确立。到了希腊化时期,埃琉息斯秘仪对埃及秘仪也产生了极大的影响。托勒密时期出现了塞拉皮斯,即奥西里斯—阿皮斯崇拜,说明了古希腊文明与埃及文明的共融。可见,在历史发展过程中,古希腊与埃及的宗教一直在相互借鉴和学习,甚至彼此融合到一起。

第二,埃琉息斯秘仪宣扬的来世幸福观可能深受埃及人死后来世观的影响。埃琉息斯秘仪的神话中,珀尔塞福涅由于吃了冥府中的石榴籽而不得不每年三分之一的时间住在地府,余下的三分之二时间才能与母亲得墨忒耳相聚。这种一个活人访问死人世界或是吃那里的食物,便不能返回地上世界的观念,深受埃及人死后灵魂信仰的影响。古埃及人相信,在他们去往灵魂世界的路上,死者的灵魂会遇到一位女神(Hathor Nouit 或 Nit),② 她为他或她提供水果、面包和水,如果他们接受了这些食物,那么他们将无法再返回地上世界。而且,埃及人在现世时便开始为来世做准备,他们相信来世的生活是现世的一种延续,死亡并不是生命的终结,很多人都期盼能在来世过上幸福快乐的日子。金字塔的修建和木乃伊的制作是埃及人来世幸福观的真实写

---

① [古希腊]希罗多德:《历史》第二卷,王以铸译,商务印书馆2005年版,第133页。
② 埃及神话中牛头人身的司爱情及喜悦的女神、爱神。

照。埃琉息斯秘仪的来世幸福说可能吸收了埃及人的这种古老的来世观，与希腊本土文化上的神秘女神崇拜相结合，最终形成了有别于东方的入会即能得救的来世观。法国著名启蒙学者伏尔泰也认为，古希腊的秘仪深受东方宗教的影响，尤其是波斯的琐罗亚斯德秘仪和埃及的伊西斯秘仪的影响，他在其名作《风俗论》中说道："这种千年之后死而复生的说法从此传给了埃及人的学生希腊人，又传给了希腊人的学生罗马人。"①

（二）北部色雷斯因素

色雷斯人是生活于巴尔干半岛东部的一个混合型民族，早在公元前2000—前1000年时，他们便与希腊人有密切的往来。据考古发现，埃琉息斯最早的居民可能是色雷斯人，而其周边也有色雷斯人定居的痕迹。因而，色雷斯与希腊文化的相互影响也是情理之中。色雷斯人体格健硕，骁勇善战，战神阿瑞斯崇拜和酒神狄奥尼索斯崇拜就源自色雷斯。饮酒之风在色雷斯极为盛行，这种浓郁的酒文化促生了含有野蛮因素的狂欢仪式，埃琉息斯秘仪深受这种色雷斯文化的影响。在色雷斯，酒甚至被当成了巫师所用的幻觉剂，他们一般饮用自制的葡萄酒和大麻啤酒，有时也吸食某种大麻烟。② 大麻和酒都能催生幻觉，令人心醉神迷，纵情狂欢。而在埃琉息斯秘仪中，幻觉剂的使用就是源自色雷斯人的这项习俗。《荷马致得墨忒耳颂歌》在讲述女神到了凯留斯家中后，拒绝一切舒适的东西，坐在较破旧的椅子上，不吃不喝，以此来表达她内心的悲伤和愤怒；后来梅塔尼拉为她准备了甜美的酒，遭到了女神的拒绝，她吩咐他们将混有不含酒精的薄荷的食物和水给她饮用，梅塔尼拉按女神吩咐混合了甘露并给了她，后来，这种混有幻觉剂的食物被奉行为女神的圣餐。③ 这种有魔力的混合饮料的饮用，是埃琉息斯秘仪仪式最重要的一部分，以此来纪念女神的悲伤。而且，这种混合饮料也是随后仪式中母女团聚时入会者狂欢活动

---

① ［法］伏尔泰：《风俗论》（上册），梁守锵译，商务印书馆1996年版，第86页。
② 参见沈坚《上古色雷斯人风习管窥》，《华东师范大学学报》（哲学社会科学版）2002年3月第34卷第2期。
③ Homeric Hymns, 200 – 210.

的催化剂。

　　总之，秘仪并不是古希腊社会的特有现象，在以农业为主的古代社会具有普遍性。它反映了人们对农业丰产的渴望，源自人们面对自然力量无法驾驭的一种恐惧，是由以农耕为主的社会经济条件决定的。埃琉息斯秘仪的产生，又确实受到了东方宗教尤其是埃及宗教中某些神秘的和死而复生的观念的影响。在其形成过程中，又广泛吸收了克里特宗教、色雷斯的文化因素，这是文明之间交融、碰撞的必然结果。埃琉息斯秘仪虽然糅合了多种周边民族文化的成果，但其发展过程中形成了自己的特点。它被纳入了雅典官方宗教中，逐渐发展成为具有世界意义的宗教；不受家庭、氏族、阶层规定限制，可根据自己的意愿选择的仪式。它持续时间之久、会众之多、影响之深，是其他秘仪所不能及的。埃琉息斯秘仪的产生说明了在古希腊历史文化发展背景下多种文明的融合。其宗教文化上的外来影响需要通过内因来起作用，即它仍需植根于古希腊社会历史土壤之中才能茁壮成长。总之，埃琉息斯秘仪是古希腊农业社会经济发展和政治历史演变的必然产物，是内外因共同作用的结果。

第三章 埃琉息斯秘仪的演变（公元前1200—公元395年）

埃琉息斯秘仪产生于约公元前15世纪，起初只是一种地方性祭仪，后来逐渐发展成为一种泛希腊性的仪式，许多入会者从希腊世界各地涌来。那么，它是如何发展成为在古代世界具有特殊意义的宗教仪式呢？本章将对埃琉息斯秘仪发展过程及其演变特征进行重点论述。

第一节 埃琉息斯秘仪的发展（迈锡尼时代末期—荷马时代）

一 秘仪在埃琉息斯本地的存在和延续

迈锡尼文明（公元前1600—前1100年）从公元前13世纪开始以后逐渐走向衰落。古希腊的神话传说含蓄地展现了此时生产萎缩、经济衰退、王朝更迭频繁、战争相继的画面。其中最著名的事件就是荷马笔下的希腊同盟与小亚城市特洛伊之间的战争。这场战争持续长达10年之久，迈锡尼诸邦虽取得了胜利，但也因此元气大伤，一蹶不振，这为北方的多利亚人南下提供了可乘之机。在公元前12世纪左右，他们逐步征服了中部希腊和伯罗奔尼撒各国，迈锡尼文明宣告灭亡。此后，希腊进入所谓的"黑暗时代"，整个希腊处于动荡不安的状态。修昔底德说，在特洛伊战争前，希腊人总处于飘移不定的状态，"就是在特洛伊战争以后，希腊居民还是在迁动的状态中；在那里，经常有迁徙和再定居的事，因而没有和平发展的机会。经过很久

第三章 埃琉息斯秘仪的演变(公元前1200—公元395年)

之后,希腊军队才从特洛伊回来。这一事实的本身就引起许多变化。几乎所有的城市都有党派的斗争;那些被放逐而流亡的人建立了新的城市。特洛伊陷落后六十年,近代的彼奥提亚人被帖撒利人驱逐出阿尼而定居于现在的彼奥提亚地方,这个地方过去叫作卡德密斯。再过二十年后,多利亚人和赫丘利的子孙们占领了伯罗奔尼撒半岛"[1]。

然而,在位于中部希腊的阿提卡半岛,迈锡尼文明的传统得以保持下来。据修昔底德记载,埃琉息斯及其所在的阿提卡并未被多利亚人入侵,避免了被毁坏的命运,成为迈锡尼移民的集中迁徙地。[2] 埃琉息斯免遭侵略的历史现实为其文化尤其是埃琉息斯秘仪的延续发展创造了条件。公元前13—前8世纪是埃琉息斯秘仪承上启下、连续发展的重要时期。虽然这一时期埃琉息斯流传下来的文字史料极为贫乏,但考古发掘的成果[3]却可证明上述观点。

据米劳纳斯著作中的考古研究成果,埃琉息斯神庙在这一时期幸存下来,荷马时代大量具有宗教特征建筑的出现证实了秘仪发展上的连续性:一、神庙建筑中挡土墙及其支撑的平台是在迈锡尼时代原有的得墨忒耳神庙基础上建立的。据米劳纳斯的考古发现,"在挡土墙外清晰可见的烟火的浓重痕迹明显说明在楼梯和墙附近这一区域,纪念得墨忒耳和科瑞的献祭曾举行了很长一段时间。而在墙下面的填充物符合最晚的迈锡尼陶器和原始几何陶风格。所以,挡土墙及其靠它支撑的平台,一定是以先进的几何陶样式建立在迈锡尼时代和荷马时代"[4]。二、半圆形神庙的建造。在荷马时代,一个更大的建筑物取代了迈锡尼时代得墨忒耳神庙的中央大厅B。"腓力奥斯(Philios)发现的墙的断片立于前一时期的填充物和遗存上,填充物和与之一起被发现的断片及其建造的方式表明它与荷马时代末期挡土墙是同时代

---

[1] [古希腊]修昔底德:《伯罗奔尼撒战争史》,谢德风译,商务印书馆2006年版,第12页。

[2] [古希腊]修昔底德:《伯罗奔尼撒战争史》,谢德风译,商务印书馆2006年版,第3页。

[3] 由于现实条件所限,本章所涉及的神庙考古方面的信息主要是依据希腊考古学家米劳纳斯的《埃琉息斯和埃琉息斯秘仪》(*Eleusis and the Eleusinian Mysteries*)。

[4] Mylonas: *Eleusis and the EleusinianMysteries*, p.57.

的。其所属的建筑必是位于由挡土墙做支撑的平台上。这个断片所属的建筑必有相当大的范围，用作宗教用途，因为平台挡土墙前方的献祭遗存说明了其神圣性。所以它属于位于平台上的某一神庙。神庙的样式可能是半圆形的或椭圆形的或圆形的。具有多边形样式的平台与神庙相适合，而半圆形的神庙在晚期几何陶时期相当流行。那个半圆形的神庙覆盖了先前被扩大的迈锡尼神庙所有区域，庇西特拉图时期的柱廊位于其底部平面上。"① 神庙的扩建，说明在这一历史时期入会者人数的增加。但入会者的范围到底是仅限于埃琉息斯人还是包括其他希腊人，仍无法得知。三、圣屋建筑的出现。这个建筑位于得墨忒耳神庙外，挨着公元前4世纪圣地围墙的南部，属于荷马时代晚期。"它位于神庙南门前方从北向南朝向的平台上，由三个挨着的房屋组成。南面的房间，其最大宽度是2.75米，被墙分成两个隔间。在那两个较小的房间里发现了许多装满灰的花瓶，显然是献祭的残余。"② 1952年，考古学家们又发现了一个类似圣屋的建筑物：一个坑和一些小房间。灰烬覆盖着整个地面，属于迈锡尼时代晚期到荷马时代末期。这个建筑物似乎与《荷马颂歌》中的卡利克鲁斯井（Callichoron）有关，那些灰烬可能与在井附近举行的庆典献祭相关。③

从上述考古发掘成果可知，在迈锡尼末期—荷马时代，埃琉息斯神庙的建筑风格继承了迈锡尼建筑的某些特色，与荷马时代其他建筑的样式相吻合，因此，从神庙建筑风格上来看，在这一时期，埃琉息斯秘仪并没有出现文化断层，而是继续发展。同时，神庙及其周边建筑的增建，说明在这一时期圣域范围的不断扩大，暗示了埃琉息斯秘仪入会者人数的增多。地面燃烧的灰烬残骸证明某种献祭的存在。以上种种迹象表明，在迈锡尼文明陨落后，在躁动不安的荷马时代，埃琉息斯逃过了被多利亚人入侵的命运，因此能在迈锡尼文明的基础上继续发展。

---

① Mylonas: *Eleusis and the EleusinianMysteries*, p. 58.
② Mylonas: *Eleusis and the EleusinianMysteries*, p. 59.
③ Mylonas: *Eleusis and the EleusinianMysteries*, p. 60.

二 埃琉息斯秘仪形式上向其他地区的传播

多利亚人的入侵,使迈锡尼文明遭遇毁灭性的打击而走向衰亡,许多迈锡尼城市被毁,因此,在公元前12世纪到前8世纪,希腊人不断到海外殖民,建立新的城市。他们在殖民过程中充当了埃琉息斯秘仪传播者的角色,将秘仪的形式带入到新的殖民地,以之为模板,建立神庙,庆祝秘仪,客观上促进了埃琉息斯秘仪的发展。在约公元前1200—前1000年间,爱奥尼亚人在米利都殖民。希罗多德告诉我们,爱奥尼亚人殖民时将埃琉息斯的得墨忒耳秘仪移植到了那里;是帕西克列斯的儿子菲利斯图斯(Phillistos)随着科德洛斯(Codrus)①的儿子涅列欧斯(Neleus)建米利都城时,修建了一座埃琉息斯得墨忒耳神庙。②据斯特拉波记载,大约在公元前11世纪中期,爱奥尼亚人在小亚细亚殖民,雅典国王科德洛斯的嫡子安德罗克鲁斯(Androclus)③创建了以弗所(Ephesos),将埃琉息斯得墨忒耳的神圣仪式引进过去,而他的后代则负责主持纪念女神的献祭。④可见,公元前12世纪—前8世纪希腊人的殖民活动促进了埃琉息斯秘仪的发展,这些殖民者在殖民活动中建立得墨忒耳神庙,举行类似于埃琉息斯的秘仪庆典,一方面说明埃琉息斯秘仪的神圣地位在这一时期已经确立,另一方面也证实了埃琉息斯秘仪当时在小亚地区的传播。

此外,在这一时期,埃琉息斯秘仪在伯罗奔尼撒也得到了广泛的传播。波桑尼阿斯对此有详细的描述。

首先,欧摩尔波斯的孙子那奥斯(Naos)在培涅俄斯(Pheneos)创立了埃琉息斯的仪式。"培涅俄斯人也建有一个埃琉息斯得墨忒耳的神庙,声称他们建立的庆典与埃琉息斯的庆典是相同的。因为他们宣称那奥斯是欧摩尔波斯的一个孙子,因德尔斐神谕来到他们中。他

---

① 派罗斯王族后裔,梅拉普斯之子,雅典第二王朝第二位君主。
② [古希腊]希罗多德:《历史》第九卷,王以铸译,商务印书馆2005年版,第666页。
③ 科德洛斯之子,小亚殖民城市以弗所的神话创建者。
④ Strabo, 14.1.3.

们在神庙旁边建立了佩特罗玛（Petroma），物如其名，由两个挨着放置的巨石组成。当每隔一年他们庆祝所谓的大秘仪时，打开这些石头，从石头外面取出涉及仪式的作品，读给被接受入会的人听，同一天夜里将之送还。培涅俄斯人在最重要的事情上也靠佩特罗玛获取誓言。"①

其次，凯留斯的兄弟第绍卢斯在克里厄（Cleae）建立了埃琉息斯的仪式。"在克里厄他们不是每年而是每四年庆祝纪念得墨忒耳的秘仪。入会仪式的祭司不是终身任职，而是在每次庆典上选出新的祭司，如新祭司愿意，可以娶妻。这不同于埃琉息斯的传统，但实际上庆典是以埃琉息斯人的仪式为模板的。弗里阿斯人（Phliasians）承认他们在模仿埃琉息斯的'活动'。他们说是凯留斯的兄弟第绍卢斯，在克苏托斯（Xuthus）的儿子伊昂（Ion）被雅典人选举为在埃琉息斯战争中的首领时，被伊昂从埃琉息斯驱逐出来，来到他们的国家并创建了秘仪，并且将此地命名为克里厄。"②

再次，考肯（Caucon）把埃琉息斯秘仪带到了美塞尼亚，后来在安达尼亚（Andania）受到了雅典神话中国王潘迪翁之子吕科斯（Lycus）的重视。"弗里乌斯（Phlyus）的儿子，考肯为波利卡恩（Polycaon）的妻子美塞尼（Messene）从埃琉息斯带来了大母神的秘仪。大母神秘仪由在考肯之后的潘迪翁的儿子吕科斯提升为较大的纪念活动，他在橡树林中净化司仪神父们，这个树林还被称为吕科斯的树林。"③

虽然波桑尼阿斯为我们提供的埃琉息斯秘仪在上述地区的创建者，多带有神话色彩，然而，他所提供的线索是不容忽视的，因为它们暗示了迈锡尼时代末期和荷马时代埃琉息斯秘仪的广泛传播与连续发展，甚至已在希腊很多地区享有盛名。

---

① Pausanias, 8.15.1–3.
② Pausanias, 2.14.1.
③ Pausanias, 4.1.5–7.

第二节　埃琉息斯秘仪的兴盛
（古风—古典时期）

　　古风和古典时期是埃琉息斯秘仪发展的重要转折阶段，这种转折体现在两个方面：一是埃琉息斯秘仪控制权转到了雅典手中，其发展兴盛与雅典城邦息息相关；二是它逐渐具有了泛希腊的性质。

　　早在迈锡尼时代，雅典与埃琉息斯之间便可能多次交战，期间虽有埃琉息斯对雅典的臣服，但秘仪的控制权仍掌握在埃琉息斯手中。如前文所述，波桑尼阿斯提及的一次双方之间的战争，发生在以欧摩尔波斯及其子伊马拉多斯为首的埃琉息斯人同以俄瑞克透斯为首的雅典人之间。在原始几何陶时期（约公元前 11 世纪左右），雅典重启阿提卡统一进程。坚持地方自治传统，拒绝承认雅典政治权威的埃琉息斯，最终被雅典武力吞并了。① 可能库隆暴动时，埃琉息斯人利用雅典人的这场内战恢复了其独立。② 梭伦在向克洛伊索斯（Croisos）讲述幸福时提到雅典与埃琉息斯之间发生过的另一场战争，他说："当雅典人在埃琉息斯和埃琉息斯人作战时，泰洛斯（Tellos）前来援助本国人，击溃了敌人并极其英勇地死在疆场之上了。雅典人在他阵亡的地点给他举行了国葬并给了他很大的荣誉。"③ 直到公元前 7 世纪时，埃琉息斯被重新并入阿提卡，与雅典间的从属关系才得以确定下来，④ 秘仪在此时也被纳入雅典官方崇拜体系之中，所有雅典人获得

---

① 王以欣：《神话与历史》，商务印书馆 2006 年版，第 397 页。
② Mylonas：*Eleusis and the EleusinianMysteries*，p. 63.
③ ［古希腊］希罗多德：《历史》第一卷，王以铸译，商务印书馆 2005 年版，第 14 页。
④ 埃琉息斯被雅典吞并的确切时间似乎存有争议，可能是在公元前 7 世纪末之前。如果从内部证据《荷马致得墨忒耳颂歌》来看，是在合并之前创作的，那么这不可能发生得更早。维拉姆维兹（Wilamowitz）说从颂歌的词语和风格来看它无疑是在公元前 6 世纪。尼尔森说因为它先于合并之前所以它极可能属于公元前 7 世纪末而非 6 世纪初。笔者赞同公元前 7 世纪这一说法。此外，在伯罗奔尼撒战争后，三十人僭主被从雅典驱逐出去，他们占据了埃琉息斯，该城在公元前 403 年再次获得了独立，但雅典人在两年内又恢复了领导权。详见色诺芬的《希腊史》（Xenophon：*Hellenica*，2.4.20 – 22）。

了共享节日庆典的权利。埃琉息斯圣殿的分支埃琉息尼翁神庙在雅典卫城的建立证实了雅典城邦对埃琉息斯秘仪的控制。它是得墨忒耳的一个神庙，有一个露天的神殿，位于雅典卫城的北侧基层上。考古中发掘出的堆积物显示它至少是早在公元前7世纪中期，或更早就已存在。所以，雅典与埃琉息斯秘仪的联系可能至少到公元前7世纪时已经存在。此后，在雅典的控制与推动下，埃琉息斯秘仪的发展进入了一个全新的阶段。

一 埃琉息斯神庙的扩建

埃琉息斯得墨忒耳神庙的不断扩建，是埃琉息斯秘仪在古风—古典时期兴盛发展的一个重要标志。因为神庙不仅是供奉神祇、存放圣物的重要场所，还是秘仪的举行地，更是入会者亲眼看见圣物的场所。所以，神庙的扩建一方面说明入会者人数不断增多，另一方面也反映了埃琉息斯秘仪的兴盛。自埃琉息斯秘仪被纳入雅典官方宗教体系后，雅典在卫城建造了埃琉息斯圣殿的分支埃琉息尼翁神庙，每年秘仪节庆时用以临时存放自圣地神庙取出的圣物。该神庙可能在雅典的地母节（Thesmophoria）、盛大的泛雅典娜节（Panathenaic Festival）中也扮演着重要的角色。但该神庙建立后可能没有经历什么大的扩建。古风—古典时期神庙的扩建主要是指埃琉息斯的神庙。

埃琉息斯秘仪声望的不断增长促使入会者数量的增加和入会仪式场所的扩大。原先的埃琉息斯得墨忒耳神庙，已不能满足不断增加的入会者的需要，因此，神庙被不断地扩建。在这一时期，雅典的政治家梭伦（Solon）、庇西特拉图（Peisistratos）、客蒙（Cimon）、伯里克利（Pericles）等都组织参与了神庙的增建。

梭伦时期，扩建了得墨忒耳神庙的平台和入会礼大厅。在梭伦支持下新建的这个神庙，最著名的就是阿纳克托隆的修建，它是只有传秘师才能进入的小型石质建筑，里面存放着得墨忒耳的圣物，因此被称为"圣殿中的圣殿"（"Holy of Holies"）。作为神秘仪式的中心，它在一千余年中一直保持神圣不可侵犯的地位。① 根据米劳纳斯的考古学成果，梭伦时期的神庙及其支撑它的平台"使用了勒斯波斯岛（Lesbos）多边形的石工技术样式（Lesbian-polygonal）；荷马时期的平台向东和向南扩大，为得墨忒耳神庙及其祭坛提供了较大的空间；在北边，几何陶时期的挡土墙东移，其长度扩展了3.50米，高度增加了2.60米。……梭伦时期的入会礼大厅正是位于这一平台上。这个神庙较低的部位是用蓝灰的埃琉息斯石头以勒斯波斯岛多边形的样式建造的。神庙的上半部分显然是用晒干的砖块砌成的。……同时，在古风时期，大约是公元前7世纪末或6世纪初，入会礼大厅的平台外建有某个小建筑，取代了几何陶时期的圣屋；还修建了一个祭坛和壁龛"②。

大致在公元前6世纪中期，梭伦时期的入会礼大厅越来越不能满足日益增多的入会者的需求。雄心勃勃的僭主庇西特拉图推动了埃琉息斯神庙的扩建及秘仪的泛希腊化。庇西特拉图时期建立了新的入会礼大厅，这个大厅被波斯人所毁，后来又在原址基础上重新扩建。③ "梭伦时期入会礼大厅所在的早期古风时代的平台，在这时向西对着山的斜坡扩建。神庙的入会礼大厅，增加了岩石凿出的台阶。不同于早期神庙的长方形设计，这一时期的入会礼大厅是方形设计，朝向大致是从东向西，在东面有门和前门廊。从门廊到内殿有三道门，每个平均1.30米宽，中间那道门的轴线正好与台阶的中部一致。内殿由上好的石灰浆巨块建成，几乎是方形的大厅（25.30米×27.10米）。房顶由一些柱子支撑着。"④ 同时，梭伦时期神庙中的"宫殿"也在原来的基础上保存下来，其所占的空间与原先的相同，但相对于这一时期神庙的整个扩建来说，这个"宫殿"的规模是有限的。

---

① Easterling, P. E. and Muir J. V.: *Greek Religion and Society*, with a Foreword by Sir Moses Finley, Cambridge; New York: Cambridge University Press, 1985, p. 90.
② Mylonas: *Eleusis and the EleusinianMysteries*, pp. 64–70.
③ Moore, Clifford Herschel: *The Religious Thought of the Greeks*, Cambridge, Harvard University Press, 1925, p. 66.
④ Mylonas: *Eleusis and the EleusinianMysteries*, pp. 78–81.

庇西特拉图时期的神庙在希波战争时被波斯人纵火而毁。毁坏圣殿的是薛西斯和玛尔多纽斯军队的士兵。据希罗多德记载，"正当伯罗奔尼撒诸将作这样的打算时，来了一个雅典人，他带来消息说，异邦人已经到了阿提卡并正在那里的全部土地上放火打劫。原来随着薛西斯穿过了贝奥提亚的军队烧掉了离开当地而到伯罗奔尼撒去的铁司佩亚人的城市以及普拉塔伊阿人的城市，然后到达雅典并把那里附近的一切都蹂躏了。……当雅典人看到异邦人登上了卫城，他们就有几个人从城上跳下去摔死了。其他的一些人则逃到内部的圣堂去避难。攀登上来的波斯人首先到门那里去把它打开并且杀死那些请求庇护的人。当他们把所有的雅典人都杀死之后，他们便抢劫了神殿，然后又把整个卫城放火烧掉了"①。当波斯人被斯巴达人击败后，"在得墨忒耳的圣林附近展开了激战，可是没有一个波斯人战死在圣域里面，或者曾进入圣域；他们大部分都是在神殿附近的圣域外面战死的"，希罗多德个人认为，"如果对上天的旨意加以判断不算是罪过的话，则这不外是女神不许他们走进去，因为他们曾经烧掉埃琉息斯地方的奉祀女神的神殿"②。

希波战争期间，波斯人毁掉了希腊多个神殿。萨拉米海战胜利后，希腊人庄严宣誓，"我不会重建任何被烧掉或毁掉的神殿，我将让它们保持现状，来提醒我们的后代子孙蛮族人的亵渎"③。但雅典卫城的埃琉息尼翁和埃琉息斯得墨忒耳神庙却是例外。埃琉息斯神庙自古以来的神圣性使雅典人不敢改变神庙的遗址，而得墨忒耳的圣物也不允许长期处于无家可归的状态。尤其是（据希罗多德）希波战争中，希腊人认为萨拉米海战的胜利是得墨忒耳赐予的，"还有另一个偶合的地方，那就是在两处战场那里都有埃琉息斯得墨忒耳的圣域。因为，像我已经提过的，在普拉塔伊阿，战斗就是在得墨忒耳神

---

① ［古希腊］希罗多德：《历史》第八卷，王以铸译，商务印书馆2005年版，第579—580页。
② ［古希腊］希罗多德：《历史》第九卷，王以铸译，商务印书馆2005年版，第652页。
③ Diodorus.

殿的近旁进行的；而在米卡列，情况也是这样"①。所以，在希腊人看来，是埃琉息斯的秘仪女神使他们获得了胜利，雅典人在神庙原址基础上扩建了庇西特拉图时期的神庙。马拉松之战的英雄米太亚得（Miltiades）的儿子客蒙（Cimon）主要组织承担了神庙的重建。普鲁塔克在《客蒙传》中说："由于出售房获品的收益，使人民能够应付财政方面的各种需要，尤其是从远征中所得的丰富财源中拨出款项修建了雅典卫城南面的城垣。据说建造那座被称为长腿的长城虽然是后来完成的，可是它的基础工程却是客蒙所巩固奠定的。这工程原来为沼泽地区所阻，他向沼泽中投放大量的碎石和沉重的石块，费用由他本人承担。他是第一个建立所谓文艺的和雅致的游览胜地来美化这个城市的人。"②

公元前479年普拉塔伊阿战争胜利到前461年客蒙被流放，可能是客蒙组织重建埃琉息斯得墨忒耳圣殿的时期。他组织修建了波斯人破坏的筑塞城墙；投资设计入会礼大厅的庭院，开始重建入会礼大厅和被波斯人所毁的圣地围墙。"残存在石头墙壁地基上的砖块被移除，墙壁地基被用来当成石灰石（Pseudo-isodomic Wall）的底部。石头横排放着，砌成的墙用来支撑神庙东庭院扩大的挡土墙，庭院则一直延伸到入会礼大厅前面。"③至于自梭伦时期以来存放得墨忒耳圣物的阿纳克托隆，是重建的第一步。"在打败波斯人后，得墨忒耳神庙的官员曾想为圣物寻找一个庇护所，客蒙则临时组织修整了庇西特拉图时期神庙的阿纳克托隆用于存放圣物。这一时期的建筑设计显然以庇西特拉图的入会礼大厅为基础，因此，建筑师们在设计中沿用了南面和北面的外墙和门廊。他们保留了旧神庙的宽度，但向西扩展了神庙的长度，约17.50米。向西的延伸是由阿纳克托隆所在的位置决定的。在新的神庙建筑中，它占据了环绕以前宫殿的一对称的区域；也

---

① [古希腊]希罗多德：《历史》第九卷，王以铸译，商务印书馆2005年版，第668页。
② [古希腊]普鲁塔克：《希腊罗马名人传》，黄宏煦主编，陆永庭、吴彭鹏等译，商务印书馆1999年版，第397页。
③ Mylonas: *Eleusis and the EleusinianMysteries*, pp. 107–108.

就是说，它是建于旧宫殿附近的。"①

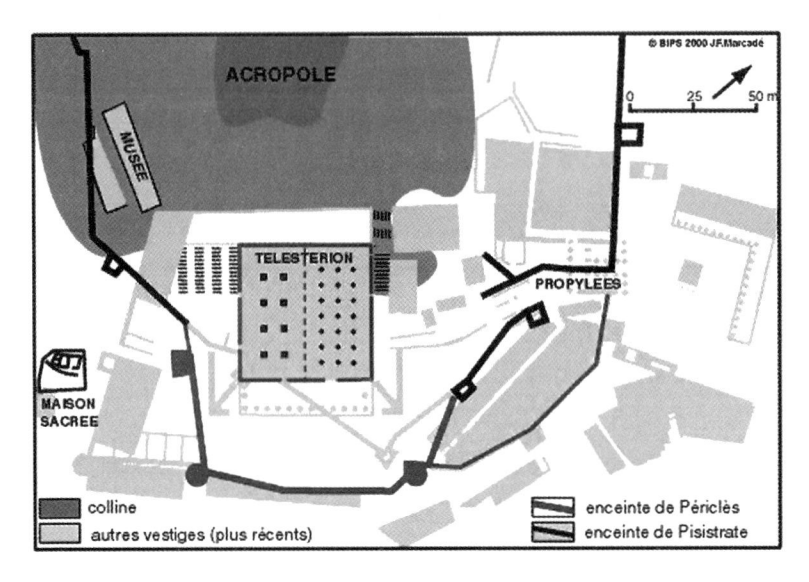

图 3.1　庇西特拉图时期和伯里克利时期圣域结构图

注：引自 http://www.uned.es。

雅典当时最著名的政治家伯里克利也参与了希波战争后的重建。在他执政时期，不仅雅典的奴隶制经济、民主政治、海上霸权和古典文化臻于极盛，而且在他的推动下，神庙建筑也进入了迅速发展的阶段，埃琉息斯的得墨忒耳神庙以前所未有的规模得以扩建。这一时期入会礼大厅可能建了两次。第一次是由伊克提诺斯（Iktinos）设计建造的。据斯特拉波和维特鲁威（Vitruvius）记载，帕特浓神庙（Parthenon）建筑者之一伊克提诺斯被委任设计新神庙。斯特拉波说："于是，人们来到了埃琉息斯城，城中有埃琉息斯得墨忒耳神庙，这所神秘圣所是由伊克提诺斯所建，足够容纳一大群观众。这个伊克提诺斯也是在卫城建立纪念雅典娜的帕特浓神庙之人，由伯里克利监督的在阿提卡市区之间的埃琉息斯工程是令人惊叹的。"② 维特鲁威在

---

① Mylonas: *Eleusis and the EleusinianMysteries*, p. 111.
② Strabo, 9.1.12.

其《论建筑》中也提及伊克提诺斯设计埃琉息斯的入会礼大厅,"在埃琉息斯,刻瑞斯和冥后的神庙,规模庞大,是由伊克提诺斯以多利亚型风格完成的,但是里面没有内柱,却有足够的空间进行传统上的献祭"①。可见,在伯里克利时期,为了满足日益增长的入会者的需求,由伊克提诺斯设计了新的入会礼大厅,这个大厅虽有足够的空间进行献祭,但是缺乏内柱,因而是不完整的建筑。考古学成果也证明了伯里克利时期埃琉息斯得墨忒耳神庙经历了两次修建,其中一处较早的神庙特征与维特鲁威的描述相符。伊克提诺斯似乎保留了客蒙时期入会礼大厅的深度,但他将神庙的宽度向南扩展了一倍。"他恢复了庇西特拉图时期建筑师的方形设计。但他似乎首次引进了位于建筑物中间上方的(屋顶上)百叶式天窗。他将内部支撑屋顶的柱子限制在每列5根柱子,共4列,20根柱子。根据他的设计,入会礼大厅由一内殿构成,从东至西其长度为51.50米,从北至南其宽度为49.45米,其西面被山腰岩石截断,其东部的围墙沿着庇西特拉图门廊的外线。在其四墙附近修建了八阶的阶梯层,比以前的要宽很多,还有6个门,除了西面外每面有2个。"②

由于伊克提诺斯的建筑设计是不完整的,这一未完成的神庙被另一完整的神庙建筑所取代。约公元前435年,建筑师科洛玻斯(Koroibos)重新设计修建了新的入会礼大厅。据普鲁塔克,埃琉息斯的入会礼大厅是由科洛玻斯开始建造的,"他在地基上竖起一根一根的柱子,在柱顶上架起横梁。他死后,由克叙佩特乡人墨塔格涅斯安上飞檐;又由科拉戈斯乡人克塞诺克勒斯总其成,在大厅屋顶上造了排气孔。③ 至于那道长墙,据苏格拉底说,他听人说是伯里克利提出方案,由卡利克拉特斯修建的"④。由科洛玻斯、墨塔格涅斯和克塞诺克勒斯建造的入会礼大厅能容纳3000人,"是一个巨大的方形大

---

① Vitruvius Pollio: *On Architecture*, 7.16.
② Mylonas: *Eleusis and the EleusinianMysteries*, pp. 114–115.
③ 指伊克提诺斯引进的百叶式天窗。
④ [古希腊] 普鲁塔克:《希腊罗马名人传》,黄宏煦主编,陆永庭、吴彭鹏等译,商务印书馆1999年版,第475页。

厅，其内部规模，从北到南其长度为51.20米，从东到西其宽度为51.55米。这个内厅的屋顶是由42根柱子支撑着，这些柱子7个一列，共6列；因此，极大地减少了伊克提诺斯设计设想出的间距，柱子的数量使克塞诺克勒斯所造的天窗位于大厅顶部的中央"①。

伯里克利时期的这一入会礼大厅沿用时间较长，直到罗马时代，其神庙建筑的发展达到了顶峰。伯罗奔尼撒战争后，希腊城邦整体上走向衰落，雅典已无力再出资修建神庙，只是对辅助建筑进行了修补。希腊化和罗马时期，埃琉息斯主神庙基本也未经历什么修建，仅是增建了许多附属建筑。因此，埃琉息斯神庙的扩建是古风—古典时期埃琉息斯秘仪发展的一个重要表现。

通过上述神庙建筑史的回顾，可以看出：其一，神庙一直处于扩建之中，表明在这一时期入会者人数的不断增长和埃琉息斯秘仪的兴盛。其二，神庙的扩建具有鲜明的时代特征和政治色彩。神庙的扩建都是在雅典城邦政府的有力支持下实现的，具有鲜明的雅典印记。

二 入会者范围的扩大

由于埃琉息斯秘仪起初只是一种地方性祭仪，加上雅典人将入会看成是一件荣耀之事，因此，他们对入会权极为珍视，庇西特拉图之前，仅向雅典人开放。随着埃琉息斯秘仪威望的不断提高，和庇西特拉图试图增强雅典在希腊世界影响力的努力，在他统治时期，秘仪向整个希腊世界开放。公元前5世纪，雅典更是放宽了加入秘仪的条件："任何没有杀戮罪的和说希腊语的人。"② 据希罗多德记载，"雅典人每年举行这一祭仪是为了崇祀母神和少女神，而不管任何一个希腊人，雅典人也好其他人也好，只要他愿意，是都可以参加这一秘仪的"③。社会各阶层都可以参加，包括本邦男性公

---

① Mylonas: *Eleusis and the EleusinianMysteries*, p. 117.
② Moore, Clifford Herschel: *The Religious Thought of the Greeks*, Cambridge, Harvard University Press, 1925, p. 66.
③ [古希腊]希罗多德：《历史》第八卷，王以铸译，商务印书馆2005年版，第584页。

民、妇女、儿童、外邦人、妓女和奴隶。神话中，得墨忒耳在埃琉息斯向凯留斯、特里普托勒姆斯、狄奥克勒斯、勇敢的欧摩尔波斯传授所有她的秘仪。根据《荷马颂歌》的作者、阿波罗多鲁斯、波桑尼阿斯等古典作家的记载，埃琉息斯秘仪都是首先向这些男性尤其是英雄们传授的，他们可以成为秘仪的祭司，尤其是担任传秘师、传令官、火炬手等要职。

同时，妇女也被允许参加秘仪。妇女不是被动的参加者，而是主动成为秘仪的中坚力量。这是因为妇女在现实中被排除在政治生活之外，在家庭和社会中地位低下，长期的压抑使得她们渴望通过这种狂欢仪式来释放自己。神话传说中凯留斯的女儿和欧摩尔波斯一起成为女神的大使。而且很多仪式活动是只允许妇女参加的，例如只有女入会者才能参与科诺福利亚节中举着神圣器皿的圣舞。

儿童也可参加秘仪，这可能与得墨忒耳为了使凯留斯的儿子德莫风永生将之放入火炉中有关。"儿童频繁地出现在酒神秘仪中，甚至在埃琉息斯每个节庆上有一个'来自壁炉的儿童'被接纳入会。"[①] 儿童入会，对他们的父母来说，是一种特殊的荣誉或献祭，而不是一种宗教的或道德的责任。因此，希腊人的整个家庭生活受到一种特殊的宗教倾向支配，每个孩子则不可避免地被纳入一种宗教体系中，在这种体系中叛教被视为比死亡更可怕的事。教育儿童惧怕和敬畏神是父母的主要责任。

此外，外邦人也可申请入会，但是，在庇西特拉图统治时期之前，外邦人入会需要和本土人建立某种亲戚关系，然后才能被接纳入会。例如前文提到的神话传说中英雄赫拉克勒斯的净化及入会，斯巴达人先祖双生子狄奥斯库里的入会等。随着后期入会条件的放宽，外邦人入会已不需要这种复杂的程序，提出申请，符合条件即可入会。

社会地位低下的妓女和奴隶也可以参加秘仪。古希腊著名的高级妓女芙丽涅和西诺普都是埃琉息斯秘仪的入会者。芙丽涅是一个来自忒斯皮埃（Thespiai）的妓女，曾入会埃琉息斯秘仪，但她可能犯了

---

① Burkert, *Ancient Mystery Cults*, Harvard University Press, 1987, p. 52.

亵渎秘仪之罪。关于此事，有两种说法。一种说法是她在参加埃琉息斯秘仪节庆期间，可能与其他入会者一起带着小猪到海中净化，但她借洗礼仪式之名，裸体从海水中出来示人，自以为美神，因此冒犯了神灵。还有一种说法是，公元前4世纪中期，她在雅典因渎神罪受到了欧西阿斯（Euthias）的控告，原因是她引进了Isodaites（后期将之视为狄奥尼索斯）崇拜。根据雅典那乌斯的记载，欧西阿斯在诉讼中说："我已表明芙丽涅是不虔诚的，她庆祝了猥亵的狂欢，她是一个新神的引进者，她召集非法的男女西雅索以（Thiasoi）集会。"① 在古希腊，法律禁止某些非官方性仪式的参加者们聚集；雅典比雷埃夫斯的一个法令更是明确禁止西雅索以在Thesmophorion的市区集会。假如有些崇拜者团体自动聚集在一起，城邦本身不禁止这样的活动。但是如果引起了相关的诉讼城邦则可以采取措施禁止。芙丽涅因此被控犯了亵渎埃琉息斯秘仪神明之罪。据说演说家希波伊迪斯（Hypereides）为其辩护。当时法庭的审判对她极为不利。希波伊迪斯在关键时候揭去了她的衣裳，露出她美丽的双乳，使在场的法官为之瞠目结舌，最后作出了无罪的判决；原因是"我们不能让世界上最美丽的女性消失"②。虽然上述对芙丽涅渎神罪的说法不一致，但是却暗示了妓女可以入会这一重要信息。公元前4世纪希腊另一高级妓女西诺普也是秘仪的参加者。她带着牺牲到埃琉息斯献祭，传秘师阿基亚斯（Archias）却为了她向神进行献祭。③ 这一事例也证明了妓女和其他所有人一样，是可以入会的。

说希腊语的奴隶也可参加秘仪，但需要已入会者的介绍，并且需要支付一定的花费。我们从一篇伪德莫斯提尼的《驳斥尼艾拉》的演说词中获知，诡辩家吕西阿斯有个奴隶爱人梅塔奈拉（Metaneira），他花钱给她买的东西都被她的女主人拿走，吕西阿斯考虑要介绍她入会秘仪，因为这样她将获得属于自己的好处并会对他心存感激。于是

---

① Athenaeus, 13.590–591.
② Matthew, Dillon: *Girls and Women in Classical Greek Religion*, p.194.
③ Matthew, Dillon: *Girls and Women in Classical Greek Religion*, p.196.

他叫尼凯莉忒（Nicarete）①带着梅塔奈拉一起来共计入会秘仪之事。②奴隶入会还要支付 30 德拉克玛或贡献牺牲，而且入会后多在神庙内从事一些不洁净的工作。据克兰伊教授，记载埃琉息斯神职人员的碑铭文献提供了相关的细节，神庙必备的工作由城邦所属的奴隶们来做。但由于还未入会者不得进入神庙，因此，他们也不得不接受奴隶入会。③"公元前 329/328 年的碑铭记载显示了发展两个奴隶入会，需要在安提斯铁里翁月的头几天，到阿格拉支付 30 德拉克玛。可能将某些祭品、（带柄和倾口的）大水罐和酒当作补偿送给奴隶们。根据公元前 327/326 年的碑铭记载，为了让 5 个男性奴隶能顺利地参加入会礼大厅内的入会仪式，先是将一只绵羊作为初级祭品献祭，接着向得墨忒耳献祭了一只绵羊，向珀尔塞福涅献祭了一只公羊。"④

三　秘仪管理机制的逐渐成熟

这一时期埃琉息斯秘仪的兴盛还体现在秘仪管理机制的成熟上。

首先是秘仪管理人员及其职能基本确定。约公元前 7 世纪，埃琉息斯秘仪成为雅典官方宗教的一部分，此后，每年由城邦负责组织秘仪的公共庆典和任命神职人员。雅典设有王者执政官专门负责处理宗教事务，他是雅典城邦的最高宗教祭司，原为王政时代的"王"，即巴塞琉斯。他们负责管理秘仪，对渎神罪的判决以及可能发生的有关某一祭祀职位的讼争均要传呈到他面前。⑤每年，雅典经平民们举手表决，从五百人议事会中选出十名监查官员，其中四名是埃琉息斯秘仪的监管者，两名选自年过三十的全体雅典人，另外两名来自埃琉息斯秘仪的两大祭司家族。⑥这些监管员主要负责献祭、谷物征收和宗

---

① 尼凯莉忒是梅塔奈拉的主人，妓女尼艾拉也是她的奴隶。
② Demosthenes：*Neaeram*，59.21.
③ Kerényi：*Eleusis：Archetypal Image of Mother and Daughter*，p.59.
④ 转引自 Kerényi：*Eleusis：Archetypal Image of Mother and Daughter*，pp.59-60。
⑤ ［古希腊］亚里士多德：《雅典政制》，日知、力野译，商务印书馆 2014 年版，第 60—61 页。
⑥ Zaidman，Louise Bruit.：*Religion in the Ancient Greek City*，Translated by Paul Cartledge，Cambridge：Cambridge University Press，1992，p.47.

教财政管理。而欧摩尔波斯家族和克里克斯家族则负责秘仪的具体细节，担任传秘师、传令官、火炬手等，他们都是由选举产生的。此外，秘仪的女祭司也是通过选举或抽签方式产生的。

其次是建立了严厉的惩罚管理机制。可能早在梭伦立法和德拉古法律中便有关于秘仪的条款，据安多基德的说法，根据梭伦立法，雅典执政官必须在秘仪举行的第二天在埃琉息尼翁神庙内碰面听取官员对节庆管理的报告。① 对渎神罪的制裁是极为严厉的，有严格的规定。渎神案件的审理由王者执政官主持，陪审员是那些参加秘仪入会仪式的人。对告发者要予以奖励，克里奥尼姆斯（Cleonymus）法令规定的奖励是 1000 德拉克玛，佩森德（Peisander）法令是 10000 德拉克玛。② 对亵渎秘仪的人则予以严惩，流放甚至判处死罪。依据古代的一条律法，在秘仪举行期间，对将橄榄枝放在祭坛上的人的惩罚是立即处死。③ 亵渎神灵的罪名一旦被判成立，他们本人的尸首被从坟墓中抛出，他们的家族被判永世放逐。④ 公元前 415 年，由于赫尔墨斯神像的损毁和秘仪的亵渎在雅典引起了多起诉讼，被卷入者或被处死或遭放逐。雅典十将军之一的亚西比德也被卷入此案，他深知亵渎秘仪罪的严重后果，于是叛逃斯巴达；雅典人缺席裁判，判处亚西比德及其同伙死刑。⑤ 同年，米洛斯人狄阿哥拉斯因在舞曲和言语中嘲弄、泄露埃琉息斯秘仪被剥夺了公民权，并受到雅典当局的控告，被判决是最不虔诚的人，虽然他逃到了亚加亚（Achaea）的培林尼（Pellene），但仍被缺席判处死罪，并悬赏通缉：杀死他的人将获得 1 塔兰特银币，将他活捉的人将获得 2 塔兰特银币。⑥ 即便是尊贵的传秘师一旦亵渎了秘仪，也必遭到严惩。如前所提的妓女西诺普到埃琉

---

① Andocides, On the Mysteries, 1.111.
② Andocides, On the Mysteries, 1.27.
③ Andocides, On the Mysteries, 1.115.
④ ［古希腊］亚里士多德：《雅典政制》，日知、力野译，商务印书馆 2014 年版，第 4 页。
⑤ ［古希腊］修昔底德：《伯罗奔尼撒战争史》，谢德风译，商务印书馆 2006 年版，第 524 页。
⑥ Aristophanes: *The Birds*, 1070–1075. Diodorus, 13.6.7.

息斯献祭，传秘师阿基亚斯执行了不属于他的职责，因此被处死。①

四 泛希腊性献祭活动的确立

埃琉息斯秘仪的兴盛还体现在泛希腊性的朝圣上，即雅典人、希腊各邦每年向埃琉息斯献祭、朝圣。我们从约公元前5世纪中期的一块碑铭中获知，每年雅典和其他城邦通过何种方式向两位女神献祭、都献祭哪些物品以及献祭的程序：

雅典人将谷物的第一批收获物献给两位女神——所收获的大麦，不少于1/600美狄姆诺；所收获的小麦，不少于1/1200美狄姆诺；如果有人收获较多或较少谷物，那么他按同样的比例献出第一批收获物。盟邦也以同样的方式献出第一批收获物，城邦选出收集谷物的代理以便以最好的方式收集谷物。当谷物征收好时，他们将谷物送到雅典，在埃琉息斯他们带着谷物将之运送给来自埃琉息斯神庙的监查官。理事会选出传令官，派他们到各城市去宣布人民的投票，无论是当前情形下还是将来都是理事会决议；传秘师和持火炬者根据祖辈的传统和德尔斐的神谕吩咐希腊人将谷物的第一批收获物献给秘仪，并在碑上刻上来自德莫长官们的由每个德莫所列的谷物的数量和来自城市的由每个城市所列的谷物的数量，他们将它放在埃琉息斯的神殿里和理事会会议室内。理事会也以任何似乎合宜的方式对所有其他希腊城邦做出声明，告诉他们雅典人和其盟邦如何献出第一批收获物，请求而非要求他们，如果他们愿意，根据祖辈的习俗和德尔斐神谕献出第一批收获物；如果有任何城邦做出捐献，监查官以同样的方式从那些城邦接受它们。此外，还要向两位

---

① Demosthenes: *Neaeram*, 59.116–117. "惩罚曾为传秘师的阿基亚斯，他因执行与我们祖辈仪式传统相悖的献祭而被宣判犯有渎神罪，这是值得雅典人思索的。该起诉讼对他的控告是：在收获季节的庆典上，他在埃琉息斯的祭坛上献祭由妓女西诺普带来的牺牲，但在那天献祭牺牲是不合法的，而且献祭也不该由他执行，而是女祭司。于是，作为具有光荣先祖的欧摩尔波斯家族的一个雅典公民，违背祖辈确立的传统应当受到惩罚；即使是亲人和朋友的申诉也不能挽救他；他本人及其先辈们为城邦所做的服务贡献不能挽救他；还有他的传秘师职位也无法拯救他；只能惩罚他，因为他是有罪的，——而这个尼艾拉，对同一位神犯了亵渎之罪，违背了法律，你们不该惩罚她和她的女儿吗？"

女神依次献祭一只有镀金角的公牛、大麦和小麦,向特里普托勒姆斯、普路托神、女神珀尔塞福涅及欧布鲁斯依次献祭全燃的牺牲;向雅典娜献祭一只有镀金角的公牛。①

  这块碑铭文献记载的内容,向我们清楚地展示了献祭的泛希腊性发展。起初,向埃琉息斯献祭的只有雅典人,随着秘仪入会者范围的扩大,尤其是在古典时期,雅典政府决定扩大献祭的范围,命令雅典的盟邦和雅典人一样将第一批收获物带到埃琉息斯。对于希腊其他城邦,雅典人则是邀请而非命令他们献祭。但希腊其他城邦仍将谷物的第一批收获物献给农业女神得墨忒耳,这实际上是遵从了德尔斐神谕的旨意,他们唯恐自己献祭上的落后会受到神谕的惩罚。公元前4世纪时,即使辉煌的雅典正在走向没落,雅典人和居住在海外殖民地的雅典人也继续将谷物送往埃琉息斯。每年在埃琉息斯秘仪节庆期间,许多希腊人甚至说希腊语的外国人涌至埃琉息斯进行朝圣活动,参加秘密仪式,体验秘仪的最高潮。

  德尔斐神谕的一些内容包含了这种泛希腊性献祭。第五届奥林匹克运动会(约公元前760年)期间,一场大饥荒遍及整个希腊,希腊人求问德尔斐神谕如何终结他们的不幸,德尔斐神谕的回复是必须依靠雅典人以全体希腊人的名义在犁地季节开始前向得墨忒耳提供一种献祭。

    求谕者:希腊人和外邦人
    事件:遍及世界的灾难或饥荒
    求问:如何终结他们的不幸?
    回复:必须依靠雅典人代表他们向〔得墨忒耳〕提供犁地前的献祭。②

---

 ① IGI²76.1-46. 引自 David G. Rice and John E. Stambaugh: *Sources for the Study of Greek Religion*, p. 185。
 ② Fontenrose Joseph: *The Delphic Oracle, Its Responses and Operations with a Catalogue of Responses*, University of California Press, 1978, p. 294.

献祭在埃琉息斯举行,饥荒停止了。为了感恩,在雅典人的带领下,希腊城邦每年自发地将第一批果实献给埃琉息斯。关于雅典和其盟邦向两位女神(得墨忒耳和科瑞)献祭收获果实是德尔斐神谕传达的命令。① 希腊人向埃琉息斯献祭第一批收获物的传统,也和德尔斐神谕有关,雅典人询问命令希腊人向埃琉息斯献祭第一批收获物是否更合意,而德尔斐神谕的回复是"劝勉而非命令他们献祭第一批收获物较为合意"②。

总之,在古风和古典时期,埃琉息斯秘仪得到了极大的发展,神庙规模不断扩大,入会人数不断增多,入会者范围也逐渐扩大,任何说希腊语、未犯杀戮罪者皆可入会。秘仪的管理机制也日趋成熟,希腊人从各地涌来献祭和朝圣。埃琉息斯秘仪逐渐从一种地方性祭仪发展成为泛希腊性的、全民性的、"世界"性的仪式。

那么,是何原因促进了这种繁荣兴盛局面的出现呢? 埃琉息斯秘仪在古风和古典时期的兴盛,不仅与雅典城邦密切相关,而且与古希腊社会历史发展息息相关,是多种因素综合作用的结果。

1. 雅典城邦提供了良好的外部发展环境

雅典城邦为埃琉息斯秘仪提供了必要的发展空间。雅典城邦能够推动秘仪发展,与其施行民主政治所带来的宽松而自由的城市文化环境是分不开的。它是一个典型的民主制城邦,历经梭伦改革、克利斯提尼改革和伯里克利改革,其民主制逐渐走向成熟。特别是在伯里克利时期,雅典城市的政治生活是自由而公开的,日常生活也是如此。在这种民主的政治体制下,包括执政官在内的所有官员都是经公民选举产生的,宗教的神职人员也是经选举由城邦任命的。例如,平民会议抽签选出 10 名祭祀主持,被称为献祭监事,他们奉献由神谕指定的祭物;10 名年祭主持官,他们主持某一些献祭并主管除祭神庆典

---

① P. J. Rhodes and Robin Osborne: *Greek Historical Inscriptions* 404—323BC, Oxford University Press, 2003, p. 247.

② P. J. Rhodes and Robin Osborne: *Greek Historical Inscriptions* 404—323BC, Oxford University Press, 2003, p. 280.

外的全部四年一度的节日。① 这种民主之风和选举制度有利于埃琉息斯秘仪的传播和发展。

另外，雅典城邦经济的发展也为埃琉息斯秘仪的兴盛创造了必要的条件。经济上，农业不仅是雅典城邦社会赖以存在的基础，也是埃琉息斯秘仪赖以生存和发展的基础。秘仪与农业生产密切相关，得墨忒耳和珀尔塞福涅女神本质上都是大地女神、谷物女神，人们入会的目的除了要获得来世幸福的保证外，就是为了祈求谷物丰产。因此，尽管雅典位于阿提卡半岛的中部，境内山多地少，土地贫瘠，不利于谷物生产，自古以来雅典就面临着粮食不能自给的问题，但农业仍是其社会生产的主要部门，大多数雅典人仍从事农业活动。这就为埃琉息斯秘仪提供了发展必需的经济条件。

虽然农业发展先天不足，但雅典拥有十分优越的海岸线，工商业经济十分发达。公元前6—前4世纪，希腊世界的工业得到很大发展，尤其是在阿提卡地区，雅典城市及其外港比埃雷夫斯港的工业特别活跃。手工行业更多，更有组织和更加专门化。出现了冶金业、造船业、制陶业、建筑业、纺织业、制鞋业等多种类型的手工业作坊。工业的发达、粮食的不足以及海外的开发，促动了商业贸易的活跃，由此导致以城市为支点的市集贸易和邦际贸易的繁荣。工商业经济的繁荣发展为雅典支持埃琉息斯秘仪发展提供了必需的资金来源。特别是在伯里克利执政期间，国家收入的大部分用于发展文化事业。演剧、庆节、献祭等都是开销不菲的公众活动，需要强大的财政支持。其一部分费用就是由城邦公款支付的。伯里克利除了扩建埃琉息斯的得墨忒耳神庙外，还曾大规模地兴建雅典卫城、帕特浓神庙、赫淮斯托斯神庙、苏尼昂海神庙、大剧场、音乐厅和大型雕塑像等一大批规模宏大的公共文化工程，竭力使雅典成为全希腊最美丽的城市——"全希腊的学校"。另外，公益捐助也是埃琉息斯秘仪发展的经济来源之一，这是富裕的雅典人的义务，如演剧捐助、海军建设捐助、供应贫民粮

---

① ［古希腊］亚里士多德：《雅典政制》，日知、力野译，商务印书馆2014年版，第65页。

食捐助等。色诺芬在《经济论》中记载，苏格拉底曾提醒富有的克利托布勒斯向城市的神及他的友人们尽捐助义务："必须贡献许多丰盛的祭品，否则神和人都会找你麻烦。"① 这些捐助也是雅典城邦组织全民性宗教节日活动，如泛雅典娜节、狄奥尼索斯节和埃琉息斯秘仪等的主要经济来源。

总之，雅典城邦为埃琉息斯秘仪的发展提供了优越的环境。民主政治的建立与发展使雅典能以开明的态度来推动它的发展。工商业经济的迅猛发展则为秘仪节庆的举行和神庙建筑的修建提供了必需的资金来源。

2. 古希腊公共崇拜传统决定了秘仪的基本发展走向

古希腊的公共崇拜没有成为埃琉息斯秘仪发展的障碍，而是为埃琉息斯秘仪的独特性发展提供了深厚的土壤。这种影响主要体现在四方面。

其一，献祭的宗教传统有助于希腊人对秘仪献祭的接受和认可。希腊人对诸神是深信不疑的，向众神献祭也是普遍现象。他们认为对神和善以及随时将自己所得的一切回馈给神会使神明更加恩惠于他们。② 这种对诸神的依靠和献祭的宗教传统对埃琉息斯秘仪发展产生了重要的影响。因为它有助于希腊人对埃琉息斯秘仪的接受和认可。他们遵照德尔斐神谕和得墨忒耳女神的旨意，向女神进行献祭，以图为自己、为城邦带来更多的回馈。

其二，得墨忒耳和珀尔塞福涅崇拜在公共宗教中的普遍发展为埃琉息斯秘仪的兴盛创造了条件。如前所述，得墨忒耳是奥林波斯十二主神之一，而珀尔塞福涅在公共崇拜中也是以冥后的身份出现的。这对母女在古希腊公共宗教中都占有一席之地，因此，这种崇拜基础使人们极易接受埃琉息斯秘仪，而不需要经历那种新神的发展过程。

其三，公共宗教传统中的极乐世界观也为埃琉息斯秘仪奠定了基础。荷马并不是不知道极乐世界，只是荷马和赫西俄德笔下的极乐世

---

① Xenophon: *Economics*, 2.5.
② [古希腊] 色诺芬：《会饮》，沈默译，华夏出版社2006年版，第77页。

界，是与神有亲缘关系的特权阶级才能享受的，在那里有特权的人们会享受到永久的福乐。诸如米诺斯（Minos）、阿基里斯（Achilles）、赫拉克勒斯和海伦之流。

在《奥德赛》中墨涅拉奥斯（Menelaos）讲述海神普罗透斯（Proteus）如何预言他充满喜悦的永生：

> 宙斯抚育的墨涅拉奥斯，你已注定不是死在牧马的阿尔戈斯，被命运赶上，不朽的神明将把你送往埃琉西昂①原野，大地的边缘，金发的拉达曼提斯的处所，居住在那里的人们过着悠闲的生活，那里没有暴风雪，没有严冬和淫雨，时时吹拂着柔和的西风，轻声哨叫，奥克阿诺斯遣它给人们带来清爽，因为你娶了海伦，在神界是宙斯的佳婿。②

虽然雅典城邦公共宗教中的极乐世界需要和神族建立亲缘关系才能到达，但极乐世界对雅典人或希腊人来说并不陌生，这种宗教观念是埃琉息斯秘仪赖以发展的宗教土壤。埃琉息斯秘仪宣扬的死后极乐世界，任何入会者在死后都可以幸福地生活，这种极乐之地从大地表面的某一处转移到了地府之中，是以入会为条件的。这与荷马的极乐世界并不冲突，都强调幸福的实现需要一定的条件，前者是靠入会实现的，未入会者被排除在外；后者是靠与神的亲缘关系实现的，将普通人排除在外。因此，希腊的公共宗教并没有阻碍或排斥埃琉息斯秘仪的发展，而是为其官方化、泛希腊化和权威化提供了一定的基础。

最后，德尔斐神谕、医药神崇拜、狄奥尼索斯崇拜等推动了埃琉息斯秘仪的发展。德尔斐神谕是古希腊持续时间最长最具影响力的神谕，在古希腊乃至整个地中海地区享有盛誉，对古希腊人的社会生活、政治、思想文化等产生了重要的影响。在埃琉息斯秘仪发展的历史过程中，也得到了德尔斐神谕的多次启示。雅典人曾就埃琉息斯圣地内土地

---

① 埃琉西昂即 Elysium，是冥间的常乐世界。
② ［古希腊］荷马：《奥德赛》，王焕生译，人民文学出版社2006年版，第74页。

的使用问题询问德尔斐神谕。"向神谕询问埃琉息斯圣地内土地空闲好些还是修整神庙好些,神谕回复雅典人的是:让圣地内的土地空闲下来对他们比较好。"① 关于献祭的问题、在其他地区建立得墨忒耳秘仪的问题等都受到德尔斐神谕的影响。出于对德尔斐神谕的敬畏,在关于不准泄露秘仪的相关内容和献祭的问题上希腊人执行得较为彻底。医药神崇拜被引入到埃琉息斯秘仪中,使秘仪崇拜增添了"治愈"的功能,无论在现实还是心理层面实现了治愈——安慰,为追求来世幸福提供了依据。此外,同样是死而复生的酒神狄奥尼索斯崇拜(尤其是奥尔弗斯教)在古希腊的盛行,客观上也推动了埃琉息斯秘仪的发展。特别是酒神也被引入到埃琉息斯秘仪中,体现了古希腊秘仪崇拜的合流。

3. 城邦林立、争斗不断的基本政治格局有利于秘仪宗教理念的认同

在古代希腊,城邦就其政治意义而言首先是指高于家庭、村落、部落之上的特定人群的联合体,即公民集体。这些城邦往往都是以一个城市为中心,包括附近的若干村落,其特点之一是小国寡民。小国寡民和多元格局的城邦制度导致各城邦间战争频繁,各城邦国家为防范外敌,保持独立,都实行多神信仰,即使是十二主神在各邦崇拜的侧重点也有所不同。但希腊人都十分清楚地意识到,他们属于同一个民族、同一种文化。他们对血缘、语言、宗教和生活方式具有同一的认同。正如希罗多德笔下的雅典人所说的,"全体希腊人在血缘和语言方面是有亲属关系的,我们诸神的神殿和奉献牺牲的仪式是共通的,而我们的生活习惯也是相同的"②。这种认同也反映在他们对其他民族的态度中。希腊人把所有说其他语言的民族都称作"蛮族人"。他们认为有着古老文化的埃及人和波斯人,从本性上来说是劣等的,也是蛮族人,只有希腊人自己才是高贵的。而且在神话传说中,希腊的四大语族,即伊奥利亚人、多利斯人、爱奥尼亚人和阿开

---

① Fontenrose Joseph: *The Delphic Oracle, Its Responses and Operations with a Catalogue of Responses*, p. 251.
② [古希腊]希罗多德:《历史》第八卷,王以铸译,商务印书馆 2005 年版,第 620—621 页。

亚人的祖先都属于同一个家族，伊奥洛斯与多洛斯是大洪水后仅有的幸存者皮拉和丢卡利翁的孙子，而爱翁与阿开乌斯则是伊奥洛斯和多洛斯的侄子。奥林匹亚赛会的举行则是希腊人民族认同感的真实写照。这种民族认同感成为埃琉息斯秘仪发展的必要条件，催化了埃琉息斯秘仪中能促进统一的因素，从而有利于希腊人对埃琉息斯秘仪的接受和认可。即埃琉息斯秘仪向世人许诺的幸福是对任何愿意加入的人开放的，只需通过入会便能实现。不同于其他秘仪，埃琉息斯秘仪给予参加者的不是"救援"或"拯救"，而是"恩惠"或"幸福"。得墨忒耳赐予埃琉息斯人的除了谷物外的"另一个礼物"，是那些曾看见秘仪的人死后一种享有特权生活的许诺。这可被视为秘仪对整个希腊人的直接邀请，迎合了希腊人的民族认同观，从而有利于埃琉息斯秘仪的发展。

城邦之间的混战，尤其是伯罗奔尼撒战争的爆发及其引发的城邦危机为埃琉息斯秘仪的兴盛提供了契机。公元前431—前404年，一场"具有伟大意义"的希腊人内部大战——伯罗奔尼撒战争爆发。这场战争的特殊性不仅在于其参战城邦之多、规模之大、持续时间之久，也在于其影响之深远，它给雅典乃至整个希腊带来了灾难性的后果，然而，由此引发的社会危机却促进了埃琉息斯秘仪的兴盛。这不能不说是历史的巧合。

首先，伯罗奔尼撒战争造成农村大片土地荒芜，橄榄树和葡萄园被毁，粮食供应不足，斯巴达及其同盟在战争中不断侵占、蹂躏雅典及其同盟的土地。阿提卡地区的土地和农民受害尤重，圣地埃琉息斯也未能幸免，多次遭到斯巴达人的破坏。[1] 希腊多数地方的大部分橄榄树被斯巴达人砍伐，造成橄榄树的生产短期内根本不可能恢复（橄榄树栽种后20年才挂果，40年后才达到盛产期），这对农业生产是个致命的打击。加上许多农民因战乱和瘟疫而死亡，希腊在战争期间和战后一段时间内出现了不少荒凉无主的田地，而不少小农因战争而

---

[1] ［古希腊］修昔底德：《伯罗奔尼撒战争史》，谢德风译，商务印书馆2006年版，第136页。

破产，不得不变卖土地、甚至是卖身为奴度日。因而，古典时代后期，古希腊社会贫富分化、土地集中和农民破产现象日益严重，这使粮食本就靠外地进口的希腊几乎面临绝境。这种经济危机直接转嫁在下层民众尤其是农民身上，苦不堪言的经济状况使他们对以祈求丰产为目的的埃琉息斯秘仪更加信奉。

其次，城邦政治走向没落，城邦间战乱频繁，冲突不断，社会躁动不安，这种动荡的政治局势促使人们在精神世界中寻求新的依靠。伯罗奔尼撒战争使辉煌的雅典霸权地位轰然坍塌，然而，战乱并未因此结束，"公元前4世纪的希腊历史，充满了诸城邦之间的无穷期的战争。争夺领土，争夺奴隶，争夺市场，争夺战利品，甚至争夺将军个人的光荣，在在皆引起战事"[①]。这种无序的混乱状态加速了城邦的瓦解。城邦理想的破灭，使城邦丧失了人与神之间的媒介地位，从而人们将精神的寄托转向不受世俗身份束缚的、相对私密的、可与神进行直接交流的埃琉息斯秘仪。随着城邦政治的没落，与之相关的公共祭仪所允诺的今世的保障已失去了权威性，由此引发的信仰危机促进了埃琉息斯秘仪的发展。在奥林波斯诸神崇拜中，信奉和献祭是为了寻求神灵对现世生活的庇佑，因为死亡是不可逆转的、令人恐惧的，就连与神有亲缘关系的英雄们也难逃死亡的厄运。阿基里斯的魂灵宣称，他"宁愿为他人耕种田地，被雇受役使，纵然他无祖传地产，家财微薄度日难，也不想统治即使所有故去者的亡灵"[②]。因此，希腊人注重探求的是今生的意义，而不去幻想死后会不会到达极乐世界，会不会继续受苦难，更不会有赎罪的荒谬想法。这种肯定现世、忽视来世的宗教观，在古典时代后期受到了质疑。因为对诸神的敬畏和信奉，并未使希腊人摆脱战乱和瘟疫所带来的巨大灾难："他们认为敬神和不敬神是一样的，因为他们看见好人和坏人毫无区别地一样死亡。至于违犯人为的法律，没有一个人预料他能够活到受审判和处

---

① [苏联] 塞尔格叶夫：《希腊史》，缪玲珠译，高等教育出版社 1955 年版，第 371 页。

② [古希腊] 荷马：《奥德赛》，王焕生译，人民文学出版社 2006 年版，第 213 页。

罚的时候；反而每个人都感觉到，对于他已经下了更为沉重的判决，正悬在他的头上，他想在这个判决执行之前，得到一些人生的乐趣，这是很自然的。"① 善者得不到酬谢，恶者得不到惩罚。因此，人们丧失了参加城邦公共祭仪的信心和热情，将幸福生活和善恶有报的期望转向了秘仪。

再次，由战争和瘟疫引发了普遍的社会心理危机和道德危机。伯罗奔尼撒战争期间，希腊人失去了起初赖以生存的生活环境，家园被毁，尸横遍野，人"像羊群一样的死亡"②，这对个人和整个社会都是剧烈的冲击。在天灾与人祸的双重打击下，希腊人的社会心理和社会风气发生了变化："人们看见幸运变更得这样迅速，这样突然，有些富有的人忽然死亡，有些过去一文莫名的人现在继承了他们的财富，因此他们现在公开地冒险做放纵的行为，这种行为在过去他们常常是隐藏起来的。因此，他们决定迅速地花费掉他们的金钱，以追求快乐，因为金钱和生命都同样是暂时的，至于所谓荣誉，没有人表示自己愿意遵守它的规则，因为一个人是不是能够活到享受光荣的名号是很有问题的。"③ 社会心理和社会道德观的转变使人的自私、邪恶、脆弱展露无遗，这种对现世疾苦的无助，促使人们选择许诺来世幸福的埃琉息斯秘仪。

第三节 埃琉息斯秘仪的蜕变与衰落 （希腊化—罗马时期）

希腊化和罗马时期，没落的雅典城邦已无力再去支持埃琉息斯秘仪的发展。马其顿和罗马的统治者接任了推动秘仪发展的工作，客观

---

① ［古希腊］修昔底德：《伯罗奔尼撒战争史》，谢德风译，商务印书馆2006年版，第160页。
② ［古希腊］修昔底德：《伯罗奔尼撒战争史》，谢德风译，商务印书馆2006年版，第158页。
③ ［古希腊］修昔底德：《伯罗奔尼撒战争史》，谢德风译，商务印书馆2006年版，第159—160页。

第三章 埃琉息斯秘仪的演变（公元前 1200—公元 395 年） 151

上使埃琉息斯秘仪的传统能得以延续。然而，这些统治者们引起了埃琉息斯秘仪的蜕变，为其衰落埋下了祸根。

一 马其顿、罗马统治者对秘仪传统的破坏

希腊化和罗马时期，埃琉息斯秘仪受到了权贵或帝国统治者们的青睐。在他们的介入下，埃琉息斯秘仪的仪式发生了某些变化。

第一，王权崇拜被引入埃琉息斯秘仪。

马其顿国王德米特里奥斯统治的 20 年是埃琉息斯秘仪发展演变的最重要时期。秘仪的传统因德米特里奥斯而被中止或改变，因为他在同一天内完成了一般入会者需要十天才能完成的入会礼。这是雅典城邦没落的最佳写照，它已无力去惩罚破坏传统之人，相反还要接纳他的入会。

在公元前 302 年，当德米特里奥斯在撤军行经雅典时，他渴望参加埃琉息斯秘仪的入会仪式，不顾一切地强迫雅典人使他符合历法和祖辈传统发展他入会；当时是谋尼克翁月（Mounychion），雅典人被迫将该月先命名为安替斯铁里翁月使他参加小秘仪；然后再将该月命名为鲍厄特龙庙翁月使他入会了大秘仪。① 正如西方学者米卡尔森所说的，德米特里奥斯作为一个凡人来说，渴望入会埃琉息斯秘仪并不令人惊讶，但是他修改秘仪的时间表以使自己适合入会的要求，却是前所未有的。② 这是德米特里奥斯逐渐将自己神圣化的一个表现。他将自己看成是雅典的一位神。某位神想入会参加另一神的秘仪是不常见的，根据古希腊的神话传说，奥林波斯诸神中只有"旧的"狄奥尼索斯实行了大母神秘仪的入会礼。显然，德米特里奥斯将自己看成是狄奥尼索斯。

此外，他还通过对雅典谷物的控制来建立自己与得墨忒耳及其秘仪的关系，以此使自己神化。德米特里奥斯可能认为自己的名字与得墨忒耳的名字类同，并且是具有相似的功能。因为他能够像得墨忒耳

---

① Plutarch：*Demetrius*, 26.
② Mikalson：*Religion in Hellenistic Athens*, University of Callifornia Press, 1998, p.89.

一样向雅典人提供谷物。在公元前307/6年,他的父亲向雅典运送了150000美狄姆诺谷物;德米特里奥斯则在公元前295/4年向雅典运送了100000美狄姆诺谷物。① 雅典那乌斯描述了德米特里奥斯和得墨忒耳在大秘仪期间来到希腊人中:"献给城邦最伟大和最敬爱的神灵,献给将幸运带来这里的得墨忒耳和德米特里奥斯。她来执行珀尔塞福涅的神圣仪式。作为一位神,德米特里奥斯以英俊、微笑和欢乐的形象出现。"② 这说明德米特里奥斯已被完全神化了。

可见,德米特里奥斯时期,雅典城邦已无力维护自己的传统,埃琉息斯秘仪的传统在政治王权之下被迫改变。他在埃琉息斯秘仪中加入王权神化的崇拜因素,这在客观上加强了秘仪的政治性,使它逐渐沦为一种服务于政治统治的工具。虽然在德米特里奥斯下台后,雅典人曾一度要恢复埃琉息斯的古老传统,却也仅是流于形式。这种影响一直持续到埃琉息斯秘仪的衰落。

从公元前287/6年德米特里奥斯的下台到克里蒙尼迪亚战争③(Chremonidean War)爆发(公元前267/6),雅典人主要致力于恢复在德米特里奥斯控制下受损的仪式、神灵和节庆。神圣的德米特里奥斯在雅典支持者的帮助下,逐渐将自己渗入到许多主要的崇拜中,例如雅典娜普里奥斯(为较温柔的雅典娜女神)(Polias)、狄奥尼索斯(Eleuthereus)和埃琉息斯得墨忒耳崇拜。④ 尽管雅典人试图恢复受损的埃琉息斯秘仪,然而其结果是失败的。因为德米特里奥斯统治的20年产生了重要的影响。它已不是一种简单的仪式恢复,其背后隐藏着复杂的政治历史恢复,而这是与时代发展不相符合的。在具体实施中,这种改革或修复不是即刻进行的,在公元前287/6年德米特里奥斯只交出雅典城,埃琉息斯仍处于他的控制下。没有被解放的圣

---

① Plutarch: *Demetrius*, 34.4.
② Athenaeus, 6.253.
③ 公元前267或前266年,过去最大的几个城邦,领导发起反对马其顿统治的起义,是为克里蒙尼迪亚战争,战争中雅典和斯巴达与埃及的托勒密二世联盟,自称为希腊诸城的自由斗士。但几乎没有城市参加起义。雅典人英勇作战,但终因粮草不足于前262年向马其顿投降。直至前229年才又重获独立;此后以中立政策保持其自由。
④ Mikalson: *Religion in Hellenistic Athens*, p.105.

地，恢复也只是空谈。在收复失土之前，雅典人是无法庆祝秘仪的。处于马其顿驻军"保护"下的埃琉息斯秘仪，极可能成为一种为政治服务的工具。雅典直到公元前284/3年才收复了埃琉息斯，但最后仪式的修复则因为克里蒙尼迪亚战争的爆发和雅典的失败以及向马其顿大军的投降而中断。

在罗马时期，由于深受德米特里奥斯时期的影响，王者神化成为埃琉息斯秘仪中的一个普遍现象，甚至是皇帝的爱人都能享受此等殊荣，足见其浓烈的政治工具色彩。罗马共和国时期著名政治家苏拉入会了埃琉息斯秘仪。① 叛教者朱里安皇帝年轻时入会埃琉息斯秘仪。在马克西姆斯（Maximus）的帮助下，朱里安在其20岁时秘密地在以弗所入会。他入会埃琉息斯秘仪并获得了神圣特权，后来他热情地邀请埃琉息斯的祭司长到高卢宫廷，通过神圣的仪式和献祭使其神化的目的得以实现。这些仪式在深洞中以黑夜沉静的方式举行，并且也要求入会者谨慎而保守秘仪不可亵渎的秘密。② 同时，罗马统治者们的皇后们也跻身于秘仪神化之列。"首先是萨比娜（Sabina）③，然后是芳丝蒂娜（Faustina）④ 被命名为Demeter the Nea，甚至还定期举行一个名为安提诺亚（Antinoeia）的年轻人的节庆，以纪念哈德良的爱人安提诺乌斯（Antinoos）⑤，他的神像可能竖立于神庙的外部庭院中。皇帝奥勒留更是获得了前所未有的荣誉。他成为克里克斯家族的一位

---

① Plutarch：*Sulla*，26.1.
② Gibbon Edward：*The History of the Decline and Fall of the Roman Empire*，William Pickering，London，D. A. Talboys Oxford，1895，p. 133.
③ 尼禄的皇后。
④ 她是哲人皇帝奥勒留（161—180年在位）的美人皇后，放荡出轨。
⑤ 安提诺乌斯（110/5年—130年），他在124年罗马皇帝哈德良途经卑斯尼亚省时追随哈德良，在此后不久成为哈德良的爱人。还有一种说法是哈德良在整个帝国内甄选美少年，安提诺乌斯获选。根据哈德良自己的说法，130年10月，安提诺乌斯在陪伴其巡游尼罗河时因意外落水而亡，但有人认为安提诺乌斯可能死于政治目的、自杀、谋杀或宗教献祭。在他死后，哈德良陷入悲痛之中，并以其所能做到的一切方式来缅怀安提诺乌斯，城市以他的名字命名，奖章上刻有其头像，帝国多处场所竖立了他的雕像。哈德良还仿照亚历山大大帝纪念娈童的方式，宣布安提诺乌斯为神，并在卑斯尼亚、曼提尼亚、阿卡迪亚以及雅典等地建立多处神庙。现在的安提诺波利斯城（Antinopolis）就是哈德良在其溺水处所建的城市。

神职人员；他不是传秘师甚至不是欧摩尔波斯家族的成员，但他被允许进入阿纳克托隆，他是在埃琉息斯秘仪的漫长历史中唯一一个进入圣地密室的世俗人。"① 这说明，在罗马帝国时期，王权或政治已经严重影响了埃琉息斯秘仪的传统。

第二，私人出资献祭。

社会政治环境的变化，引起了仪式细节上的某些改变。按埃琉息斯人和雅典人的传统，代表城邦和人民的献祭是由国家公费出资的，但在希腊化和罗马统治时期，秘仪的献祭和其他一些活动是由私人出资的，因为雅典城邦已无力承担。公元前284/3 年奥林匹克运动会的主持人腓力彼得斯（Philippides），"为了人民的利益拿出自己的钱向神献祭祖辈的祭品，向所有雅典人奉献所有的竞赛，并且首先准备了得墨忒耳和珀尔塞福涅的秘仪庆典以庆祝人民的自由"②。在公元前267/6 年，雅典与德米特里奥斯的儿子安提格诺斯二世贡那特（Antigonos Ⅱ Gonatas）之间的克里蒙尼迪亚战争爆发后，主要由秘仪的监查官代表城邦和人民的利益，自费向得墨忒耳和珀尔塞福涅献祭。③ 此后，监查官向其监管的活动捐献大量钱财发展成为一项传统。在公元前150 年左右，城邦可能一度恢复了为献祭提供资金，佩里西德（Perithoidai）得莫的亚里斯德克勒斯（Aristocles），自公元前183 年任传秘师以来，受到了欧摩尔波斯家族的颂扬，因为他使失效多年的登记费相关的事务得以规范化，并使城邦为献祭提供资金。④

第三，秘仪主祭司的神圣化。

埃琉息斯秘仪主祭司们地位的神圣性提高是罗马时期秘仪发生变化的另一重要表现。一是传秘师对入会者资格决定权高于王权。据苏埃多尼乌斯，皇帝尼禄曾申请入会埃琉息斯秘仪，但却不想去埃琉息斯参加仪式庆典，被传秘师直接拒绝入会。⑤ 二是禁止提到传秘师的

---

① Mylonas: *Eleusis and the EleusinianMysteries*, pp. 161 – 162.
② Mikalson, Jon D.: *Religion in Hellenistic Athens*, p. 107.
③ Mikalson, Jon D.: *Religion in Hellenistic Athens*, p. 106.
④ Mikalson, Jon D.: *Religion in Hellenistic Athens*, p. 286.
⑤ Suetonius, Nero, 34.4.

名字。前文提及的 hieronymy 制度，适用于传秘师、传秘师助理、得墨忒耳的女祭司和火炬手。德莫斯提尼的演说词中提到了传秘师阿基亚斯（Archias）的名字；伊赛俄斯（Isaeus）的演说词中，提到了传秘师拉克拉提德斯（Lacratides）的名字。① 但是，在罗马时期，提到上述祭司们的名字都是犯了该罚的重罪。所以传秘师阿波罗尼奥斯（Apollonios），在其雕像基座所刻的警句里要求入会者和人们不要询问他的名字，因为他说他的名字遗失在从事的圣职上，——"神秘的法律使它漂浮到海中"②。欧那庇厄斯告诉我们，他被埃琉息斯最后的合法传秘师发展入会秘仪，但"我不能提到那时的传秘师的名字。只要说他是发展我入会的那个人和他的祖先可追溯到欧摩尔波斯家族就足够了"③。这一制度似乎是罗马帝国时期政治与宗教相互利用的结果。因为随着社会历史的发展，传秘师的合法与否，似乎已不是古风、古典时期那样，选自欧摩尔波斯家族，通过选举或抽签任命。欧那庇厄斯暗示了在帝国时期，传秘师的合法与否还需得到皇帝的认可，即传秘师或其他主祭司虽也是来自两大家族，但人选还需获得统治者的批准，这样才是合法的。而统治者通过提高或保护传秘师等祭司的地位，来使他们更加臣服，以便于控制秘仪达到其政治上的目的。这与古风和古典时期雅典政府对秘仪的管理有着本质上的不同。雅典通过王者执政官、监查官等加强的是对秘仪庆典组织上的管理，对亵渎秘仪的制裁更多是来自古代的传统以及提高秘仪的整个威望。而且，在神务的具体细节上，其实是相对独立的，由两大祭司家族掌管。虽然雅典政府将之纳入了官方体系，但是政权与宗教之间并没有形成紧密的关系，或者说，秘仪庆典没有受到政治的完全控制。而罗马时期，随着雅典的没落，秘仪受到了严重的影响，政治力量强力介入，使很多传统发生了变化，神职人员的任命不再是在民主下的选举，而是需要得到官方的批准。对其主祭司们社会地位的提高和保

---

① Isaeus, 7.9.
② Lucian: *Lexiphanes*, 10.
③ Eunapios: *Lives of the Philosophers*, in Maximus, 475-476.

证，本质上是对帝国统治者管理秘仪的代理人的保证，这说明，在罗马帝国时期，埃琉息斯秘仪已丧失了其先前在秘仪管理上的独立性，沦为罗马统治者巩固统治、扩大帝国影响的工具。同时也证明，希腊的命运与埃琉息斯秘仪的命运是息息相通的，即希腊的衰落，使秘仪丧失了其自由发展的空间，而不得不沦为为政治服务的工具。

由上所述可知，希腊化时期和罗马时代前期，是埃琉息斯秘仪发生重大变化的时期。这一时期，很多信徒从希腊之外，从罗马帝国统治下各地区聚集于埃琉息斯和雅典，参加伟大神圣的仪式。尤其是许多外国统治者和权贵阶层，更是对入会充满了渴求。这种"世界性"的规模是古代其他秘仪所不具备的，这是时代的产物，是希腊化和罗马统治时期君主制发展和东西方文明融合的必然结果。

但是，马其顿、罗马统治者们的介入，破坏了延续埃琉息斯秘仪的传统。例如王者神化进入秘仪、私人出资献祭等。从政治和宗教的关系上看，埃琉息斯秘仪不似古风和古典时期那样，未与政权形成紧密的关系，而在希腊化和罗马时期，它已彻底沦为统治阶层利用的工具。当它不再具备工具的价值时，或不能更好地为政治服务时，势必要遭到政治的抛弃和时代的淘汰。

二 基督教的兴起与埃琉息斯秘仪的衰亡

进入罗马帝国统治后期，随着社会历史的发展和基督教的兴起，埃琉息斯秘仪在竞争中逐渐走向了衰亡。帝国统治者们选择了对其政治统治更为有利的基督教，在政治的强力取缔下秘仪最终走到了其生命的尽头。

基督教的兴起也象征了埃琉息斯秘仪生命末期的来临。它与埃琉息斯秘仪在吸收信徒上形成了一种竞争。虽然最初基督教遭到了罗马帝国的强力镇压，但它最终在"异教"的竞争中取胜，并赢得了合法的地位。当它能有效地为政治服务时，罗马帝国统治者毫不犹豫地采取一切异教，措施强制反对包括埃琉息斯秘仪在内的一切异教活动。西塞罗在《法律篇》中提到，罗马人曾试图废除夜间的仪式，但他说这些仪式被保留下来,因为埃琉息斯秘仪给人类带来了诸多益处。① 324 年康斯坦丁皇帝宣布基督教为罗马帝国唯一的官方宗教,此后,展开了强制取缔包括秘仪在内的一切异教。康斯坦丁和他的儿子多次下令关闭各地的神庙所,迫害异教徒。361—363 年,异教徒皇帝朱里安于 361 年 12 月 11 日在君士坦丁堡宣布复活异教信仰,埃琉息斯秘仪一度得以恢复。但他于 363 年被谋杀而亡。他死后,公元 364 年皇帝瓦伦提年一世(Valentinian)取缔一切异教,包括埃琉息斯秘仪的夜间节庆,但亚加亚的地方总督宣称人们离开秘仪无法生活时,他暂时取消了该禁令。② 公元 392 年,罗马皇帝提奥多西一世(Flavius Theodosius)③ 颁布法令,关闭一切异教神庙,基督教正式被定为帝国国教。米兰主教阿姆布罗修斯(Ambrosius)开始摧毁当地所有的神庙,基督教神甫带领狂热的人群冲击埃琉息斯的得墨忒耳神庙,试图公开打死神庙传秘师奈斯托里乌斯和普里斯库斯(Priscus),埃琉息斯神庙被关闭。最终,在 395 年,哥特人阿拉里率部下洗劫埃琉息斯神庙,并放火焚毁,标志着埃琉息斯秘仪历史命运的终结。

在埃琉息斯秘仪发展的末期,它显然还受到了外来秘仪的影响,尤其是密特拉教。密特拉教起源于印度和波斯的密特拉神崇拜,该神在被希腊和罗马文化接受后,形成了一种新的神秘主义宗教,即密特拉教,是东西方文化交融发展的产物。它与埃琉息斯秘仪类似,其祭礼主张秘密举行,但是是在洞穴内,其教导只有在传授中才给予。不同的是,它具有极大的排外性,完全将妇女拒之门外。在罗马帝国时期,密特拉教得以迅猛发展,它与罗马军团密切相关,主要从罗马帝国的士兵、商人和官员中吸收信奉者。康茂德皇帝和 3 世纪危机时的那些士兵们都十分青睐密特拉教,它在军队中尤为流行,成为士兵的

---

① [古罗马]西塞罗:《国家篇·法律篇》,沈叔平、苏力译,商务印书馆 2005 年版,第 203 页。
② Moore, Clifford Herschel: *The Religious Thought of the Greeks*, Cambridge, Harvard University Press, 1925, pp. 65 – 66.
③ 提奥多西一世(347—395 年),出生于基督教家庭,是罗马帝国的皇帝,392 年统治整个罗马帝国。他是最后一位统治统一的罗马帝国的皇帝,并将基督教定为国教。

普遍信仰，并扩展到莱茵河和不列颠等帝国的边陲之地。密特拉教在罗马帝国内的普遍盛行，给埃琉息斯秘仪的发展带来了极大的影响。在埃琉息斯女神神庙旁，建立了一座巨大的密特拉神庙，这说明，在这一时期两位女神的独有圣地遭到了密特拉神的挑战，他在这里获得了与两位女神相当的合法地位。这是埃琉息斯秘仪走向衰落的一个重要标志。而且，埃琉息斯秘仪最后一位传秘师竟然是个密特拉教徒，这也再次证明了密特拉教对埃琉息斯秘仪衰落的影响。据欧那庇厄斯记载，他本人由欧摩尔波斯家族最后一任合法的传秘师发展入会，这位传秘师奈斯托里乌斯预言了埃琉息斯神庙的毁灭和整个希腊世界的终结，他在欧那庇厄斯面前预言，在他之后将有一个传秘师，这个传秘师无权接近传秘师的宝座，因为他献身给密特拉神，不配主持秘仪节庆；并称他是一个篡权者，是从忒斯皮埃（Thespiai）来的密特拉教徒。尽管他不是雅典公民，可是他将成为秘仪的主宰者。至于神庙，也将被毁掉，在奈斯托里乌斯死之前两位女神的崇拜就要终结，而被剥夺荣誉的他，既不能继续当传秘师又将活不长了。①

是何原因促使延续近两千年的埃琉息斯秘仪走向衰落呢？最根本的是因为随着社会历史的发展，埃琉息斯秘仪在竞争中丧失了其为社会、政治服务的价值，而任何宗教，一旦对社会、政治有用，必定能发展兴盛起来；反之，则势必会走向衰落。此外，与基督教相比，它本身固有的局限性也使其难以继续在新的历史条件下生存下去。

首先，埃琉息斯秘仪的广泛性和社会性是有限的，不具备普世意义。这主要体现在两方面：一是信众不具备普世性。虽然它也标榜向所有愿意参加的人开放，但实际上只向会说希腊语和希腊人中未犯杀戮罪的人开放，将所谓的蛮族人排除在外。随着罗马帝国范围的不断扩大，这种狭隘的民族主义不适合维护帝国统治的需要，因而，它势必要遭到历史的淘汰。此外，埃琉息斯秘仪在希腊语世界内部虽是全民性的，但奴隶和儿童的入会也是受到了限制的。奴隶的入会需要付出一定的代价，即 30 德拉克玛，而他们被允许入会往往是去做些不

---

① Eunapios: *Lives of the Philosophers*, in Maximus, 475 – 476.

洁净的工作。入会的儿童则多是选择名门望族。因此,从信徒的社会基础上看,埃琉息斯秘仪缺乏广泛的社会基础。二是埃琉息斯秘仪所崇拜的神祇不具备普世性。得墨忒耳和珀尔塞福涅两位女神,是具有血缘关系的希腊人或会说希腊语人的专有神灵,她们不受其他种族或国家的民众朝拜,无法在不同语言、不同种族的国度里找到她们的信徒。基督教与之相比,则更具普世意义,它不分语言、种族、出身,更有利于维系罗马帝国内部的统一。基督教的信仰在《圣经·旧约》中一开始便提出,上帝创造了所有的人;而在《圣经·新约》中,其普世性更为明显,"永远的福音要传给住在地上的人,就是各国、各族、各方、各民"[①]。它打破了埃琉息斯秘仪的狭隘民族主义,在共同的信仰内,没有犹太人,没有希腊人,没有罗马人,而那些所谓的外邦人也被视为是可以成为上帝的子民,而未被称作是蛮族人。基督教的上帝也不再是犹太民族所专有的崇拜对象,其神性、功能和权柄具有超国家和超民族的普世性。

其次,埃琉息斯秘仪缺乏固定的组织团体,因而在社会上缺乏强有力的凝聚力。秘仪成长于城邦制度环境之下,深受古希腊城邦制的影响。它虽被纳入了雅典官方崇拜体系而在希腊赢得了正统的合法地位,但是它没有像奥尔弗斯教那样形成一定的教派团体——西雅索以。入会者只需在秘仪庆典期间去参加朝圣即可,向女神们奉上自己的献祭。他们并没有额外的聚会活动,一旦庆典结束,他们如常人一般正常生活,且在生活中不需要遵循什么清规戒律。这有点类似于城邦制度中的公民兵制,战时为兵,非战时为农。而在入会仪式过程中,他们也是单独入会,而非集体入会的,因为法律禁止集体入会。因此,入会者们并没有在现世生活中形成亲如兄弟的关系,虽然他们在寻找这种关系,但是没有固定的组织团体。这就使得埃琉息斯秘仪维系社会团结的作用大大减弱。在这种社会需求下,埃琉息斯秘仪势必要退出历史舞台,让位于基督教。因为基督教在打破血缘、民族和国家的界限时,在基督徒之间依靠上帝建立了一种新的"血缘关

---

① 《圣经新约》,启示录。

系",即信奉同一位神,因为同一位神而得救,都是上帝的儿女,所以基督教会或团体内的信徒总是以兄弟姐妹相称。这种新的社会契约关系,形成了一种新的社会力量,具有维护社会稳定和统一的作用。

再次,埃琉息斯秘仪向入会者许诺的得救方式陈旧复杂,已不适合新的社会需要。秘仪强调入会即是一切,入会便能得救,虽不要求入会者像奥尔弗斯教徒那样过节制、禁欲、素食等苦行生活,但在入会过程中是伴随着一定的附加条件的。每个入会者都要向女神们献祭牺牲,祈祷,表演女神的神话故事,体验女神的生与死,并且他们还要向神职人员支付费用,大约每个入会者需要花费15德拉克玛,奴隶入会则需要花费30德拉克玛。经过上述复杂程序和净化、禁食等仪式后,入会才能实现,得救才能实现。然而,随着古典后期,尤其是希腊化时期以来战乱的频繁加剧,使得古希腊的经济遭受了巨大的打击,贫富分化也日益严重,就连城邦本身也无力再出资提供献祭,只能依靠富裕公民的捐助,所以,入会所付出的代价愈发成为下层民众的负担。这种"代价沉重"的得救方式越来越不能满足下层穷苦大众的需要。而基督教向人们许诺的得救方式则适合社会各阶层,即信仰基督救赎与因信得救。任何人,不论种族和阶级,只要信仰基督耶稣是为赎人类之罪而献身,并因此而成为拯救人类的救世主,就能得到上帝的拯救与赐福。《新约》中,神说:"你们得救是本乎恩,也因着信。这并不是出于自己,乃是神所赐的;也不是出于行为,免得有人自夸。"① 这句话道出了因信得救的真谛,即得救是因为上帝之恩,因为对上帝之信,而不是出于行为。可见,基督教打破了其他宗教需靠大量献祭方能赎罪、祈福的传统,它更多强调的是精神上的信,这使任何人都易于皈依和接受,尤其是对生活在社会下层的人来说,经济已不再是他们得救的障碍。

最后,埃琉息斯秘仪没有文字教义或圣书存在,也没有四处传播教义的专门祭司,这也是其不能继续发展的重要原因。埃琉息斯秘仪没有成文的律法或教义传承下来,传秘师的秘法是一代代口传下来

---

① 《圣经新约》,以弗所书。

的，有严格的保密性。文字圣书或教义的缺乏，使人们对秘仪的理解只能依靠模拟表演和传秘师的讲解，而未入会者根本没有机会去了解其中的奥义。它的祭司们也没有像奥尔弗斯教祭司那样，到处传播秘仪，他们地位尊贵，只负责仪式上的细节，并没有充当宗教的传播者。人们对秘仪的了解，往往是来自一种约定俗成的"强制性"文化传统，在这种条件下，入会的选择性并不是基于对其奥义的理解，相反，是通过入会才能理解奥义。因此，埃琉息斯秘仪在发展上必然要受到限制，尤其是在罗马帝国后期，因文字教义和传播者的缺少，使其丧失了争取信徒的机会。基督教则不然，它有自己的教义教规，有自己的圣书，更拥有一批热忱的传福音者，因此，基督教与埃琉息斯秘仪相比，更为成熟。

总之，在罗马帝国后期，埃琉息斯秘仪走向衰亡并非偶然，乃是社会历史发展及其自身局限性演变的必然结果。它在组织上、教义上、社会基础上等有诸多不足，说明其仍是一个不成熟、不完善的宗教体系，当它无法适应时代发展又丧失了其改革原动力时，势必要被另一种宗教所取代。

第四章　埃琉息斯秘仪的影响

在古代社会历史中，宗教几乎一直位于上层建筑的顶端，通过宗教观念与仪式支配着人们的精神和活动。因此，宗教的影响充斥着社会生活的各个领域。尽管埃琉息斯秘仪缺乏一定的组织团体和文字教义，但在基督教产生前的希腊世界，它仍称得上是较为成熟的宗教体系，希腊人虔诚地信仰它，它是他们宗教生活的一部分。如前文提到的，当罗马皇帝要取缔秘仪时，地方总督宣称人民离开它无法生活下去。对亵渎秘仪者的严厉处罚也证实了希腊人对秘仪的虔敬，如亚西比德和狄阿哥拉斯均因亵渎秘仪而被判死罪。不能正确评价埃琉息斯秘仪在希腊历史上的作用，就无法真正理解希腊的历史。因为作为一种宗教文化现象，它对古希腊文明乃至世界文明都产生了一定的影响。它具有近2000年的历史，拥有来自不同阶层的入会者，包括妇女、奴隶和儿童，并从一种民间地方性宗教仪式发展成为泛希腊性的宗教活动。它在一定程度上打破了国家、民族和各阶层之间的明显界限，有利于社会的和谐和民族的融合，有利于东西方文化的交融和发展；促进了戏剧的产生和发展，对哲学的发展也影响深远，并促进了希腊其他地区秘仪的兴盛。

第一节　对雅典城邦的影响

自公元前7世纪埃琉息斯秘仪被纳入雅典官方崇拜体系以来，它与雅典的民主制度、政治命运乃至整个希腊社会都是紧密联系在一起的。城邦派王者执政官和监查官负责组织秘仪的相关庆典。梭伦时期就制定了维护秘仪权威的法律，并组织扩建神庙。庇西特拉图不仅修建了神庙，还将秘仪的入会条件放宽。伯里克利时期，城邦更是花巨资大力支持秘仪的全面发展。可以说，埃琉息斯秘仪的泛希腊发展，雅典城邦政府功不可没。它在其中自觉或不自觉地扮演了组织者、推动者和保护者的角色。但不可忽视的是，每年一度的埃琉息斯秘仪反过来也对雅典城邦的内政外交产生了积极的促进作用。

一 提高了雅典在希腊世界的影响力

首先，客观上增强了雅典的经济实力。埃琉息斯秘仪与农业生产息息相关，每年由雅典人和希腊各邦献祭的谷物粮食储存于神庙内，成为城邦的后备粮源，这在一定程度上弥补了雅典农业经济的先天不足。从秘仪所崇拜的神祇来看，得墨忒耳是地母神、谷物女神，珀尔塞福涅是年轻的谷物女神、冥后，她们都是司农业之神。人们参加两位女神的秘仪，除了想要获得来世的幸福外，就是祈求谷物的丰产。因此，雅典人和希腊其他城邦每年主动将自己收获的第一批收获物献给埃琉息斯的女神们，以求神灵更多的回馈。每年由监查官负责征收谷物，储存在埃琉息斯神庙的筒仓内。在公元前5世纪时，雅典在埃琉息斯的圣域内增建了三个筒仓来储存献祭的谷物，① 足见所献祭粮食谷物之多。这些谷物由城邦控制。这在客观上促进了雅典农业经济的发展，缓解了雅典的粮食供给压力。同时，埃琉息斯秘仪也促进了雅典神庙经济的发展。因为如果五天内监查官没有征收到谷物，那么每人将负责交纳1000德拉克玛银币，而监查官以同样的方式从德莫长官们那里获得这些钱。② 这为雅典的神庙经济带来一笔可观的收入。另一方面，在秘仪举行期间，传

---

① IGI^{2}76.1-46，引自 David G. Rice and John E. Stambaugh: *Sources for the Study of Greek Religion*, p. 185。

② IGI^{2}76.1-46，引自 David G. Rice and John E. Stambaugh: *Sources for the Study of Greek Religion*, p. 186.

秘师每天从每个入会者那收取 1 奥波尔银币；传令官每天从每个入会者那里获得 1 奥波尔银币；得墨忒耳的女祭司从每个入会者那获得 1 奥波尔银币；除了 1600 德拉克玛外，所有的银币都献给两位女神。① 而这些神圣资金与雅典娜神庙的储存资金一样是受雅典控制的，是雅典神庙经济的重要来源。此外，富有公民对秘仪庆典活动的捐助，在雅典是一项较为普遍的现象，尤其是自公元前 4 世纪以来，随着雅典城邦的衰落，这种私人捐助尤为盛行，例如修建桥梁、购买马车、自费出资代表城邦献祭等，他们的捐助为城邦省下了大量开销，客观上有利于雅典国家经济实力的恢复。

其次，提高了雅典在希腊世界的威望。埃琉息斯秘仪的盛名，提高了雅典在希腊世界的影响力。得墨忒耳的圣所虽然处于埃琉息斯，但在希腊人的宗教生活中是居于中心地位的，每年举行秘仪庆典时，其他希腊城邦纷纷从各地来到埃琉息斯参加庆典。埃琉息斯是雅典领土的一部分，这就相当于向雅典寻求宗教上的领导，这在客观上提升了雅典城邦在希腊世界乃至整个地中海世界的威望。在雅典帝国的繁荣时期，雅典人通过使埃琉息斯秘仪变成希腊共同的仪式来提高雅典的地位。他们劝勉所有的希腊人像雅典人和其盟邦那样向埃琉息斯的女神们献祭。这巩固了雅典在希腊世界的优势地位。得墨忒耳派特里普托勒姆斯到世界各地传播农业和先进生活祝福的神话也表明了雅典在希腊文明中的领导地位。② 虽然伯罗奔尼撒战争使昔日辉煌的雅典帝国轰然坍塌，雅典在希腊世界政治上的发言权几乎丧失殆尽，但雅典通过对埃琉息斯秘仪的控制，依靠宗教在希腊事务上仍有极大的影响力。在公元前 4 世纪，雅典人和居住在海外殖民地的雅典人继续将谷物送往埃琉息斯，许多其他希腊城邦则仍是每年主动地将第一批收

---

① IGI²6，C，引自 David G. Rice and John E. Stambaugh：*Sources for the Study of Greek Religion*，p. 184。

② Nilsson.：*A History of Greek Religion*，Translated from the Swedish by F. J. Fieledn，Oxford，at the Clarendon Press，1956，p. 241。

获物献给埃琉息斯。①

根据色诺芬的描述，在公元前371年，卡里阿斯（Kallias）利用埃琉息斯秘仪实现了雅典与斯巴达之间的和平。他对斯巴达人说，"我们不该彼此争斗"，"因为我们知道我们的先祖特里普托勒姆斯第一个将得墨忒耳和科瑞的秘仪揭示给你们的民族英雄赫拉克勒斯和公民伙伴狄奥斯库里，②首先将得墨忒耳果实之种带给了伯罗奔尼撒。因此，你们行军毁坏赠予你们果实之礼国家的庄稼是不对的，或对我们来说否认我们将谷物赐给你们的粮食丰足也是不对的"③。

公元前117年的一个碑铭，记录了近邻同盟的某一法令，颂扬雅典人的功绩，说明了雅典在希腊世界的影响力："雅典人将人们的生活从野蛮改变成文明，通过成为第一个传授秘仪的人为人们的相互关系做出贡献，他们以此向所有人宣扬人们之中最大的好处是相互的交往和虔诚的观念。她也传授神给予他们的法律和教育；同样地传授大地果实之礼，尽管她自己独自获得它，但她还是将它的使用变成是希腊人共有的。"④

公元前367/6年的一块碑铭记载了雅典人对埃托利亚同盟（Aetolian League）的抗议，也反映了埃琉息斯秘仪对雅典政治发言权的支持。来自科菲勒（Cephale）的西奥（Theo）由于埃托利亚同盟已经接受埃琉息斯得墨忒耳和科瑞秘仪的休战，但那些宣布休战的欧摩尔波斯家族和克里克斯家族的普罗马库斯（Promachus）和厄庇基涅斯（Epigenes），却被特里克尼乌姆人（Trichonians）监禁，这与希腊人的共同法相悖，理事会立刻从全体雅典人中选出一个传令官，到埃托利亚同盟去要求释放被囚之人。⑤

---

① Price, Simon: *Religions of the Ancient Greek*, Cambridge Press, 1999, Reprinted 2003, pp. 80 – 81.
② 根据传说，特里普托勒姆斯带着得墨忒耳的神秘仪式和稼穑之术从阿提卡漫游到整个希腊。赫拉克勒斯是传说中的斯巴达国王的先祖。而狄奥斯库里、卡斯托尔（Castor）和波吕科斯（Pollux）是斯巴达人廷达柔斯（Tyndareus）的儿子。
③ Xenophon: *Hellenica*, 6.3.6.
④ Guthrie, W. K. C.: *The Greeks and Their Gods*, p.287.
⑤ Rhodes and Osborne Robin Edit: *Greek Historical Inscriptions* 404 – 323 BC, pp. 170 – 171.

二 加强了城邦的统治

埃琉息斯秘仪改善了雅典社会成员之间的关系，提高了城邦政府的威信。雅典的社会成员主要由公民、奴隶和外邦人构成，他们在社会地位和参与城邦政治、宗教生活上都是极为不平等的。公民是雅典城邦的主体，多以农业种植业为生，少数从事手工业和商业；社会地位较高，有权参与城邦的政治生活和宗教活动。奴隶和外邦人是雅典经济活动中不可缺少的部分，尤其是在雅典工商业经济发展中占有重要地位。外邦人与奴隶却被排除于城邦的政治生活与公共宗教生活之外，这严重影响了奴隶和外邦人生产和生活的积极性，社会矛盾激烈，时常发生奴隶逃跑之事。埃琉息斯秘仪起源于民间，后来被纳入了官方宗教中，标榜任何愿意加入的人都可以入会，这为奴隶和外邦人提供了一张参与城邦生活的入场券，安抚了他们的情绪，缓解了紧张的社会关系。所以，埃琉息斯秘仪改善了雅典社会成员之间对立的关系，有利于城邦政府统治的加强和城邦内部的和谐。另外，对宗教文化事业的重视也有利于公民国家精神的培育。埃琉息斯秘仪在官方提倡和支持下蓬勃发展，一方面有利于民主制的实行，另一方面将其置于国家控制下有利于通过宗教的作用使得城邦各阶层紧密团结起来。

埃琉息斯秘仪对维护雅典的政治统一也起着重要的作用。秘仪与埃琉息斯是一体的，对秘仪所有权的控制，意味着对埃琉息斯城的掌控，从而有利于维护阿提卡的政治统一。伯罗奔尼撒战争后，这种作用格外明显。色诺芬在《希腊史》中的一段记载也表明了埃琉息斯秘仪对雅典的这种影响。

嗓音优美动听的克里奥克里图斯（Cleocritus）是埃琉息斯秘仪的一位传令官，他使大家安静了下来，对雅典公民说："公民朋友们，你们为何将我们从城中驱逐出去？为何想杀死我们？我们从未做出任何伤害你们的事，还与你们共享最神圣的仪式和献祭以及最盛大的节庆，我们已成为舞伴、同窗和战友，在共同的海陆安全防御上，我们曾与你们一起勇敢地面对诸多危险，看在我们先辈们神灵的份上,看在我们亲缘关系、婚姻关系和战友关系的份上,——因为我们彼此共享了这些——在诸神和众人面前让憾事远离我们吧,不要再对你们的祖国犯罪了,不要顺服最可憎的三十人僭主政府了,他们为了谋求自己的私人利益在八个月内杀了许多雅典人,甚至比伯罗奔尼撒战争十年中死的人还多。当我们可以与公民朋友们一起生活在和平中时,这些人给我们带来了另一场战争,这场战争最为可耻和令人无法忍受,是完全邪恶的,是人神共愤的。然而,那些因我们而被杀戮的人,不仅令你们也令我们悲痛万分。"[①]

第二节　对古希腊社会文化的影响

一　增强了希腊人的民族认同感

雅典通过扩建神庙、放宽加入秘仪的条件等措施,吸引了众多希腊人前来埃琉息斯朝圣。这使埃琉息斯秘仪具有了泛希腊性,有利于希腊城邦之间关系的改善和希腊人民族认同感的增强。尤其是在大小秘仪期间,雅典派传令官四处宣布为秘仪庆典而休战。各邦一般都遵守女神们的休战原则,暂抛纷争,准备派代表团前往雅典,参加秘仪盛典。这无疑加强了城邦之间的联系,使希腊在埃琉息斯秘仪神圣节庆期间能统一在共同的宗教仪式下。通过共同宗教节日的举办,唤起希腊人的民族认同感,因为他们是同一种族,同一血缘,具有相同的文化,祀奉相同的神灵。伊索克拉底在《泛希腊集会》中颂扬了秘仪等泛希腊宗教节日对希腊的这种影响,他说:"我们应称颂伟大节庆的创办者,因为他们传给我们这样一种风俗,使我们休战议和、解除目前的纷争,使我们共同聚集在一个地方。我们共同祈祷、献祭,令我们记起彼此间的亲缘关系,令我们感到在未来彼此间应更加和善,重温旧日的友好关系,并确定新的关系,使我们这些不论是普通

---

① Xenophon: *Hellenica*, 2.4.20–22.

人,还是有特殊天赋的人都不会虚度年华。"① 可见,埃琉息斯秘仪的泛希腊性不仅对个人而且对整个希腊民族都会带来福祉,"因为秘仪触及了对所有人来说是共同性的东西"②,例如谷物、死亡。它使希腊城邦在神圣日期内"统一"到共同的旗帜下,唤起了希腊人的民族认同感,改善了希腊城邦之间的紧张关系。

二 有助于古希腊社会的安定与和谐

埃琉息斯秘仪为希腊人在城邦生活之外提供了一个新的平台,对人们的心理、情绪具有慰藉和疏导的作用。他们在秘仪节庆期间纵情狂欢,使长期的压抑和不满得以释放,入会即能在来世过上幸福生活的许诺使他们的心灵得到慰藉。通常人的心理压力来自面对自然环境或灾害时的无力感或恐惧感。埃琉息斯秘仪缓解了希腊人的这种压力,丰富了他们的生活和情感。不像普通的节庆中,男人和女人扮演不同的角色,或是有性别、地位、身份之分,埃琉息斯秘仪对于入会者是无差别对待:唯一的条件是入会候选人应该是纯净和懂希腊语的。③ 这就为希腊人尤其是妇女和奴隶们提供了新的生活空间,丰富了他们的生活和情感。柏拉图向我们描述了希腊人参加埃琉息斯秘仪的这种喜悦。④ 伯里克利在其著名的葬礼演说中说过:"整个一年之中,有各种定期赛会和祭祀;在我们的家庭中,我们有华丽而风雅的设备,每天怡娱心目,使我们忘记了我们的忧虑。"⑤ 这些祭祀活动也包括埃琉息斯秘仪。

埃琉息斯秘仪的治愈功能也起到了慰藉的作用。在古代秘仪中,神灵具有治愈功能较为普遍。例如,伊西斯女神、大母神库柏勒和酒神狄奥尼索斯,埃琉息斯的得墨忒耳同样也有治愈疾病的功能。希腊

---

① Isocrates: *panegyricus*, 43.
② Kerényi: *Eleusis: Archetypal Image of Mother and Daughter*, p. 12.
③ Price, Simon: *Religions of the Ancient Greek*, p. 102.
④ Plato: *Phaedrus*, 250.
⑤ [古希腊]修昔底德:《伯罗奔尼撒战争史》,谢德风译,商务印书馆 2006 年版,第 148 页。

神话中，疯狂的狄奥尼索斯是被秘仪女神所救，有人称之为瑞亚，有人称之为得墨忒耳，还有人说是库柏勒。《金驴记》中的鲁巧就是在得墨忒耳女神的治愈下，由驴恢复为人的。另一治愈的奇迹发生于一个忽然失明的人身上，他能看见神圣的显示。① 医药神阿斯克勒庇俄斯崇拜在秘仪节庆中的出现，更增强了希腊人面对疾病和死亡威胁的勇气。尤其是伯罗奔尼撒战争期间，瘟疫造成了大量死亡。在当时医学条件无法控制这类疾病灾害时，希腊人只能寄希望于神灵。医药神的做客，使秘仪具有了治疗的功能，有利于他们心理的安慰，具有调节心理的作用。

此外，埃琉息斯秘仪对维系人际关系起着一定的促进作用。在埃琉息斯秘仪中，"Brothers（兄弟）"（Adelphos）② 这一术语被用于那些一同接受入会礼的人。③ 柏拉图在第七封书信中提到埃琉息斯秘仪在入会者之间建立了一种不寻常的密切友好关系。他说："狄奥尼修斯试图用荣誉和金钱贿赂我再次帮助他，让我用证据和友谊来证实放逐迪翁是正确的，在这一计划上他是完全失败的。不久后，当迪翁返回祖国时，有两个来自雅典的兄弟陪伴着他，他们的友谊不是建立在哲学基础之上的，而是建立在一般的社会交往关系基础上，是建立于

---

① Burkert, Walter: *Ancient Mystery Cults*, p. 20.
② 雅典那乌斯解释了"Adelphos"即"兄弟（Brothers）"这一术语的来源。"埃比克慕斯（Epicharmus）在《逃亡者奥德修斯》（*Odysseus the Runaway*）中如此称呼公猪（Delphax）：'我在埃琉息斯给邻居看猪时，小猪离奇地失踪了；于是他说我用猪与阿卡尼恩斯（Achaeans）交换货物，他咒骂我错待了那只小猪。'阿纳希拉斯（Anaxilas）在《赛丝》（*Circe*）中也将Delphax一词当作阳性名词，但他将这一名字用于长大的肥公猪，他说：'她会将你们当中的某些人变成成排的山峰，森林里流浪的小猪，将另一些人变成豹，还有一些变成凶猛的狼或狮子。'但阿里斯托芬在《煎锅师傅》（*Masters of the Frying-pan*）中将这一词用于母猪：'或者在秋季将猪杀死取出内脏。'在《阿卡奈人》（*The Acharnians*）中也有这样的用法：'那是因为她还太小了，再长大点就会长出尾巴，就会变大、变肥和变红。因此如果你愿意的话就喂养她，我相信你将会获得一只漂亮的猪。'欧波里斯（Eupolis）在《黄金时代》（*The Golden Age*）中也这么说，希波纳克斯（Hipponax）用了这个词的阴性词：'像一只以弗所人的（Ephesian）猪。'可能只有女性被称为Delphakes，因为她们有子宫（Delphyas），因为子宫也被称为Delphyas，而Brothers（Adelphoi）一词就源自于它。"Atheanaeus: *The Deipnosophistae*, 9. 374 – 375.
③ Burkert, Walter: *Ancient Mystery Cults*, p. 45.

相互招待和共享宗教与神秘仪式庆典基础之上的。于是，在这种情况下这两名兄弟陪伴迪翁返回家乡……"① 斐洛（Philo）虽没有明确提及埃琉息斯秘仪的这种社会关系，但暗示了入会者被鼓励去寻找社会关系："如果你遇到任何一个入会者，要缠住他，紧紧抱住他，至少要弄清楚你尚未获知的秘密；直到你获得了全部的内容才让他离开。"② 这里的入会者应该也包括埃琉息斯秘仪的。埃琉息斯秘仪所提供的这种社会关系，对维护希腊人的团结和社会的稳定具有一定的意义。因为他们通过共同的信仰，找到了亲如一家的感觉，这有利于人际关系的协调发展。但由于没有明确的教义和法律保障这种关系的发展，因此，这种兄弟或友谊关系并没有形成强大的约束力，它对社会稳定的维系作用是有限的。卡利普斯（Callipus）和斐罗斯特拉图斯（Philostratus）在回归雅典途中将他们的兄弟迪翁杀害证实了这一点。③

此外，埃琉息斯秘仪引申出来的伦理准则和道德规范，为社会伦理秩序的稳定和道德的净化提供了坚实的基础。例如不伤害动物，不得犯杀戮罪等，这些是神圣的诫命和死后能否过上幸福生活的标准，埃琉息斯秘仪用其神秘主义的恐惧心加强了信徒们尊奉这些诫命的必要感。因此，从这个角度来说，它对社会道德和社会关系客观上起着维护和保障的作用。

三 促进了古希腊文化的繁荣

埃琉息斯秘仪既是一种宗教现象，又是一种历史现象，它对古希腊的文学、哲学和艺术等具有深远的影响，既促进了它们的繁荣发

---

① Plato: Letters, 7.333e. 柏拉图的书信集中文译本见王晓朝译《柏拉图全集》（第四卷，人民出版社2003年版）。此处关于"兄弟"一词的理解与该译本略有出入。王晓朝教授译文中将"兄弟"的友谊关系解释为"相互表示亲善的结果，也是加入不同秘仪的结果"（第88页）。笔者认为据罗叶布古典丛书英文译文，"兄弟"的友谊关系应是建立于共享宗教与神秘仪式基础之上。另外，根据普鲁塔克，这里的兄弟是指卡利普斯和斐罗斯特拉图斯。

② Philo: On the Cherubim, 14.

③ Plutarch: Dion, 54.

展，又制约了其发展的深度，因此，对古希腊文化来说，它是一把双刃剑。

（一）古希腊戏剧艺术的源头和土壤

埃琉息斯秘仪上的特殊表演仪式和笼罩在这一秘仪上的种种神话传说都直接影响了古希腊文学艺术的诞生。例如很多诗歌、戏剧、小说和神话传说等都是以埃琉息斯秘仪为题材的。其中它对戏剧的影响最为深远。

戏剧是古希腊文学的最高形式和最高成就。戏剧产生于狄奥尼索斯崇拜的演出，这种观点目前已得到学术界的普遍认可。我们承认酒神祭祀仪式与戏剧的产生之间存在着必然的因果关系。然而，追根溯源，它应有更为久远的源头。即古老的埃琉息斯秘仪中的一些庆典活动催生了戏剧的某些因素，而狄奥尼索斯崇拜使这些因素更为成熟，从而产生了戏剧。埃琉息斯秘仪对戏剧的这种影响，可从其崇拜本身和戏剧的概念以及包含的要素中找到依据。戏剧是综合艺术的一种，主要是由演员扮演角色，在舞台上当众表演故事情节的一种艺术。它借助文学、音乐、舞蹈、美术等艺术手段塑造舞台艺术形象，揭示社会矛盾，反映现实生活。戏剧的基本要素是矛盾冲突，通过具体的舞台形象再现社会的斗争生活，激起观众强烈的情感反应。这一定义显示戏剧包含以下四个要素：一是角色的扮演和故事情节的表演；二是借助一定的艺术手段来实现；三是激起观看者的反应；四是要有一定的矛盾冲突。埃琉息斯秘仪隐含了这些要素。

首先，埃琉息斯神秘的入会仪式包括了女神神话故事的表演，传秘师、得墨忒耳的女祭司，还有入会者扮演了神圣表演的角色，这符合戏剧的第一要素。在神圣表演中，再现了珀尔塞福涅女神的被劫、得墨忒耳女神的悲伤寻找及在埃琉息斯的拜访，母女神最后的团聚以及得墨忒耳和宙斯、哈迪斯和珀尔塞福涅的圣婚等故事情节。其次，神圣表演是伴随着跳圣舞、唱圣歌和朗诵诗歌等而进行的，往往是女入会者参与这些活动，这种对舞蹈、歌唱和朗诵的依靠，符合戏剧的第二要素。再次，埃琉息斯秘仪通过神圣表演，让入会者亲身体验女神们的喜乐悲伤，目的是为了引起他们灵魂的共鸣，从而达到与神灵合一的目的，这符合戏剧的第三要素。伴随着音乐、歌唱和舞蹈，埃琉息斯秘仪产生了具有令人印象深刻的敬畏、悲哀、绝望和愉悦感，这可能如在悲剧艺术中那样，产生一种Katharsis。① 最后，得墨忒耳向宙斯的挑战表达了一定的矛盾冲突，女神在获悉宙斯与哈迪斯的阴谋后，勃然大怒，令大地寸草不生，种子深埋在土里而不能发芽，人类面临着灭绝的危险，神也无法从人那里获得献祭。这是向传统的挑战，是母权制与父权制斗争的一个缩影。这满足了戏剧的第四个要素。

可见，埃琉息斯秘仪包含的这些神圣表演，对戏剧的产生意义重大，是戏剧的催生剂。但是，这并不等于否定戏剧起源于狄奥尼索斯崇拜。因为埃琉息斯秘仪的神圣表演在程度上尚不成熟，缺少一定的对白和专门的观众，而戏剧的观众不介入表演，只是观看者。从这个角度看，狄奥尼索斯崇拜的祭祀仪式则更具备戏剧诞生的条件。"在酒神颂歌的表演过程中，合唱队、化装表演、专业的诗人等环节都得到了全面的演练，可以说，是酒神颂歌直接孕育了悲剧的诞生。"② 所以，埃琉息斯秘仪是戏剧产生的催生剂，但是并不构成戏剧产生的必要充分条件，因而它对戏剧产生的作用只能是一种间接性影响。

埃琉息斯秘仪对戏剧的影响还表现在它成为戏剧的题材来源。亚历山大里亚的克莱门解释说："得墨忒耳和珀尔塞福涅已经成为神话戏剧的主题，埃琉息斯的人们点燃火把庆祝这位女儿的被强娶和这位母亲的悲哀寻觅。"③

但是，古希腊的悲剧在神话取材上多是以酒神为主，对埃琉息斯秘仪提及较少。欧里庇得斯《请愿的妇女》中提修斯母亲的献祭情节是取材于埃琉息斯秘仪的。索福克勒斯的《安提格涅》有对伊阿库斯神的描述，他将伊阿库斯等同于狄奥尼索斯。《俄狄浦斯在科罗诺斯》告诫人们要保守埃琉息斯秘仪的秘密，同时也表达了入会者在

---

① 卡塔西斯即拉丁文 katharsis 的音译，作宗教术语是"净化"（"净罪"）的意思。
② 魏风莲：《狄奥尼索斯崇拜研究》，复旦大学博士学位论文，第91页。
③ [古希腊] 克莱门：《劝勉希腊人》，王来法译，生活·读书·新知三联书店2002年版，第20页。

死后是会受祝福的观念。

埃琉息斯秘仪在戏剧取材上对喜剧的影响较大。阿里斯托芬是古希腊最著名的喜剧作家，他写过 44 部喜剧，流传下来的有 11 部。其中以埃琉息斯秘仪为题材的或涉及两位女神秘仪的有：《骑士》《蛙》《鸟》《云》《普路托》和《地母节妇女》。《蛙》中，克桑西阿斯、狄奥尼索斯、赫拉克勒斯、普路托和由祭祀埃琉息斯秘仪妇女组成的歌队等是主要的出场人物，剧中描述了埃琉息斯秘仪的伊阿库斯节。歌唱队歌唱着伊阿库斯的赞歌，跳着圣舞，举着火把，前往得墨忒耳那里去。这显然是取材于伊阿库斯节的游行队伍。剧中人物赫拉克勒斯对地府充满淤泥和粪便之地及光明之地的描述，显然是来源于埃琉息斯秘仪宣扬的地府观，在那里入会者欢快地生活着，而未入会者则噩运连连。

(二) 古希腊哲学思想产生的温床

宗教是哲学产生的母体，为其提供了必需的准备基础。埃琉息斯秘仪作为古希腊宗教的组成部分之一，存在长达近 2000 年之久，对当时乃至以后的哲学都产生了影响。它引发了诸多哲学家们对宗教、对死亡、对灵魂等的新的思考，促进了古希腊哲学的发展。主要体现在以下几个方面：

第一，为哲学思考提供了启示。普鲁塔克和许多柏拉图主义的作家们以埃琉息斯秘仪作为他们哲学研究的基本原则。柏拉图认为厄洛斯（Eros）带来了真正的"存在"（Being），它的启示在《宴饮篇》（*Symposium*）中已经被用秘仪化的语言描述过。在这种描述中，"初级入会者"（myein）和"完美的和高级的秘仪会员"之间的区分明显是指埃琉息斯秘仪。① 哲学家们对此进行得如此深远以至于努梅尼乌斯（Numenius）② 曾感觉他借助哲学已泄露了埃琉息斯的秘密。③ 普路撒的狄奥（Dio of Prusa）用一种复杂的明喻，来论证秘仪与宇宙

---

① Plato: *Symposium*, 209e.
② 努梅尼乌斯是新柏拉图主义者。
③ Burker: *Ancient Mystery Cults*, p. 85.

的关系:"不管是希腊人还是蛮族人,如果让他从开始到间歇休息地经历一次秘仪的过程,他就会被它的美丽和规模所征服,在突然的变化和其他数不胜数的事务发生时带来的忽明忽暗里,将看到许多神秘的景观,听到许多类似的声音,甚至,正如他们在所谓的教主就任仪式(thronismos)中所做的那样——他们让新入会者坐下,然后他们围着新入会者跳舞——如果所有这些东西正在发生时,这个人在灵魂中竟然没有体验到任何东西,他不应该去猜测正在进行的所有事情里是否包含着一些更明智的认识和计划,即使他是一个彻底的野蛮人,但这可能吗?"① 这里被指定的参照物是宇宙,即星星和太阳围绕着地球跳舞。宇宙与巨大的秘仪会堂的比较,可以追溯到居住于雅典的斯多噶派哲学家克莱恩泰斯(Cleanthes)那里,他很可能正在思考狄奥还未表述清楚的埃琉息斯秘仪。②

第二,为灵魂论提供了基础。新柏拉图主义的主要代表普劳提努斯(Plotinus)的灵魂论吸纳了埃琉息斯秘仪的信仰与观念。他认为灵魂的攀登需要卸掉一切束缚,就像要入会埃琉息斯秘仪的人那样要脱掉衣服。因为灵魂进入肉体是一种下降,也是一种罪恶。肉体既是灵魂的居住地,又是它的桎梏。"因此我们必须再次朝好的、理想的灵魂攀登。任何看见过这个的人,知道我说它是美丽的时候的意图是什么。甚至对它的渴望被想成是好的。为了获得它,那些人将走上升的路径,他们将把其所有的力量集中于它,他们将卸下盛装,而我们必须在我们的降落中穿上这些。因此,对那些接近秘仪最神圣庆典的人来说,他们必须经过净化和将先前穿的衣服脱下来,赤裸裸地进行登记,直到穿过上升的路……"③ 同时,他还以得墨忒耳女神来论证人的灵魂与大地和植物的灵魂是一致的。他认为灵魂是普遍存在于生长物的身体内的,"如果大地将所有生殖力的灵魂传送给植物,或保留它当允许其退化的器官形成其植物生长的原则时,大地即刻被赋予

---

① Dio Chrysostom, 12.33.
② Burkert: *Ancient Mystery Cults*, p.90.
③ Plotinus: *First Ennead*, 6.7.

了灵魂，就像我们的肉体一样，并且植物界拥有的任何生殖力都是属于它的赐予……大地的每个部分和成分携带着其生长原则的退化器官，整个原则的一个向下的方面不是属于这一或那一成分的而是属于整个大地的；然后按顺序是自然/本质（灵魂方面），与感觉能力有关，……因此较高级的灵魂和理智的原则，一起组成了名为 Hestia（Earth-Mind）和 Demeter（Earth-Soul）的存在——这一术语暗示了人类这些真理的直觉，被用于肯定一神圣的名字和本质的属性"[①]。不难看出，普劳提努斯的灵魂论是继承了埃琉息斯秘仪的净化灵魂才能得救的观念。

普鲁塔克也探讨了灵魂与意识和埃琉息斯女神们的关系，以及死亡后如何净化和洗罪。

> 灵魂和肉体混合的结果是非理性或情感的要素，不管意识和灵魂的结合产生的理性如何；前者是快乐和痛苦的根源，后者则是优点和缺点的根源。在这三个因素的构成中，大地供应了肉体，月亮提供了灵魂，太阳则向人提供意识以求他的后代像太阳那样为月亮自身提供光亮。至于我们停止运行的死亡，一种死亡将一个人所具备的这三个因素减少到两个，而另一种死亡将他从两个减少到一个；前者发生在大地之中属于得墨忒耳（因此"产生一种结果"被称为"致使一个人的生命给她"，而雅典人在古时称死者为"Demetrians"），后者发生在月亮之中属于珀尔塞福涅，与前者联系在一起的是陆地的赫尔墨斯，与后者联系在一起的是天上的赫尔墨斯。当这儿的女神又快又猛地将灵魂从肉体分离开时，珀尔塞福涅以温和的和缓慢的方式使意识从灵魂分离开，因此被称为单独的诞生，因为当被她分离时，人的最好的一部分独自降生。这两次分离都是以这种方式自然发生的：所有的灵魂不论具有意识与否，当它脱离肉体时注定要在大地和月亮之间徘徊但并非一直这样。不公正的和淫荡的人的灵魂要为他们的

---

① Plotinus: *Fourth Ennead*, 4.27.

冒犯赎罪；但是好人的灵魂必定是在大气中最温和的地方，他们称之为哈迪斯的草地，经过一定时间的积淀，冲洗和吹走了附着于肉体的罪恶气味的污染。①

珀尔塞福涅对灵魂的这种功能以及哈迪斯草地的比喻，显然是埃琉息斯秘仪展示给入会者的。普鲁塔克还尝试根据秘仪入会时的体验来描述想象中的死亡过程。如前文提到的，他强调的是在令人惊奇的光芒之前，出现的是令人精疲力竭和恐惧不已的景象。

苏格拉底，尤其是柏拉图的灵魂论受埃琉息斯秘仪影响最深。苏格拉底认为哲学家的灵魂与普通人的灵魂是有区别的，哲学家的灵魂能幸福地看见埃琉息斯秘仪的极乐之景。他说："曾经当与余下的快乐群体在一起时他们看到美闪着光辉。那个时候，我们哲学家的灵魂跟随在宙斯之列，其他人的灵魂陪伴着其他的神；于是我们幸福地见到过那种极乐的景象；然后我们全都参加了秘仪——这种秘仪在一切秘仪中是最幸福的；我们在还没有被罪恶沾染之前以无罪的状态庆祝秘仪，当我们被允许入会时，我们看到的是无罪的、单纯的、静谧的和快乐的幽灵，我们沐浴在纯洁的光辉之中。"② 这实际上是说灵魂至高境界的到达不仅要通过入会仪式实现，还要通过成为哲学家来实现。

尽管埃琉息斯秘仪及其所宣扬的神秘主义倾向和灵魂不死论在当时也受到了一些哲学流派或哲学家的讽刺和批判，③ 但这并没有影响大部分哲学家们对埃琉息斯秘仪的信奉和虔敬。以哲学家赫拉克利特为例，尽管他对当时古希腊各种宗教多持否定态度，但对埃琉息斯秘仪、酒神秘仪等神秘宗教却尽显虔敬之意。他在其著作中批判那些在夜间举行入会仪式的巫师们亵渎入会仪式。他说："［以弗所的赫拉

---

① Plutarch: *The Face of the Moon*, 28.
② Plato: *Phaedrus*, 250.
③ 例如犬儒派，他们对包括埃琉息斯秘仪在内的宗教的种种活动都持批判态度。雅典人曾劝第欧根尼入会埃琉息斯秘仪，告诉他入教后可以在地府中享有特权，他驳斥说："如果阿格西劳斯（Agesilaus）和伊帕米南达（Epaminondas）死后住在烂泥中，而那些无名之辈只是因为入会秘仪就住在幸福岛上，那么这真是荒谬。"关于犬儒派对希腊宗教的批判，详见杨巨平《古希腊罗马犬儒现象研究》，第106—108页。

克利特在因谁而发出预言？因〕游荡于夜间的巫师、酒神祭司、酒神崇拜者和新入会者。〔他用死后之事来威胁的正是这些人；他为这些人预言了火。因为〕人类所接受的入会仪式，他们以一种不虔敬的方式来表现（加入？）。"① 可见，他批判的不是入会仪式，而是那些以不虔敬方式表现入会的人。无怪乎格思里称赫拉克利特"是诗人，预言家和神秘宗教家"②。

爱比克泰德（Epictetus）对那些模仿埃琉息斯秘仪表面事物却错过其精神意义的人进行了严厉的批评。他说：

> 没有人从一个港口起航时，不向神献祭和祈求神的帮助的；也没有人播种前不拜访得墨忒耳的；如果一个人从事这些事时，没有寻求神灵的帮助，这些事情能顺利进行吗？而且，从事这些事的人最后成功了吗？除了亵渎秘仪之外，人还做了哪些事？你说，"在埃琉息斯有一个神庙，这儿也有一个。在埃琉息斯有一个传秘师，我也将弄出个传秘师；埃琉息斯有一个传令官，我也将确定一个传令官；在埃琉息斯有个火炬手，我也将确立个火炬手；在埃琉息斯有火把，我这儿也会有火把。话语是相同的；那么这儿所进行的事与埃琉息斯那有何不同呢？"最不虔敬的人啊，没有区别吗？这些事应该在固定的场合和固定的时间发生；那时伴随着献祭和祈祷，当一个人首先被净化时，他的思想意识倾向于认为他正接近于神圣的和古老的仪式。这样秘仪就是有用的，这样我们形成了如此的观念，即所有这些事是由古人为生命的指示和教养而建立的。但是你不合时宜地、不合地点地，并且没有献祭和净化地公布和泄露它们；你没有传秘师所穿的祭司服，没有头发，没有圣冠，没有嗓音和年龄；你自己本身还没有净化；而你却把话语留给了记忆，你说："话语本身是神圣的。"你可能

---

① 〔古希腊〕赫拉克利特：《赫拉克利特著作残篇》，14，罗宾森英译评注，楚荷中译，广西师范大学出版社2007年版，第24页。

② Guthrie: *A History of Greek Philosophy*, W. K. C. Cambridge: Cambridge University Press, 1962–1981, p. 415.

以其他的方式接近这些事情；秘仪是伟大的，它是神秘的，不是共同的东西，不能传给每个人。①

显然，爱比克泰德是埃琉息斯秘仪的虔诚维护者。甚至公元 5 世纪的哲学家普罗克鲁斯也是秘仪的卫道士，他认识埃琉息斯的传秘师奈斯托里乌斯的女儿，称羡她是最神圣传统的捍卫者。②

第三节　对其他秘仪和基督教的影响

一　对卡贝里秘仪的影响

卡贝里秘仪起源于埃琉息斯秘仪。卡贝里是双生子神，③ 他们主持萨摩色雷斯秘仪的狂欢舞。萨摩色雷斯秘仪是为了纪念得墨忒耳、珀尔塞福涅和赫卡特而举行的。希罗多德暗示了埃琉息斯秘仪与卡贝里秘仪的密切关系。他说萨摩色雷斯人从曾与雅典人居住在一起的佩拉司吉人那里学到了卡贝里仪式。④ 狄奥多鲁斯、波桑尼阿斯和斯特拉波等都有类似的论证。据狄奥多鲁斯记载，是得墨忒耳指导伊阿西翁建立了萨摩色雷斯的卡贝里秘仪。⑤ 据斯特拉波记载，伊阿西翁（Iasion）和达达诺斯（Dardanos）是兄弟，他们过去居住在萨摩色雷斯。当伊阿西翁因为冒犯得墨忒耳被霹雳击中时，达达诺斯离开了萨摩色雷斯，来到了伊达山脚下，称这座城市为达达尼亚（Dardania），

---

① Epictetus: *Discourses*, 3.21.
② Burkert, Walter: *Ancient Mystery Cults*, p.114.
③ 卡贝里也以金属工匠著称，据说是赫淮斯托斯神的儿子，他们为其父亲在 Lemnian 的锻造服务。像他们的母亲 Kabeiro 那样，这对双生子也是海神，他们保护和帮助不幸的水手。卡贝里神也被视为是科里班图斯神，包括克里特的库瑞特斯，特洛伊的 Daktyloi 和弗里吉亚人的 Kyrbantes。根据某些萨摩色雷斯人的说法，卡贝里不仅包括了赫淮斯托斯的双子，还包括了阿波罗神的儿子们 Korybantic，也被看成是狄奥斯库里。对卡贝里最早的提及是埃斯库罗斯的戏剧《卡贝里》（已遗失）。克莱门说卡贝里神就是科里班图斯，本来是三位，两位兄长杀死了他们的弟弟，因此他说秘仪就是谋杀和埋葬。
④ ［古希腊］希罗多德:《历史》上，第二卷，王以铸译，商务印书馆 2005 年版，第 134 页。
⑤ Diodorus, 5.48.2–6.

并将萨摩色雷斯的秘仪传授给特洛伊人。

诺努斯也提到了得墨忒耳秘仪对卡贝里秘仪的影响。① 波桑尼阿斯对这种关系论述得最为清晰。他说：

> 从这儿向前行进约 25 斯塔德斯，你来到卡贝里的得墨忒耳和少女神的一个小树林。入会者能够进入小树林。卡贝里的神庙离这个小树林约 7 斯塔德斯。如果我对于卡贝里是谁和纪念他们及大母神的仪式的本质是什么保持沉默的话，那么我必须请求好奇的人们宽恕我。但是没有东西能阻止我向所有人说明底比斯人所说的仪式起源于什么。他们说在这个地方曾经有个城市，其居民叫卡贝里；得墨忒耳来到这里认识了卡贝里中的一员普罗麦透斯（Prometheus）……得墨忒耳将自己的秘仪赐给了卡贝里当礼物。在继承者的承继人（Epigoni）侵略和攻占底比斯时，卡贝里被阿哥斯人从他们的家乡驱逐出去，仪式也被暂时停止执行。据说后来波特尼欧斯（Potnieus）的女儿佩拉格（Pelarge），和她的丈夫伊斯米艾德斯（Isthmiades），在这儿首先建立了秘仪，但将秘仪转移到了亚里西阿鲁斯（Alexiarus）。由于佩拉格在古代的边界外传导入会，特兰德斯（Telondes）和那些被留在卡贝里部落的人再次返回卡贝里亚。②

同时，从语言学上看，也证明了萨摩色雷斯仪式的埃琉息斯起源。第一次参加在埃琉息斯的入会仪式的人被称为 Mystai，一年以后参加仪式的人被称为 Epoptai（Viewer 观看者）。在萨摩色雷斯，相同的术语用于第一次和第二次的参加者，不同之处仅在于从初级入会者到高级入会者的间隔可能要短一些。从语言学知识来看，Mystai 和 Epoptai 术语的这种结合，仅出现在埃琉息斯和萨摩色雷斯。由于埃琉息斯秘仪经证实比萨摩色雷斯秘仪要古老得多，因此我们有理由认

---

① Nonnus：*Dionsyiaca*，30.42.
② Pausanias，9.25：5-6.

为萨摩色雷斯秘仪的术语是模仿埃琉息斯秘仪的。

二 对其他地区得墨忒耳秘仪的影响

埃琉息斯秘仪对其他地区的得墨忒耳崇拜或秘仪产生了重要的影响,是它们建立的模式或范例。如前文提到的,以弗所、米利都、培涅俄斯、美塞尼亚和安达尼亚等地的得墨忒耳秘仪都是模仿埃琉息斯秘仪的。此外,铁尔普萨(Thelpusa)的得墨忒耳崇拜也是模仿埃琉息斯的神秘仪式。波桑尼阿斯对此有详细的记载:

> 在铁尔普萨边界有一个埃琉息斯的得墨忒耳的神庙。庙内有得墨忒耳、珀尔塞福涅和狄奥尼索斯的神像。铁尔普萨人称呼女神Fury复仇女神,而安提马库斯(Antimachus)也认同他们,写了一首关于阿哥斯人反对底比斯的远征的诗歌。其诗文如下:——
>
> 他们说,在那儿,是得墨忒耳Fury的座位。
>
> 根据传说,……女神拥有名字Fury出于如下原因。当得墨忒耳漫游寻找她女儿时,据说她被爱慕她的波塞冬跟踪。于是她变成一只牝马;波塞冬意识到他被瞒骗,也变成一只喜爱得墨忒耳的种马。他们说,起初得墨忒耳对所发生的事愤怒,但不久她将她的愤怒搁置起来,希望在拉顿河中沐浴。于是女神拥有两个名字,"Fury"(复仇女神)是由于她复仇的怒火,因为阿卡迪亚人称大怒的为"Being Furious 狂怒的","Bather"入浴者(Lusia)是因为她在拉顿河中沐浴。神庙的神像是木制的,但它们的脸、手和脚是由帕罗斯(Paros)岛的大理石制成的。Fury的神像左手举着盒子,而她的右手是一个火把。①

在亚历山大里亚也有这种秘仪的存在。伊比凡尼奥斯(Epiphanios)是巴勒斯坦地区的一位主教,他描述了秘仪对埃琉息斯秘仪的

---

① Pausanias, 8.25.4–7.

模仿。"那里有一座科瑞翁（Korion）的神庙，是科瑞的一个圣域。（崇拜者们）在守夜中以向神像歌曲和吹奏长笛、唱歌度过整个夜晚……在公鸡鸣叫后，他们手里举着火把下到一地下室，从这个地下室里他们从架子上拿起一木制神像，是坐着的裸体雕像，雕像上有五个镀金的标志……他们拿着这个神像，伴随着笛声、鼓声和颂歌围着最核心的神庙转圈七次，在载歌载舞后，他们再将神像拿到地下室……他们说在这一时刻，在这一天的科瑞是处女神，她生下了艾昂（Aion）。"① 这些秘仪在亚历山大里亚一个叫埃琉息斯的地方举行，似乎亚历山大里亚的克莱门对埃琉息斯秘仪的描述就是受到这些模仿性秘仪的影响。克莱门说，我觉得"狂欢"（Orgy）和"神秘仪式"（Mystery）的说法一定是衍生的，前者来源于得墨忒耳对宙斯的愤怒（Orge），后者来源于与狄奥尼索斯有关的堕落（Mysos）。②

罗马的刻瑞斯仪式也是模仿埃琉息斯得墨忒耳秘仪而建立的。这种泛希腊的刻瑞斯仪式为妇女们所独享。埃琉息斯得墨忒耳的神话和仪式被归给了刻瑞斯。普罗塞耳皮娜（Proserpina）是珀尔塞福涅的罗马名字，取代了与早期刻瑞斯紧密相关的 Liber 和 Libera。刻瑞斯秘仪的核心神话也是普罗塞耳皮娜的被劫与婚姻，刻瑞斯的悲伤以及母女的欢乐团聚。其仪式包括每年举行的庆典和秘仪。文学中对此描述不多，秘仪也是不允许泄露的；因此秘仪的细节至今仍不清楚。有净化和禁食的初级仪式，已婚女子和少女参与重演神话；可能已婚妇女扮演了刻瑞斯的角色而少女扮演了普罗塞耳皮娜。与埃琉息斯秘仪不同的是，刻瑞斯的秘仪将男子和年龄小的人都排除在外。因此，它未获得埃琉息斯秘仪那样的声望。③

---

① Raffaele Pettazzoni：*Essays On the History of Religions*，Leiden：E. J. Brills，1967，pp. 171－172. 艾昂可能就是塞拉皮斯。艾昂在亚历山大里亚受到了专门的崇拜，这种秘仪有自己的组织和每年的重大节庆。每年在科瑞翁神庙举行纪念艾昂出生的节庆。
② ［古希腊］克莱门：《劝勉希腊人》，王来法译，生活·读书·新知三联书店2002年版，第21—22页。
③ Pomeroy, Sarah B.：*Goddesses, Whores, Wives, and Slaves：Women in Classical Antiquity*，p. 217.

三 对基督教的影响

神秘仪式对基督教有无影响一直是学术争论的焦点之一。罗马帝国时期，包括埃琉息斯秘仪在内的各种密教盛行，例如奥尔弗斯教、密特拉教等。这些神秘宗教对早期基督教产生了一定的影响。早期基督教可能吸收了柏拉图主义和奥尔弗斯教的一些观念，例如灵魂不朽说、末世论、入教礼仪的意义、耶稣基督的牧者形象等。[①] 基督教学者往往否定神秘宗教对其的影响。那么，埃琉息斯秘仪对基督教有无影响呢？笔者认为，延续了近2000年的埃琉息斯秘仪，在基督教产生前便已存在，且和基督教共同存在了几百年，对基督教具有一定的影响。

首先，埃琉息斯秘仪的蜕变与衰落客观上为基督教提供了广阔的发展空间。希腊化和罗马时期，王者崇拜的引入使埃琉息斯秘仪发生了蜕变，从而越来越远离下层民众。护送圣物的以弗比和入会儿童在这一时期大多选自雅典有名望的家族证明了这一点。埃琉息斯秘仪传统的破坏及下层社会基础的日益薄弱，使埃琉息斯秘仪不自觉地在与新的基督教竞争中尽显劣势，从而客观上为基督教提供了发展平台。

其次，包括埃琉息斯秘仪在内的神秘宗教对基督教教派的分化有着深远的影响，特别是诺斯替教派或神哲派。诺斯替其指称范围较广，包括了不同的基督教教父和学派。其最初发端于基督教外围，盛行于公元2世纪，并于135—160年达到高峰。而"诺斯替"一词源自希腊语 gnosis，意为"知识"或"智慧"。其基本思想，似乎是深受柏拉图学派、埃琉息斯秘仪、波斯拜日教和埃及伊西斯信仰等影响。他们强调一种神秘传教，自诩是针对精英分子的特殊知识，并且是比较真实和高级的秘密福音，由耶稣口传给他门徒中的核心分子。[②] 即诺斯替派自称对属灵的事有一种更深的知识，一般信徒不可能获得

[①] 杨巨平：《奥尔弗斯教及其主要影响》，《历史研究》1993年第3期。

[②] [美] 奥尔森：《基督教神学思想史》，吴瑞诚、徐成德译，北京大学出版社2003年版，第18页。

这种知识。他们将一般世人分为三类：属灵的人，乃是教会中的高级成员；属魂的人，乃是教会中的一般会友；属物质的人，乃是所有的外邦人。① 这与埃琉息斯秘仪有极大的相似性。得墨忒耳女神的奥义是通过传秘师向入会者们启示的。这是世代口传下来的，一般入会者不能获得。入会者和未入会者也与属魂和属物质的划分相符合。在关于灵魂的问题上，他们认为，物质（包括身体在内）与生俱来是囚禁灵魂的监狱，甚至是影响善良灵魂的邪恶魔鬼。现实世界是邪恶的，是囚禁人性的监牢，而精神世界则是善良的，是人们所追求的归宿。在救赎上，他们认为任何人只要参加了诺斯替派并体验了入教的秘密仪式都可以获得救赎。而救赎必须经过以下各步骤：要进入基督婚礼的奥秘，特殊的洗礼，神奥的名字以及特别的膏抹，然后才能获得永存的秘密知识，才能走向救赎的道路。② 这显然也是近乎埃琉息斯秘仪的救赎。秘仪强调入会即能得救，救赎是因为加入了秘仪，经历了神秘的入会仪式，获得了特殊的宗教体验。这些绝非是偶然的相似。因为当时存在各种不同的宗教，一般人们喜欢将各种宗教混合起来，从而出现了混合的宗教。诺斯替教派就是吸收了埃琉息斯秘仪等神秘宗教的一些观念而出现的。它反映了埃琉息斯秘仪对基督教发展的影响。

继诺斯替教派后，亚历山大的教父们也深受埃琉息斯秘仪影响。代表人物是克莱门。虽然他对埃琉息斯秘仪等密教尽显指责和尖锐的批判，但他借用了很多神秘仪式的术语，甚至用神秘教的语言描绘了整个基督救赎计划。③ 正如布特沃斯所说："教会对神秘仪式的尖锐敌意阻止了任何直接或自觉的借用；但是一旦采用了词汇，思想的内容也就一起过来了。神秘仪式一词后来用来描写基督教的圣礼，尤其

---

① ［美］伯克富：《基督教教义史》，赵中辉译，宗教文化出版社2000年版，第31页。

② ［美］伯克富：《基督教教义史》，赵中辉译，宗教文化出版社2000年版，第31页。

③ ［古希腊］克莱门：《劝勉希腊人》附录，王来法译，生活·读书·新知三联书店2002年版，第203页。

是圣餐仪式,这绝不是毫无意义的。"①

再次,埃琉息斯秘仪可能还对基督教的其他方面产生了影响。由于相关史料的缺乏,我们只能对此进行推测。一是埃琉息斯秘仪所谓的"三位一体"崇拜体系可能对基督教三位一体教义有影响。得墨忒耳、珀尔塞福涅和伊阿库斯神形成了一种三位一体的崇拜关系。得墨忒耳是"圣母",珀尔塞福涅因她而生,是"圣女",伊阿库斯则是一个精灵,一个拟人化的神,据说他也是由得墨忒耳或珀尔塞福涅生出的。从这个角度看,这三位神形成的关系最接近基督教的圣父、圣子、圣灵三位一体的教义。因为基督教产生时,埃琉息斯秘仪已经存在了千余年之久,谁也无法否认这种影响的可能存在。有人将基督教与埃及的伊西斯秘仪联系起来,认为圣母和圣子的观念是来自伊西斯和荷鲁斯。这也是不无道理的。因为犹太人曾经在埃及居住了数个世纪之久,难免要受到埃及文化的影响。但用埃及的伊西斯、奥西里斯和荷鲁斯与埃琉息斯的三位神祇来对比三位一体的教义,显然,埃琉息斯秘仪的影响要更为直接、更为恰当些。

二是可能对基督教圣餐礼仪和洗礼等的影响。在基督教中,圣餐是由上帝耶稣基督亲自设立的,源于耶稣与门徒共进最后的晚餐,他掰饼分酒给门徒时说:"这是我的身体,为你们舍的。……这杯是用我的血所立的新约。你们每逢喝的时候,要如此行,为的是纪念我。"② 因此,基督教认为,吃主的饼就是吃主的身体,喝主的酒就是饮主的血。这种观念与埃琉息斯秘仪有极大的相似性。它可能吸收了埃琉息斯秘仪中圣餐的某些观念。

圣餐的观念早在《荷马致得墨忒耳颂歌》中便已出现,据说也是由神亲自建立的。得墨忒耳女神因为失去女儿悲伤欲绝,她在凯留斯家中不吃不喝,仅是坐在简陋的椅子上发呆。"梅塔尼拉将杯中倒满甜美的酒献给她;但是她拒绝了,因为她说不允许她喝红酒,但吩咐

---

① [古希腊]克莱门:《劝勉希腊人》附录,王来法译,生活·读书·新知三联书店2002年版,第203—204页。

② 《新约圣经》,哥林多前书。

他们将混有不含酒精的薄荷的食物和水给她饮用。梅塔尼拉按女神吩咐混合了甘露并给了她。于是伟大的王后得墨忒耳接受它来奉行圣餐（圣礼、神秘的东西）。"① 所以，酒作为圣餐礼的一部分是由女神亲自设立的，并由以后的入会者效仿实行。这与基督教的圣餐极为相似。不同的是，得墨忒耳的混合饮料不是象征着她的血，入会者奉行这一圣餐是为了纪念女神的悲伤，模仿女神的行为。另外，在埃琉息斯庆典中，入会者要共同分享由大麦和小麦制成的蛋糕之类的食物。大麦和小麦，实际上相当于得墨忒耳的身体。得墨忒耳是谷物女神，在埃琉息斯主要的谷物就是大麦和小麦。因此，入会仪式中分食粮食蛋糕，就相当于吃得墨忒耳的身体。

此外，埃琉息斯秘仪可能在思想观念上、某些具体仪式上，对基督教也具有一定的影响，但由于史料的缺乏，目前尚只能限于一种推测，有待文字史料的进一步证实。

---

① Homeric Hymns, 200 – 210.

第五章 埃琉息斯秘仪与奥尔弗斯教之比较*

秘仪作为古代地中海和近东地区普遍存在的一种宗教文化现象，例如埃及伊西斯和奥西里斯秘仪、弗里吉亚大母神库柏勒和其情人阿提斯（Attis）的秘仪、波斯密特拉秘仪等，对古代地中海地区的文化交流与发展产生了重要的影响。其中古希腊的埃琉息斯秘仪（Eleusis Mysteries）最负盛名，奥尔弗斯教（Orphism）最具影响力。

埃琉息斯秘仪是约公元前15世纪产生于古希腊的一种主要以地母神得墨忒耳和冥后珀尔塞福涅为崇拜对象的神秘宗教。其神话的主题以珀尔塞福涅的被劫为基础，讲述了不同于公共崇拜中有关两位女神的神话，即得墨忒耳的漫游寻女、珀尔塞福涅的失而复得以及秘仪向埃琉息斯人的传授。它在远古的地母神、蛇女神与冥府之间建立起了密切的联系，并通过这种联系向入会者提供来世进入幸福之地生活的入场券。它向所有会说希腊语和未犯杀戮罪的人广开门户，拥有为数众多的、来自不同阶层和不同地区的入会者，逐渐从一种地方性祭仪发展成为泛希腊性的仪式，甚至吸引了一批来自希腊世界之外的信众，从而具有了一定的世界性。

奥尔弗斯教是公元前7—前6世纪出现于希腊的"一种以传说

---

* 本章内容原载于《世界宗教研究》2011年第2期。

中的诗人、歌手奥尔弗斯①为中心人物、以其诗作作为信仰活动基础的宗教"②。它以宙斯和珀尔塞福涅乱伦之子狄奥尼索斯·扎格柔斯③为崇拜对象,与酒神崇拜和巴库斯秘仪有密切的关系。但奥尔弗斯教强调通过神秘仪式净化灵魂在来世获得更神圣的存在。它以秘仪、新的创世神谱和素食主义的生活方式著称于世。这三者与城邦公共崇拜形成了一种对立的关系。因此,在希波战争后,奥尔弗斯教逐渐走向了没落,甚至受到了城邦社会上层的唾弃。但其宗教思想与观念仍持续影响着古希腊人乃至基督教。

奥尔弗斯教与埃琉息斯秘仪皆属于古希腊秘仪活动的一种,共存于同一文化体系、同一历史时期,都是要解决人死后如何生活的问题,都对古希腊文明产生了一定的影响。但二者又存在许多不同之处。它们是古希腊文明中两个既相似、又不同的宗教文化现象。对二者进行比较研究既可以通过其相似性来理解秘仪在古希腊社会的"普遍意义";又可以以二者的相异性解读为何埃琉息斯秘仪在诸多秘仪中能异军突起、蓬勃发展,而奥尔弗斯教却如昙花一现只能游离于社会边缘。

第一节 二者可比性

一 埃琉息斯秘仪与奥尔弗斯教本质上属于同一类宗教

埃琉息斯秘仪与奥尔弗斯教是同一类型的崇拜方式,即都属于神秘仪式的一种,二者之间存在着许多相同或相似之处。概括起来,主要有以下几点:

---

① 关于奥尔弗斯是秘仪建立者,比较欧里庇得斯 Rhesus, 943.;阿里斯托芬《蛙》,柏拉图 Protagoras, 369D, Republic, II, 7. 狄奥多鲁斯、普鲁塔克、波桑尼阿斯等相关记载。据狄奥多鲁斯记载,奥尔弗斯在希腊建立的狄奥尼索斯秘仪是他从埃及的奥西里斯秘仪引进的。

② 杨巨平:《奥尔弗斯教及其主要影响》,《历史研究》1993 年第 3 期。

③ Diodorus, 5.75.4.

1. 与生殖崇拜、阴间崇拜密切相关

从崇拜的神灵上看,得墨忒耳、珀尔塞福涅和狄奥尼索斯都属于植物神和阴间之神。奥尔弗斯教的狄奥尼索斯是宙斯与冥后珀尔塞福涅乱伦所生之子,遭提坦嫉妒被杀,死而复生后,据说他频繁出入地府之中。他的母亲是冥后,所以他本质上是位阴间之神。他又是酒神,这说明他与农业生产也密切相关。埃琉息斯秘仪的得墨忒耳与珀尔塞福涅都是谷物女神,本质上都是地母神、蛇女神,与农业、阴间崇拜有千丝万缕的联系。

2. 强调个人与神灵的关系

二者都强调个人与神灵的沟通与结合。它们通过现世的一些烦琐仪式,为来世提供得救。在秘仪中,城邦不再是神与人交往的中介,入会仪式在参加者和神灵之间建立了一种一对一的直接关系。因此,在希腊语世界中,强调净化、与神单独进行结合并宣扬来世能获得幸福的埃琉息斯秘仪与奥尔弗斯教吸引了越来越多的信众。正如法国学者韦尔南所说:"秘教与官方祭祀的公开性形成对照,具有了特殊的宗教意义:它确立了一种个人得救的宗教,其目的是不依赖社会秩序而改造个人,使个人获得新生,脱离普通人的身份,进入另一层面的生活。"①

3. 具有广泛的社会基础

埃琉息斯秘仪与奥尔弗斯教不似城邦公共宗教那样,参与者仅限于自己的公民,也不像东方的密特拉秘仪那样将妇女排除在外,它们原则上是对所有人开放的,任何愿意加入的人都可以入会,包括本邦男性公民、妇女、奴隶、儿童和外邦人,因此二者都具有广泛的社会基础。二者都放弃了城邦政治加诸人身上的影响,它们不因性别、身份、国籍和社会地位的不同而有所区别。这就为社会地位低下的民众,例如妇女、奴隶、妓女和外邦人等参与宗教生活提供了一个平台。

---

① [法]让·韦尔南:《希腊思想的起源》,秦海鹰译,上海三联书店1996年版,第45页。

4. 对来世的许诺及相对排外性

如果说奥林波斯诸神崇拜的公共宗教反映了古希腊人的公共集体生活,尤其是集体宗教生活,反映了城邦与神及个人的密切关系,人们对现世生活的关注;那么,秘仪则代表了古希腊人对个人发展,特别是对农业、死亡和来世生活的关注。埃琉息斯秘仪与奥尔弗斯教都向人们承诺,入会秘仪死后在地府中就会获得永远的幸福,而不再是毫无生气的幽灵。这种对死后幸福生活的许诺弥补了奥林波斯崇拜对来世关注的不足。同时,二者所许诺的来世幸福都是只有入会才会实现的,这种以入会为条件的来世幸福,显然将未入会者排除在外,具有一定的排外性。

5. 神秘性

严格保密原则是秘仪共有的特征。入会者对自己所见所闻的东西和生命奥义必须保持缄默,不能对外泄露。这一原则及多在夜间举行的特点使埃琉息斯秘仪与奥尔弗斯教都蒙着神秘的面纱。在希腊人眼中,泄露秘仪的内容,要受到神灵的报复,死后也要受到惩罚,其命运比那些未入会者还要悲惨。因此,古典作家虽对秘仪有所提及,但对秘仪的具体内容都避而不谈。秘仪的神秘性使它相对处于一种边缘地带,一定程度上与城邦公共空间脱节。

二 埃琉息斯秘仪与奥尔弗斯教所处的社会环境相同

二者都处于相同的社会背景下,存在于古希腊文化土壤中;经历了相同的时代变革,都与古希腊城邦的兴衰紧密相连。具体而言,主要有以下两个方面:

第一,从静态的生存空间上看,二者都依赖于古希腊的文化土壤。远古的地神崇拜、植物神崇拜是二者得以产生的基础。得墨忒耳、珀尔塞福涅都具有远古的来源,是远古时代的蛇女神、地母神;狄奥尼索斯也是一位远古之神,可能是位植物神,线形文字 B 中发现的他的名字证实了其远古性。城邦民主制的建立与发展,使埃琉息斯秘仪与奥尔弗斯教获得了极大的发展空间。民主的环境有利于希腊人对这种非主流崇拜方式的接纳。就埃琉息斯秘仪而言,正是在雅典民主政治的推动下，它才逐渐发展成为一种泛希腊性的仪式。就算奥尔弗斯教没有在官方宗教体系中获得一席之地，但城邦实际上对奥尔弗斯教的秘仪与聚会是放任不管的，除非他们的活动引起了诉讼。此外，公共崇拜对死后生活关注的不足也为奥尔弗斯教和埃琉息斯秘仪的兴起创造了条件。在希腊宗教思想的主流中，人们追求的是现世的幸福，缺乏对来世生活的关注。这种意识的缺乏是非主流的秘仪兴起的前提。

第二，从动态的社会历史演变上看，二者都与古希腊的社会变革息息相关。古风时期，是希腊社会剧烈变革的时期，原有的社会制度、社会观念都受到了挑战。尤其是城邦内部贫富分化的现象日益严重，社会动荡不安。这种社会环境促使人们在精神上寻求新的依靠。埃琉息斯秘仪与奥尔弗斯教适时现身，满足了人们的宗教需要。古典时期，希腊人爱国主义热情高涨，这对秘仪的发展也产生了影响。由于埃琉息斯秘仪被纳入官方体系，因此它在这一时期获得了极大的发展，相对而言，奥尔弗斯教则因徘徊在城邦边缘而走向衰落。但有一点是相同的，即二者的兴衰都是与古典时期希腊社会的发展联系在一起的。伯罗奔尼撒战争后，随着城邦制度的衰落，人们不再依赖社会群体的力量，失去了参加城邦集体生活的热情，这为许诺个人得救的神秘仪式的兴盛再次创造了条件。到了希腊化时期和罗马帝国统治前期，秘仪更加普及和繁盛。这时，希腊的城邦制已经没落，秘仪的许多传统都被外族统治者加以改变，他们虽使秘仪的发展达到了前所未有的高潮，却也埋下了消亡的祸根。因此，秘仪由盛而衰是与希腊城邦制的衰落紧密联系在一起的。

第二节　二者主要不同之处

通过上述分析可知，埃琉息斯秘仪与奥尔弗斯教的仪式活动细节及意义都对未入会者保密，本质上都满足了人们对死后生活的关心。它们又都处于同一种社会环境中，成长于同一文化土壤中。二者之间的相似性表明这类秘仪活动在古希腊具有一定的普遍意义。但它们之间还存在着许多不同之处。主要体现在以下五个方面：

一 秘仪的举行方式不同

如前所述，秘仪一般都是为纪念某个神灵的死而复生举行的，都要为参加者举行一定的入会仪式，使之正式成为该秘仪团体中的成员。但就具体细节而言，埃琉息斯秘仪与奥尔弗斯教的举行方式还是有区别的。

一是从秘仪纪念对象上看，埃琉息斯秘仪的崇拜对象较为单一，它是专门为纪念得墨忒耳和珀尔塞福涅女神而举行的仪式活动；奥尔弗斯教虽是以狄奥尼索斯为崇拜对象并执行他的神秘仪式，但实际上它的秘仪是为多个神灵而举行的，包括奥林波斯宗教中的诸神和希腊一些次神，就连埃琉息斯的得墨忒耳和珀尔塞福涅也在其中。奥尔弗斯教献给诸神的《奥尔弗斯教祷歌》证实了这一点。

二是从秘仪举行的时空上看，埃琉息斯秘仪具有唯一性，它每年在固定的时间、固定的场所举行一次，拥有唯一的宗教圣地。奥尔弗斯教的信徒则每个月都参加秘仪，[①] 具体时间和地点常常无法确定下来，也没有固定的崇拜中心，流散于希腊和意大利各地。尽管如此，但每个月都举行秘仪，说明奥尔弗斯教仍是"有组织、有时间性的活动"[②]。

三是从秘仪举行的程序上看，埃琉息斯秘仪更为复杂些。在举行正式的入会仪式前，它还需要于每年3月在雅典阿格拉举行一次小秘仪，以确定入会者候选人资格。奥尔弗斯教在入会仪式之前则没有类似的程序。

四是从秘仪举行的私密性上看，埃琉息斯秘仪实际上分为公开的和私密的两部分庆典。一般在雅典举行的庆典和仪式是公开性的，允许非入会者观看；在埃琉息斯得墨忒耳神庙内举行的仪式只有入会者才能观看。而奥尔弗斯教的仪式则都是只有入会者才能观看和参

---

① Theophrastos: Characteres, 28.
② 杨巨平:《奥尔弗斯教及其主要影响》,《历史研究》1993年第3期。

加的。

二 秘仪的管理机制不同

一般而言，宗教仪式的举行都是按照特定的制度和在专门人员的管理下进行的。奥尔弗斯教与埃琉息斯秘仪通常都是在祭司的管理监督下进行的，但二者的管理机制却有极大的差别。

首先，埃琉息斯秘仪的管理机制包括了城邦政府和神庙祭司的双重管理。自埃琉息斯被雅典征服后，其秘仪被纳入了雅典官方崇拜体系之中，此后，雅典城邦每年选举王者执政官和监查官负责秘仪庆典的举行、渎神案的判决和财政管理等。仪式的具体细节则仍是由传秘师、火炬手、传令官等祭司们负责。因此，埃琉息斯秘仪的管理机制实际上是政治参与下的祭司管理制。相对而言，奥尔弗斯教没有形成成熟的管理体制，祭司只是负责主持仪式、传播教义，并且往往是一人兼数职。奥尔弗斯教提倡教徒自身的修炼、节制、自律等，所以又何需管理呢？

其次，从负责秘仪具体事务的祭司来看，二者也极为不同。奥尔弗斯教的祭司大多是些云游四方的先知、诗人或乞丐。他们的社会地位低下，也不是来自某个专门的祭司家族。它并没有形成各司其职的祭司制。秘仪的主持人可能充当了祭司兼传授者的角色。他们有的被称为 orphetelestes，有的被称为 bakoloi。他们在秘仪聚会时负责主持仪式，余下时间则去宣传教义。古代作家在提及这些奥尔弗斯教的祭司和信徒时，都尽显鄙夷、嘲弄之能事。柏拉图把它的信徒和祭司描绘成乞讨的教士，依靠为生者兜售长生不老秘诀而赚钱的流浪汉。这些乞丐祭司云游于各个城邦，奔走于富人之门，依靠他们的圣书劝说人们入教。[①] 埃琉息斯的祭司们是一些专业化的祭司，大多选自欧摩尔波斯和克里克斯两大祭司家族，这些祭司各司其职，精于自己的职业知识。他们的社会地位极高，在罗马时期甚至被神圣化，提到他们的名字将被处死。尤其是传秘师，他是个名副其实的"主持演出

---

① Plato: Republic, 364b.

者",而不是一个传授者。① 他负责主持秘仪庆典,在入会高潮阶段向入会者展示神秘的圣物并说神圣的话语。但他并不传授信徒们如何获得救赎,也不四处行走劝说人们参加秘仪。

三 教义的传承方式不同

奥尔弗斯教传承教义的方式主要是依靠文字圣书。强调经书的重要性是其与众不同之处。它也是希腊宗教史上"文字宗教"的第一例。② 其教徒都将奥尔弗斯的诗作视为"圣书"。这些诗作真实地体现了奥尔弗斯教的教义和思想。柏拉图说:"奥尔弗斯教徒们创造了一些穆塞俄斯和奥尔弗斯的书,……他们根据这些经文执行献祭。"③ 祭司们就是根据奥尔弗斯和穆塞俄斯的诗作来主持秘仪和向入会者揭示入会的深层含义的。

埃琉息斯秘仪是采取口传和眼观的方式来传承教义的。它不存在文字圣书,只能依靠传秘师一代代地将秘仪的奥义口传给入会者。传秘师在入会高潮阶段所说的话极可能就是他们的教义。可能正是因为这种口传的方式,才会要求入会者必须懂希腊语以便他们能听懂传秘师的话语。此外,观看圣物的展示也是信徒获得教义或启示的方式。

四 来世幸福的实现方式不同

奥尔弗斯教的信徒要想实现来世的幸福,光靠入会是不够的。参加入会仪式只是他们实现来世幸福和得救的第一步,更重要的是他们需要过一种"奥尔弗斯式的生活(Orphic Life)"④ 方能达成所愿。也就是说,奥尔弗斯教要求信徒在日常生活中严格遵守教规,禁欲、节制、正直、自律、素食、禁杀生、不碰豆子、不碰羊毛等,经过这种日复一日的苦修,他们的灵魂会得到净化从而避免了轮回之苦,死后

---

① Guthrie: Orpheus and Greek Religion, Methuen & CO. LTD. London, 36 Essex Street, Strand, W. C. L. 1952, p. 154.
② 杨巨平:《奥尔弗斯教及其主要影响》,《历史研究》1993 年第 3 期。
③ Plato: Republic, 365e.
④ 奥尔弗斯式的生活这一说法来自柏拉图的《法律篇》。

可以永生甚至成为神。所以，日常的奥尔弗斯式的生活方式才是他们实现来世幸福的关键。埃琉息斯秘仪则不然，它强调入会就是一切，只要入会了，观看了圣物的展示，听懂了传秘师启示的神圣话语，那么他就已经在冥府登记入册，死后就可以在那里幸福地生活。它对信徒没有提出生活方式上的要求，例如素食、禁欲等。

五　与公共宗教的关系不同

奥尔弗斯教与埃琉息斯秘仪最显著的区别在于同城邦公共宗教的关系上。奥尔弗斯教是一种与城邦公共崇拜相对立的宗教。它在许多方面都是和奥林波斯宗教迥然相异的。

首先，奥尔弗斯教的素食主义证明了其与官方仪式的对立。在古希腊的公共宗教中，祭祀时都会屠杀牺牲，并分食献祭给神灵的酒肉。据赫西俄德，肉食主义是由普罗米修斯用计谋为人类争取而来的。① 荷马也多次描述了祭祀时人们饮酒吃肉的情景。② 牺牲往往在祭祀时当场宰杀、烧烤，由参加者们分食吃掉。甚至希腊人认为宗教仪式上的流血是对神的敬畏，而血具有强大的驱邪功能。奥尔弗斯教则与荷马传统中的肉食主义是相悖的。它禁止杀生，拒绝一切带血的仪式，实行素食主义。它通过狄奥尼索斯被提坦撕成碎片的故事制定了这一规定。在他们看来，将动物献祭给神灵意味着对神的冒渎。柏拉图的《法律篇》中明确提到了奥尔弗斯教的这种观念。他说："以前有的民族不吃牛肉，也不用动物作牺牲献祭；而是用糕饼、蜂蜜浸泡的食物，或其他类似的纯洁之物，来荣耀他们的神。人们禁食肉类，因为吃肉或者用血玷污诸神的祭坛都是亵渎之举。所谓的奥尔弗斯式的生活就是这样，人们吃素食，谢绝一切动物。"③ 显然，这种

---

① ［古希腊］赫西俄德：《神谱》，张竹明、蒋平译，商务印书馆2006年版，第535—564页。

② ［古希腊］荷马：《伊利亚特》，罗念生、王焕生译，人民文学出版社2006年版，第458—471、308—310页；《奥德赛》，王焕生译，人民文学出版社2006年版，第268—269页。

③ Plato：Laws, 782c.

严格的素食主义难以获得希腊人的普遍认可，必然会受到城邦生活的排斥。

其次，它建立了新的、与赫西俄德传统对立的神谱，提出了新的宇宙起源论。据赫西俄德所建的神谱，最先产生的是卡俄斯（混沌），由混沌生大地，由大地生万物，包括奥林波斯诸神、大地深处的塔耳塔罗斯和爱神厄洛斯……从混沌还产生了厄瑞玻斯和黑色的夜神纽克斯。① 奥尔弗斯教却将时间视为宇宙伊始。由时间产生了宇宙，由宇宙孕生了卵，由卵生双性神法涅斯（Phanes）。法涅斯是诸神的创造者和第一任统治者，在他后面还有五位神王：纽克斯、乌拉诺斯、克洛诺斯、宙斯和狄奥尼索斯。这里的纽克斯也不同于赫西俄德笔下的纽克斯。奥尔弗斯教的纽克斯与法涅斯密切联系在一起，充当了赫西俄德《神谱》中大地女神盖亚的角色。到了第五任神王宙斯统治时，他吞食了法涅斯，继而成为万物之始。后来他与女儿珀尔塞福涅乱伦而生第六任神王狄奥尼索斯。

再次，奥尔弗斯教建立了新的神人关系，宣扬人可以成为神，这与奥林波斯宗教也是背道而驰的。荷马传统中的神人同形同性，古希腊人按着人的样子塑造了神的形象，但他们将神置于一个高不可攀的地位，人和神之间始终有着一条不可逾越的鸿沟。人难逃一死，神却永生。在公共宗教的信仰和仪式中，不存在人可以变成神的观念。人如果将自己表现得像神一样会被视为对神灵的亵渎，往往会受到神灵的惩罚或司法的审判。品达在其作品中总是警告人们不要妄想成为神，因为"人最适合自然消亡"②。奥尔弗斯教则改变了这种神人关系，强调人通过彻底的净化和今生的努力是可以变成神的。发现于图瑞瓦古墓的铭文证实了奥尔弗斯教的这种观念，铭文上说："从前你是人，如今你成了人的神。"③ 其创教始祖奥尔弗斯本身具有人神合

---

① ［古希腊］赫西俄德：《神谱》，5.24，张竹明、蒋平译，商务印书馆2006年版，第29—30页。
② Pindar: Olympian Odes.
③ 转引自刘小枫主编《俄耳甫斯教辑语》，吴雅凌编译，华夏出版社2006年版，第181页。

一的特征。在奥尔弗斯教看来，人类从提坦神的灰烬中诞生，灰烬中既包含了提坦神的邪恶和罪孽因素，也含有狄奥尼索斯·扎格柔斯的神性因素。人通过禁食、禁欲、节制等方式的净化，可以洗去提坦神遗留给人类的罪孽从而使人向神性方面转化。

最后，奥尔弗斯教对今世生活的忽视也与公共宗教截然不同。荷马传统关注的是现世人们的生活，他所宣扬的来世对普通人而言是恐怖的。在公共宗教传统中，人死后灵魂在地府毫无生气，度日凄惨。即使是与神灵有血缘关系的英雄阿基里斯也难逃一死。在这种来世观的影响下，希腊人更注重的是今生的享受和满足。对奥尔弗斯教徒而言，今世的生活远没有来世的永恒和幸福重要。他们自愿在今世过清苦的苦修生活来使自己的灵魂得以净化，例如禁欲、禁杀生、禁用羊毛、不碰豆子等，为来世幸福的实现做好准备。这种生活悲惨的今世显然与城邦的生活是脱节的，尤其会受到社会上层的排斥。

正是上述奥尔弗斯教与城邦公共仪式传统的对立，才使得它没有像埃琉息斯秘仪那样发展成为泛希腊的宗教，只能游走于城邦的边缘地带。自古典时期以来它受到了希腊人的鄙视和嘲讽。希腊社会上层人士视奥尔弗斯教为迷信。德莫斯提尼曾在法庭上想方设法地引起陪审团对奥尔弗斯教徒的偏见。柏拉图也曾称奥尔弗斯教徒是行乞的骗子，欺骗了城邦、欺骗了人民。[1] 依提奥弗拉斯托斯（Theophrastos）的观点，"迷信者"的特征就是每个月都参加奥尔弗斯教祭司主持的秘仪活动。[2] 许多普通人也对奥尔弗斯教存有偏见，阿里斯托芬的《云》中就有希腊人对奥尔弗斯教仪式嘲弄和模仿的场景。剧中人物苏格拉底将自己吊在篮子里，然后像奥尔弗斯教徒那样崇拜太阳。[3]

相对奥尔弗斯教而言，埃琉息斯秘仪不是作为城邦公共宗教的

---

[1] Plato: Republic, 364b.
[2] Theophrastos: Characteres, 28.
[3] Aristophanes: Clouds, 223-262.

对立面存在的，而是在诸多方面与之保持一致，是其一种有益的补充。

第一，埃琉息斯秘仪虽也有相关的行为禁忌和饮食禁忌，但它并没有改变公共宗教传统中普罗米修斯的肉食主义，而是与之保持了基本一致。埃琉息斯秘仪中也有禁欲的规定，但这仅是针对传秘师一人的，在秘仪期间传秘师要服用一种丧失性能力的药物以维持秘仪的纯洁。但秘仪庆典过后，传秘师可以过正常的性生活。在饮食禁忌上，埃琉息斯秘仪一般要求信徒不得吃家禽、鱼、石榴、苹果、葡萄酒等，但并非奥尔弗斯教的严格素食主义，他们可以吃猪肉、牛肉等。秘仪庆典上的献祭和公共宗教一样，献祭动物，例如小猪和公牛。献祭的牺牲也是当场屠杀、烧烤，然后由信徒分食，至于吃多少则是由传秘师决定的。这说明与奥尔弗斯教相比，埃琉息斯秘仪更符合希腊人的自由传统和肉食传统。

第二，埃琉息斯秘仪仍沿用奥林波斯宗教的神谱和宇宙起源论。它在公共宗教神谱的基础上改造了神话，并没有建立新的神的谱系。与奥林波斯传统不同的是，它赋予了两位女神秘仪之神的新身份，并将埃琉息斯视为两位女神秘仪的唯一圣地。

第三，埃琉息斯秘仪没有改变荷马传统中的神人关系。埃琉息斯秘仪虽强调来世的重要，但它并不存在使人变成神的观念。人入会埃琉息斯秘仪后，就会获得来世幸福的保证，这种保证不是让人成为神，可以永生，而是让人死后在地府中可以像神一样幸福地生活，不再是荷马笔下孱弱的幽灵。

第四，埃琉息斯秘仪对来世的关注并不是以牺牲今世为代价的，其今世观与荷马传统相符，其来世观弥补了奥林波斯崇拜对死后生活关注的不足。埃琉息斯秘仪和奥尔弗斯教一样，向世人许诺来世的幸福生活，但奥尔弗斯教来世的幸福是以今世的苦修为代价的，埃琉息斯秘仪则只需入会就可以实现来世的幸福。它在日常生活中并没有要求信徒禁欲、节制、素食、自律等，每年的庆典过后，入会者的生活方式与平时无异。因此，与奥尔弗斯教相比，埃琉息斯秘仪更具有人性化的一面，符合希腊人的实际需要。由于埃琉息斯秘仪没有改变荷马传统中的神人关系、今世观等,所以它对奥林波斯宗教起到了良性的补充作用,弥补了其对死后生活关注之不足。

总之,埃琉息斯秘仪与奥林波斯崇拜之间的一致性与互补性,使它没有像奥尔弗斯教那样与城邦生活相脱离,而是被纳入了雅典官方崇拜体系之中,成为国教的一部分。这也是为何同是发端于民间的秘仪,同样关注死后的幸福生活,埃琉息斯秘仪能发展成为泛希腊性仪式,而奥尔弗斯教却犹如昙花一现只能游离于边缘的根本原因所在。

结　　语

　　埃琉息斯秘仪作为一种既普遍又特殊的宗教文化现象，它的命运与雅典城邦和古希腊罗马社会历史变迁紧密相连。它植根于古希腊特有的社会文化土壤之中，广泛吸收了周边其他民族的宗教因素，在长期的发展过程中逐渐形成了一些迥异于其他古希腊宗教崇拜的特征。

　　一、埃琉息斯秘仪具有城邦政府和专职祭司相结合的双重管理机制。它不像其他秘仪那样只是一种范围有限的民间宗教活动，处于城邦政治生活的边缘，而是被纳入了雅典官方崇拜体系之中，雅典城邦每年选举王者执政官和监查官负责秘仪庆典的举行、渎神案的判决和财政管理等。尽管秘仪的管理逐渐走向官方化，但是秘仪活动本身仍保有相对的独立性。仪式的具体细节则仍是由传秘师、火炬手、传令官等祭司们负责。例如入会申请的批准、仪式的解释、圣物的展示、献祭和引导入会者等。埃琉息斯秘仪实际上仍由欧摩尔波斯和克里克斯两大家族掌控。所以，它既不像其他秘仪那样始终未能成为官方宗教的一部分，又不似真正的官方宗教那样受到城邦的完全控制，埃琉息斯秘仪的管理机制实际上是政治参与下的祭司管理制。相对而言，古希腊其他秘仪则没有形成成熟的管理体制，例如奥尔弗斯教，它的祭司只是负责主持仪式、传播教义，并且往往是一人兼数职。

　　二、专业化与特权化祭司阶层的存在。这是埃琉息斯秘仪不同于奥林波斯崇拜和希腊其他秘仪的一个显著特征。传统观点认为，古希腊虽存在各种祭司，却没有形成一个独特的、垄断宗教事务和拥有特

＊ 此部分内容原载于《学理论》2010年第24期。

权地位的社会阶层，祭司没有实权，他们的职务往往是荣誉性的。然而，埃琉息斯秘仪的祭司阶层却是个例外。从他们的产生与构成上看，埃琉息斯秘仪的主祭司主要出自欧摩尔波斯和克里克斯两大家族。许多世纪以来，他们一直为秘仪提供高职位的祭司，欧摩尔波斯家族则一直维系其特权并继任到埃琉息斯圣殿被毁之时。从这些祭司的职责上看，他们各司其职，精于世代相传的宗教知识，掌握了秘仪活动的实权。这些祭司在秘仪中的职责是不能互相取代的。从祭司的社会地位上看，他们的社会地位很高，并受到了官方的保护。在罗马时期甚至被神圣化。传秘师、传秘师助理、得墨忒耳的女祭司和火炬手任职期间，他人不得称呼或提到他们的名字，违反者将受到司法的审判。

可见，古希腊宗教并非没有祭司阶层，而是祭司阶层的存在不是普遍现象。虽然埃琉息斯秘仪祭司阶层的存在不能代表整个希腊宗教管理制度的发展趋势，但它无疑是古希腊宗教向高级阶段发展的一个重要标志。

三、具有广泛的社会基础。埃琉息斯秘仪不似城邦公共宗教那样，参与者仅限于自己的公民，也不像东方的密特拉秘仪那样将妇女排除在秘仪之外，它原则上是对所有人开放的，只要懂希腊语和未犯杀戮罪，任何愿意加入的人都可以入会，包括本邦男性公民、妇女、奴隶、儿童和外邦人。它抛弃了狭隘的城邦制度强加给社会成员的种种区别，不因性别、身份、国籍和社会地位的不同而有所区别。这就为社会地位低下的民众，例如妇女、奴隶、妓女和外邦人等参与宗教生活提供了一个平等的舞台。

古希腊其他秘仪虽然也向社会各阶层敞开门户，欢迎一切人参加，但它们的社会基础广泛程度远不及埃琉息斯秘仪。就奥尔弗斯教而言，它流行于公元前7—前6世纪，虽广开门户，却受到了社会下层的欢迎。城邦与社会上层则往往将之视为邪教，富有者入会较少。于是，奥尔弗斯教的"那些乞丐祭司和占卜者，来到有钱人家中，试图劝服他们相信：假如他们或他们的祖辈犯了罪孽，用献祭和念咒语的方法，可以得到神的赐福，用悦神的节庆能消灾赎罪"①。在公元前5—前4世纪，其传播与发展更是受到了限制，奥尔弗斯教的信徒逐渐变得声名狼藉，许多古典作家尽显对其嘲弄讽刺之能事。欧里庇得斯借其笔下的希波吕托斯称，奥尔弗斯教信徒不过是些兜售灵魂不死之术的人，②剧中的提修斯也尽显对奥尔弗斯教的讽刺和批判。③埃琉息斯秘仪则不然，它不但受到下层民众的欢迎，而且得到城邦和社会上层的认可，有许多富有者入会和捐助，甚至外族的国王或皇帝也纷纷慕名而至。马其顿的国王德米特里奥斯、罗马皇帝屋大维、朱里安、哈德良、安托尼乌斯·皮乌斯和马可·奥勒留等都是埃琉息斯秘仪的入会者。

四、仪式禁忌具有浓厚的政治色彩。这是埃琉息斯秘仪官方地位确立的必然结果。这种政治性主要体现在雅典城邦政府对仪式禁忌的维护。雅典虽是一个开明的民主制城邦，但它绝不允许有亵渎秘仪之事发生，泄露秘仪的秘密与破坏民主制度同罪，违反者将被处死。并且任何亵渎秘仪者不会因远在雅典司法权之外而享有豁免权。可见，雅典城邦政府在仪式禁忌的实行中起着重要的维护作用。政治司法力量的介入，增强了人们对秘仪的敬畏感，因而使某些禁忌竟然一直保持到秘仪的消亡之日。

五、强调"入会即是一切"的宗教理念。相对于古希腊的其他宗教，埃琉息斯秘仪特别强调入会礼对于来世幸福的至关重要的作用。但它对来世的关注并不是以牺牲今世为代价的，其今世观与荷马传统相符，但其来世观却与其大相径庭。荷马传统中所宣扬的来世对普通人而言是恐怖的。灵魂在地府毫无生气，度日凄惨，即使是与神灵有血缘关系的英雄阿基里斯也难逃一死。埃琉息斯秘仪虽然和奥尔弗斯教一样，也向世人许诺来世的幸福生活，但换取的方式不同，奥尔弗斯教许诺的来世幸福是以今世的苦修为代价的，埃琉息斯秘仪则强调

---

① Plato：*Republic*，364.
② Euripides：*Hippolytus*，954.
③ Euripides：*Hippolytus*，945.

"入会即是一切"①，实行了入会礼就等于领到了进入来世福地的通行证。日常生活中并没有要求信徒禁欲、节制、素食、自律等，每年的庆典过后，入会者的生活方式与平时无异。埃琉息斯秘仪中禁欲的规定，仅是针对传秘师一人。但秘仪庆典过后，传秘师可以过正常的性生活。因此，与奥尔弗斯教相比，埃琉息斯秘仪的高明之处就在于它能够同时满足希腊人享受现实生活的实际需要和对来世幸福的渴望。这也就是为何同是发端于民间的秘仪，同样关注死后的幸福生活，埃琉息斯秘仪能发展成为泛希腊性仪式，而奥尔弗斯教却犹如昙花一现只能游离于希腊人宗教世界边缘的根本原因所在。

那么，同在一块土地上，埃琉息斯秘仪为什么会形成上述特点呢？

从生存空间上看，埃琉息斯秘仪依赖于古希腊的文化土壤。远古的地神崇拜、植物神崇拜是其得以产生的基础。得墨忒耳、珀尔塞福涅都具有远古的来源，是远古时代的蛇女神、地母神，埃琉息斯出土的线形文字B中就有得墨忒耳的名字。原始的地母崇拜一方面使埃琉息斯秘仪具有浓厚的农业气息，使其能广泛吸纳社会下层的民众因而具有广泛的社会基础；另一方面地母神、蛇女神崇拜反映的信仰与观念为埃琉息斯秘仪特点的形成奠定了基础。而城邦民主制的建立与发展，使埃琉息斯秘仪获得了极大的发展空间，尤其是埃琉息斯秘仪官方崇拜地位的确立，大大促进了秘仪的发展，使埃琉息斯秘仪从一种地方性崇拜逐渐发展成为一种泛希腊的乃至"世界性"的宗教活动。此外，公共崇拜对死后生活关注的不足也为埃琉息斯秘仪上述特点的形成创造了条件。在希腊的主流宗教思想中，人们追求的是现世的幸福，缺乏对来世生活的关注。但死亡又是任何人都不得不面临的难题，埃琉息斯秘仪恰好使信徒消除了死后的恐惧，得到了来生幸福的承诺。该秘仪受到广泛的欢迎也是可以理解的。

从社会历史演变上看，埃琉息斯秘仪的兴衰与它所赖以存在的外部政治环境息息相关。古风时期，是希腊社会剧烈变革的时期，原有

---

① 杨巨平：《奥尔弗斯教及其主要影响》，《历史研究》1993年第3期。

的社会制度、社会观念都受到了挑战。尤其是城邦内部贫富分化的现象日益严重，社会动荡不安。这种社会环境促使人们在精神上寻求新的依靠。埃琉息斯秘仪满足了人们的精神需要，并跻身于官方崇拜之列。古典前期，雅典成为希腊政治、经济、文化的中心，埃琉息斯秘仪受到雅典城邦政府的大力支持，因此它在这一时期获得了极大的发展，入会者范围不断扩大。伯罗奔尼撒战争后，随着城邦制度的衰落，人们参加城邦集体生活的热情消退，这为许诺个人得救的神秘仪式的兴盛再次创造了条件。到了希腊化时期和罗马帝国统治前期，由于统治者的偏爱，秘仪曾一度再现辉煌。但埃琉息斯秘仪的许多传统也渐渐被神圣的王权所侵蚀和改变，并最终随着基督教的兴起而衰落。

尽管埃琉息斯秘仪作为西方古典文明遗产的一个组成部分，已经随着岁月的流逝早已成为历史的回忆。但它为什么能置身于希腊主流宗教之外，以独特的宗教仪式、组织和理念，在几乎长达十几个世纪的时间内吸引了全希腊，甚至地中海世界的千千万万个生灵，确实值得我们深思和研究。

附录　荷马致得墨忒耳颂歌*

我衷心歌唱美发的得墨忒耳，威严的女神——赞美她和她美踝的女儿，她的女儿被埃多尼乌斯（Aidoneus）①掳走，被万能的雷雨神宙斯许配给了他。

她［珀尔塞福涅］远离得墨忒耳，金剑和甜美的果实女神，正与海洋之神（Oceanus）丰满的女儿们一起玩耍，在柔软的草地上采花。玫瑰、番红花和漂亮的紫罗兰，还有鸢尾、风信子及水仙，宙斯驱使大地使之生长，以取悦众生之主（Host of Many），②这些绝妙的、盛开的花成为诱惑如花女孩儿的陷阱。无论不朽的神还是凡人看见它［水仙］，都敬畏它：从它的根部长出成百朵花，闻起来极其香郁，以至于上方整个广阔的天空、整个大地以及大海的精灵都为之欢呼雀跃。那个女孩儿欢欣鼓舞，伸出双手去感受幸福；但是尼萨（Nysa）平原的宽广大地裂开了，统治者、众生之主和他不朽的神马一起突然在她面前出现——他是克洛诺斯的儿子，而他还有许多其他的名字。

他将她强行捉到他的金色战车上，将悲伤的她掳走。她发出声嘶力竭的哭喊，向她的父亲求救，克洛诺斯最高尚和优秀的儿子。但是没有人，无论不朽的神或者凡人能够听到她的呼救，硕果累累的橄榄树也静默无声；当她向她的父亲、克洛诺斯的儿子呼救时，只有头戴美丽头巾的、珀尔塞斯（Persaeus）唯一的女儿，慈善的赫卡特

---

* 该颂歌是荷马式颂歌中的第二首，荷马颂歌中献给得墨忒耳的颂歌共两首，第二首和第十三首，本书译选的是与秘仪相关的第二首。

① 指冥王哈迪斯。——译者注
② 指冥王哈迪斯。——译者注

（Hecate），① 自她的明亮的房间中听见女孩儿的呼救。还有亥伯龙（Hyperion）神聪明的儿子太阳神赫利俄斯（Helios）听见了。但赫利俄斯远离众神，接受来自凡人的甜美献祭，他冷淡地坐在人们向其献祭和祈祷的神庙中。因此，有诸多名字的克洛诺斯的儿子，众生的统治者和众生之主，经宙斯的许可正将她掳走，远离宙斯，在他不朽的战车上——尽管她是他亲兄弟的孩子，并且她是完全不情愿的。

只要女神②还能看到大地、星光闪耀的天空，鱼群聚集的波涛汹涌的大海和太阳的光芒，就仍希望见到她亲爱的母亲和不朽的神族，只有她内心长久的期望才能使她内心中所有的烦扰平静下来……只有高山和大海还回荡着她不朽的声音：她庄严的母亲听到了她的呼喊。

难以忍受的痛苦占据她③的心，她用美丽的双手扯掉她的头巾，她从双肩上甩掉她的黑色斗篷，加速行进，像一只自由的鸟儿一样，快速掠过坚实的大地和丰饶的海洋，寻找她的孩子。但是没有人能告诉她真相，神或凡人都不能；就连显示预兆的鸟儿也不能为她带来确切的消息。其后的九天里，女王得奥（Deo）④ 手持火把在大地上徘徊，极为悲伤以至于她不再品尝美味佳肴和甜美的神酒，也不用水沐浴。但是，当第十天的拂晓到来时，赫卡特手持火把，遇见她，与之交谈并告诉她这个消息：

"女王得墨忒耳，季节的预示者和美好礼物的赐予者，是天上的哪个神或凡人掳走珀耳塞福涅，使悲伤穿透你温柔的心？由于我听到她的声音，没有亲眼看到它是谁。但是我真实而简短地告诉你所有我知道的一切。"

赫卡特这样说道。美发的瑞亚的女儿没有回答她，而是举着火把与她一起并肩快速行进。于是她们来到太阳神赫利俄斯的家，他是神和人的看守者，站在他的马前，而聪明的女神向他打听："赫利俄斯，如果我曾经以我的言行振奋你的心灵和精神，那么你至少会尊重我这

---

① 指司夜和冥界的女神。——译者注
② 指珀尔塞福涅女神。——译者注
③ 指得墨忒耳女神。——译者注
④ 即得墨忒耳。——译者注

位女神。通过一无所获的旅程我听到我女儿令人毛骨悚然的哭喊，她是我身体孕育的可爱后代，长相甜美，她被强行地掳走；尽管我未亲眼所见。但是你——由于你用你的光线从明亮的上空俯视大地和海中的一切——如果你曾在哪儿见过我的孩子，请如实地告诉我，哪位神或凡人曾强行不顾她的意愿和我的意愿将她抓走，并逃之夭夭。"

她如是说。而亥伯龙的儿子回答道："女王得墨忒耳，美发的瑞亚的女儿，我将告诉你真相；因为我非常尊敬你，同情你因你美踝的女儿的悲伤。不要去责备其他的不朽的神，除了聚云的宙斯，他将她送给了哈迪斯，她父亲的兄弟，做他娇媚的妻子。哈迪斯抓住她并将大声哭喊的她掳到他的战车上，带到他朦胧和阴暗的王国。还有，女神，停止你强烈的痛苦吧，不要爆发这种无谓的愤怒：众生的统治者埃多尼乌斯，是你的亲兄弟，你们拥有相同的血统，对你的孩子来说在诸神中不是不相称的丈夫；而且，起初划分统治区域时他接受了第三块份地，被委任为那里的统治者。"

他如是说，然后指向他的马们：在他的驱使下马儿们飞速向前带动马车前行，如同长翼的鸟儿们一般。

但是悲伤甚至更为可怕和愤怒的情绪占据得墨忒耳的心，从那时起她对克洛诺斯的脾气暴躁的儿子十分愤怒以至于她避开众神的目光，离开高耸的奥林波斯山，她长期将自己装扮成人的样子去了凡人的城镇和丰饶的田间。没有任何男人和丰满的女人看见她时认出她，直到她来到后来成为芬芳的埃琉息斯的统治者、明智的凯留斯的家。

得墨忒耳内心焦虑，她坐在少女井（Maiden Well）的路旁，埃琉息斯的妇女过去习惯从这井里汲水，井位于长满橄榄树的灌木丛的阴暗处。而她就像一个被剥夺生育权利和表达爱意的阿芙洛狄忒那样的老妇人，像伸张正义的国王的孩子们的保姆，或像在他们的回声会堂里房屋的看门人。在那儿，埃琉息斯的儿子凯留斯的女儿们，带着长柄青铜水罐出来汲水到他们亲爱的父亲的家时看见了她：她们四个像少女时代最美的女神，卡莉迪丝（Callidice）和克蕾西迪丝（Cleisidice）和可爱的得茉（Demo）以及她们中最大的卡莉西奥（Callithoë）。她们不认识她——因为神不易被凡人认出——但站在她旁边说着得体的话：

"老妈妈，您从哪儿来？您以前出生于哪个民族？您为何远离城市和远离房屋？由于在阴暗的会堂里的妇女和你年纪差不多，而其他人年轻些，她们会用言语和行动来欢迎您的。"

她们如是说。而她，女神中的王后回答道："嗨，孩子们，无论你们是谁家的孩子。我将告诉你们我的过去；因为我该如实告诉你们所问的，这不是不体面的。多婆（Doso）是我的名字，因为它是我庄严的母亲给我起的名字。我来自宽广海洋那一端的克里特，——这不是我自愿的；但海盗们那时不顾我的意愿靠武力将我带来到这里。后来他们和船一起驶入托里乌斯（Thorius），妇女们和男人们一起在海岸上登陆，他们在船附近准备饮食。但我的内心并不渴望那些令人垂涎欲滴的食物，我悄悄地逃走，越过黑暗的地区，摆脱了我的雇主，他们不该带着未卖身的我跨过海洋，在那儿将我卖掉。于是我漫无目的地到这儿；而我根本不知道这是哪里或者这儿有什么人。然而，可能所有居住在奥林波斯的神赐予了你们丈夫和如父母期待的孩子的出生，因此你们同情我，少女们，亲爱的孩子们，向我明确地展示我能了解的一切，我能去参观男人和女人的房间，高高兴兴地如我这个年龄的妇女那样为他们工作。我能很好地照顾刚出生的小孩，怀抱他在我的臂弯中，或打扫房间，或是在装饰优美的房间里为主人铺床，或是教授妇女们如何工作。"

女神如是说。凯留斯最漂亮的女儿，未婚的少女卡莉迪丝，立即回答她说：

"老妈妈，无论神赐给我们什么，哪怕是让我们受痛苦，我们这些凡人都要承受；因为他们比我们更强大。但是现在我将明确地对你说，告诉你在这儿有强大力量和荣誉的男人们的名字和人民中的领袖，靠他们的智慧和正确的判断来保卫我们城市城堡的塔楼：有英明的特里普托勒姆斯、狄奥克鲁斯（Dioclus）和波吕塞努斯（Polyxeinus）以及无过失的欧摩尔波斯和多里库斯（Dolichus）及我们勇敢的父亲。所有这些人都有在家中掌事的妻子，她们中不会有人一见你就使你丢脸，吓得你从屋中退出去，而会欢迎你；因为你确实是与神相称的。然而，如果你愿意，就暂住在这儿；我们将去父亲的家中并将这事完全告诉梅塔尼拉，我们丰满的母亲，她将吩咐你来我们家，这样胜于你找寻其他人的家。她有一个最优秀的儿子，刚出生，正养育在我们建筑优美的屋中，他是一个拥有诸多祈祷和赞美的孩子：如果你能抚养他，直到他完全长大成人，那些看见你的女人会嫉妒你，而这是我们的母亲赋予他的教养。"

　　她这样说道，女神点头赞成。她们将光亮的容器装满水并欣喜地提走。她们很快地回到家中直接将所见所闻告诉她们的母亲。然后梅塔尼拉吩咐她们赶快去邀请这个老妇人来，她会支付她数目庞大的聘金。凯留斯的女儿们如同春季里因草原而满足的在上面欢腾的雌鹿和小母牛一样，撩起她们可爱的衣摆，飞奔直下空旷的路径，头发像番红花一样在肩上流泄飞扬。她们在先前离开她的地方路边找到了善良的女神，并将她领到她们的家中。得墨忒耳女神走在后面，内心哀伤，以面纱遮住头部，身穿长至纤细脚踝的斗篷。

　　很快她们来到天生有教养的凯留斯的家中，穿过门廊来到坐在紧挨着屋顶的柱子旁边她们慷慨的母亲面前，她胸前依偎着她可爱的儿子，一个柔嫩的婴孩。女孩儿们跑向她。女神却走向门口，优雅的光芒照亮门廊。然后，敬畏、尊崇和无力的恐惧占据了梅塔尼拉的心房，她从椅子上站了起来，示意女神坐下。但是得墨忒耳，季节的预示者和美好礼物的赐予者，却不愿坐在那个明亮的椅子上，而是默默地将她美丽的眼神下垂，细心的伊阿姆贝（Iambe）为她放置了一个漂亮的椅子并在上面铺上一个羊毛垫。然后她坐下来将面纱用手轻轻摘下。由于她的悲痛她坐在椅子上①许久未言，她没有以言语和手势向任何人打招呼，而是呆呆地坐在那里，既不微笑，也不品尝食物或喝酒，她因为思念她丰满的女儿而憔悴，直到细心的伊阿姆贝——后来使她心情愉悦——以好多妙语和笑话使神圣的女士微笑、大笑并带来发自内心的愉悦。然后，梅塔尼拉将杯中斟满甜美的酒献给她；但是她拒绝了，因为她说喝红酒对她来说是不合适的，但吩咐他们将混

---

① 得墨忒耳选择较卑贱的椅子，因为在她的悲伤中她拒绝一切舒适。

有不含酒精的薄荷的食物和水给她饮用。梅塔尼拉按女神的指点将混合的甘露递给了她。于是伟大的女王得墨忒耳接过来仔细观察这份圣礼（Sacrament）。①

在他们所有人中，衣着光鲜的梅塔尼拉首先说道："嗨，女士，在我看来你并不平凡相反是出身高贵；因为你的眼中明显地显示着真实的高贵和优雅，正如主持正义的国王一样。还有，尽管我们伤心，但我们凡人必须承受神赐予我们的痛苦；因为痛苦已经被加诸在我们的身上。但是现在，既然你已前来，我将给你一切我能给予你的：为我抚育这个在我年老时神意外赐予我的孩子，这个神中意的儿子。如果你能抚养他直到他长大成人，那么任何见到你的女人都会立即羡慕你，因为你抚养他我会好好报答你。"

于是美发的得墨忒耳回答她："也对女士你，致以所有的问候，神会赐予你荣耀的！如你吩咐的，我将热切地拥抱这个男孩儿，抚养他长大。我想，他的抚养决不会因任何意外而受到伤害，也不会有任何意外的擦伤（Undercutter）②：因为我知道一种远比下咒语让小孩子牙疼更强大的魔力，我知晓如何防范小孩子牙疼。"

当她这么说时，她用她神圣的双手将孩子带入她芬芳的怀中：而他的母亲内心十分高兴。于是女神在宫殿中抚养德莫风，英明的凯留斯的、由衣着光鲜的梅塔尼拉所生的优秀的儿子。这个孩子像某种不朽的神一样生长，女神不用食物喂他也不为他哺乳：因为白天头戴王冠的丰饶的得墨忒耳以神的食物为他施以涂油礼就如同他是神的子孙一样，并且她在怀中抱着他时对他香郁地呼吸。而在晚上，她将他像烙铁一样隐藏在炉火的中央，但是这一切都避开了他慈爱的父母。这其中产生了伟大的奇迹，即他的成长超出了年龄；因为他如同神一般。她本想使他永生和不老，没有意识到衣着光鲜的梅塔尼拉夜间趁她不注意从她的芳香的住所观察和监视她。于是她内心痛苦，手拍双

---

① 宗教团体的一种行为——这里形容的有魔力的饮剂的饮用——是埃琉息斯秘仪仪式最重要的一部分，当作纪念女神的悲伤。

② Undercutter 和 Woodcutter 极可能是蠕虫的流行名字（在赫西俄德的"Boneless One 无骨的"类型之后），被认为是出牙和牙痛的原因。

腿，发出痛苦的声音，因为她担心儿子，她内心极为烦恼；于是她悲叹并说着中肯的话：

"德莫风，我的儿子，那个怪异的女人将你深深埋入火中，给我带来了悲惨和不幸。"

她悲恸地这样说。而聪明的女神，头戴王冠的可爱的得墨忒耳听见了她的话，对她很是愤怒。于是她伸出高贵的双手将梅塔尼拉在宫殿中意外所生的亲爱的儿子从火中拉出来，并狠狠地抛在地上；因为她内心极为愤怒。她对衣着光鲜的梅塔尼拉说：

"你们这些愚蠢的凡人啊，迟钝地无法预见降临你的命运是美好的还是不幸的。现在由于你的愚蠢终止了康复；因为——凭着斯提克斯（Styx）①的无情水作为神誓言的见证——我本想使你亲爱的儿子长生不老，将赐给他永恒的荣誉，可是现在他却再也不能逃脱死亡和命运。然而，我还是希望永恒的荣誉能降临到他身上，因为他躺在我的膝上、睡在我的臂弯里。但是随着时间的推移当他长大成人时，埃琉息斯的人们将持续地发动战争，却也不愿付出牺牲的代价。瞧！我是那个享有盛誉的得墨忒耳，是不朽的神和凡人的愉悦的最伟大的拯救者。但是现在，让所有的人为我建一所伟大的神庙，其下面建一所祭坛，在城市下方，在卡利克鲁斯井（Callichorus）上方一个隆起的小丘上建立它陡峭的城墙。我将亲自传授我的神秘仪式，而你们今后要虔诚地执行这些仪式以此赢得我的欢心。"

说完这句话，女神变换了她的身材和外貌，展现出年轻的光彩和容貌：美丽环绕着她，一种甜美的芬芳自她香郁的外袍飘荡而出，从女神神圣的躯体上闪耀出一道光芒，直至远方，金色的头发垂落在她的肩上，使坚实的屋子里如同被闪电照亮般充满了光亮。她于是从宫殿中走出去。

梅塔尼拉的双膝松软无力，久久不能言语，也不记得将她新生的儿子从地上抱起来。然而，孩子的姐姐们听到了他令人同情的悲惨遭遇后，从她们的舒适的床上一跃而下：一个姐姐抱起孩子并将他搂在

---

① 希腊神话中环绕地狱的河，即冥河。——译者注

怀中，另一个姐姐去拨旺炉火，还有一个姐姐蹑手蹑脚地急冲过去将她们的母亲从芬芳的屋子里接出来。她们围绕在挣扎乱动的孩子身边，将他清洗干净，紧紧地抱住他；但他并未感到舒服，因为保姆和女佣们正笨手笨脚地抱着他。

她们整夜试图安抚女神，因为恐惧而颤抖。但是，当黎明来临时，她们将所有的事情毫无遗漏地告诉了强大的凯留斯，如头戴王冠的可爱的得墨忒耳指示她们的那样。于是凯留斯召集众人集会，吩咐他们为美发的得墨忒耳建造一所辉煌的神庙，并在隆起的小丘上建造一个祭坛。他们毫不迟疑地服从他的命令，如他所吩咐的那样执行。至于那个孩子，他像一个不朽的神那样成长。

当他们结束辛苦的工作建完神庙后，就回到各自家中。但是金发的得墨忒耳却留下来，远离所有受赞美的神而单独坐在那儿，因为思念她丰满的女儿而消瘦。然后她对所有滋养万物的大地上的人们引发了最为可怕和残忍的一年：大地不再使种子萌芽，因为头戴王冠的富饶的得墨忒耳将种子掩藏。在田地里，牛徒然地拉着弯曲的犁，许多白色的大麦被无用地扔在地上。倘若不是宙斯察觉并将此铭记于心的话，女神本打算以残忍的饥荒毁掉人类的整个种族，剥夺居住在奥林波斯的众神享用礼品和祭品的权利。最开始，宙斯派长着金色翅膀的、外表可爱的艾里斯（Iris）①召唤得墨忒耳。他是这么命令的。艾里斯听从克罗诺斯的集黑云的儿子的命令，敏捷的双脚加快行进，穿过天空和大地间的缝隙。她来到芬芳的埃琉息斯的要塞，在女神的神庙里找到了穿着黑斗篷的得墨忒耳，说着中肯的话：

"得墨忒耳，智慧永恒的天父宙斯，唤你一起加入永恒神的部族；因此，来吧，不要让我违背了宙斯的命令。"

艾里斯这样恳求她说。但是得墨忒耳的心未被感动。后来天父又派出其他的所有受赞美的和永生的神，他们接踵而至，一直请求她回去并向她许诺诸多非常精美的礼物和任何她愿意在永生神中可以选择的权利。但还是无人能劝服她，她的心中是如此的愤怒；她倔强地拒

---

① 希腊神话中的彩虹女神。——译者注

绝了他们所说的一切，因为她发誓不再踏入芬芳的奥林波斯山，也不再让大地结出果实，除非她亲眼看见她美貌的女儿。

于是当万能的雷电神宙斯听到这些消息后，他派杀死阿耳弋斯①（Argus）的金色权杖神②到厄瑞布斯（Erebus）③，用美妙的语言软化哈迪斯，他要将贞洁的珀尔塞福涅从朦胧的幽暗地下王国引至光明，使之加入众神，而那样她的母亲可以亲眼看见她，从而不再生气。赫尔墨斯听从宙斯的命令，离开奥林波斯的家，即刻快速前往地府。他到时看见地府的统治者哈迪斯坐在家中的睡椅上，而他害羞的妻子极为不情愿地和他一起，因为她思念她的母亲。但是得墨忒耳在远方，由于受赞美的神的行径，她念念不忘她可怕的计划。强大的赫尔墨斯走近珀尔塞福涅，说道：

"黑发的哈迪斯，亡灵的统治者，天王宙斯吩咐我将高贵的珀尔塞福涅从冥界带向众神那里，使她的母亲能亲眼看见她以停止得墨忒耳对众神的那可怕的愤怒；因为现在她正计划一件恐怖的事情，打算将种子掩藏在地下使之无法发芽以毁掉生于地上的软弱的人们，从而终止不朽神的荣耀。因为她仍十分愤怒且不与众神为伍，仅是孤零零地坐在她芬芳的神庙中，定居在埃琉息斯坚实的要塞里。"

他这样说道。而埃多尼乌斯，亡灵的统治者，冷酷地笑了，遵从天王宙斯的要求。因而他立刻催促聪明的珀尔塞福涅，说：

"现在去吧，珀尔塞福涅，去你那身穿黑色长袍的母亲那儿吧，在你心中要感念我的恩德；不要如此沮丧；因为在不朽的神中我是与你相称的丈夫，我是天父宙斯的亲兄弟。当你在这儿时，你将统治一切居住在这里的和在这里活动的生灵，在不朽的神中将拥有至高无上的权力；那些欺骗你和没有用祭品献祭给你的人，没有虔诚地执行神秘仪式和没有献祭合适礼物来满足你的权力的人，终将受到惩罚。"

---

① 希腊神话中的百眼巨人，受赫拉之命看守伊娥，后被赫尔墨斯所杀。——译者注
② 指赫尔墨斯。——译者注
③ 希腊神话中阴阳界之间的黑暗界。——译者注

当他说这些时，聪明的珀尔塞福涅心中充满了愉悦，欣喜若狂地跳起来。但他在分离时，为自己打算，悄悄地给了她甜美的石榴籽吃，不想她一直与庄严的、身穿黑色长袍的得墨忒耳在一起。然后埃多尼乌斯，众人的统治者，庄重地准备好他不朽的战马，套在金色的战车下。她登上战车，强大的赫尔墨斯抓住缰绳用他亲爱的双手驱赶它们，从大厅向前行驶，战马快速行进。很快地，它们穿越了漫漫长路，劈开深厚的天空，无论大海或河水，还是绿色的幽谷或山峰都不能阻碍这些不朽战马的前行。赫尔墨斯带着他们来到得墨忒耳芳香的神庙前，头戴王冠的丰饶的得墨忒耳站在那儿拦住他们。

当得墨忒耳看见他们，急忙奔向前去，如同一个酒神的狂女(Maenad)冲下丛林密布的山峰，珀尔塞福涅在另一侧，当她看见母亲甜美的眼眸时，离开战车和战马，跳下来跑向她，紧紧搂着她的脖子，拥抱她。可是当得墨忒耳用双臂拥着她亲爱的孩子时，她心中突然疑惑不安，担心女儿中了某种陷阱，因此她十分恐惧，不再安抚女儿而是问她："我的孩子，告诉我，当你在地府时是不是没有品尝过那里的任何食物？说出来，不要隐瞒任何事情，而是让我们知道一切。因为如果你没有品尝那里的食物，那么你将从不情愿的哈迪斯那里返回，和我还有你的父亲克罗诺斯的集黑云的儿子一起生活，并且会享受到所有不朽神的尊敬；但是如果你品尝了那里的食物，那么你必须返回到神秘的地府中，每年有三分之一的时间居住在那里，还有剩下的三分之二时间你将和我及其他不朽神在一起。但是，当大地使各类芬芳的花繁盛时，那么你将从黑暗和阴沉的王国再次以令神和凡人惊叹的方式出现。现在告诉我，他如何将你掳到黑暗和阴沉的王国，强大的众生之主用什么诡计诱惑了你？"

然后，美丽的珀尔塞福涅这样回答她："母亲，我将毫无保留地告诉你一切。当幸运的传递者，来自克洛诺斯的儿子我的父亲和其他天神之子的快捷信使赫尔墨斯来时，告诉我将从黑暗的冥界返回使你能亲眼看见我而平息你的怒火和停止对众神的愤怒，我高兴地跳了起来；但是冥王秘密地将甜美的食物，一个石榴籽，放入我嘴中，不顾我的意愿命令我吃掉它。我也将告诉你他如何依照我的父亲克洛诺斯的儿子狡诈的计划然后将我掳走带到大地深处的下方，我将详细讲述所有你问到的事情。我们一起在草地上玩耍，我和莱乌西普（Leucippe）、斐艾诺（Phaeno）、艾丽克特拉（Electra）、伊阿恩希（Ianthe），也有梅里塔（Melita）、伊阿克（Iache）以及罗德艾（Rhodea）一起，同卡莉罗伊（Callirhoë）、梅劳波希斯（Melobosis）、提克（Tyche）、如花一样美丽的欧希罗伊（Ocyrhoë）、克里赛思（Chryseïs）、伊阿奈拉（Ianeira）、阿卡斯忒（Acaste）、阿德迷忒（Admete）、罗德普（Rhodope）、普路托（Pluto）以及迷人的卡里普索（Calypso）一起；斯提克斯也在那儿；乌拉尼艾（Urania）和可爱的盖拉科萨乌拉（Galaxaura）与好战的帕拉斯①（Pallas）一起，还有看见弓箭就兴奋的阿尔忒弥斯，我们在草地上一起玩耍并且手中采着芬芳的花儿，柔软的番红花和彩虹以及风信子、盛开的玫瑰和百合混合在一起，看上去绝妙无比，广阔的大地使水仙花如番红花一样长成黄色。我高兴地采着花儿；但是大地突然在我脚下裂开，强大的统治者，众生之主，向前一跃而起将我掳到他的金色战车中，来到地下，这一切都是不顾我的意愿的，后来我尖声哭喊。所有这一切都是真的，尽管讲述这个故事令我心中悲痛。"

于是她们的心彼此紧紧靠在一起，随着多次的拥抱，她们的灵魂和精神都非常愉悦，她们的心从悲伤中得到了解放，彼此都恢复了欢笑。

然后头戴美丽头巾的赫卡特走近她们也多次拥抱神圣得墨忒耳的女儿，并且从那时起赫卡特女士成为珀尔塞福涅的侍者和伙伴。

洞察一切的宙斯安排美发的瑞亚作为使者，来将身穿黑色斗篷的得墨忒耳带回神的家族中，他承诺给她任何她想在不朽神中享有的权力并且同意她的女儿每年三分之一的时间住在黑暗和阴沉的地府中，余下的三分之二时间与她的母亲和其他不朽神在一起。他这样命令着。而瑞亚女神遵从宙斯的意愿，即刻从奥林波斯山顶冲下

---

① 指雅典娜女神。——译者注

来到达拉鲁斯（Rharus）① 平原，这里曾经是富饶、丰产的庄稼地，但那时却寸草不生，因为它空荡荡的矗立在那儿，毫无生机，这是因为白色的谷物因美踝的得墨忒耳的设计而被掩藏起来。但是后来，随着春季的渐临，它不久又会长满长穗飘逸的庄稼，肥沃的犁沟即将载满成捆的谷物果实。瑞亚女神第一次从一无所获的天上到达于此。女神们彼此高兴地对视着，内心愉悦。然后头戴美丽头巾的瑞亚对得墨忒耳说：

"来，我的女儿；由于深谋远虑的雷电之神宙斯召唤你一起加入神的家族，已经承诺给你期待的任何在众神间你想要的权利，同意每年的三分之一时间你的女儿在黑暗和阴沉的地府生活，余下三分之二时间将与你和其他不朽神在一起生活，他已承认这些并点头同意。但是，我的孩子，听从他的吩咐，不要太无情地对克洛诺斯的集黑云的儿子愤怒；应该立即给予人们生命的果实得以生长。"

瑞亚这样说。头戴王冠的富饶的得墨忒耳没有拒绝宙斯的安排，立即令富饶的大地上硕果累累，整个大地都长满了叶子和花儿。然后得墨忒耳前往主持正义的国王的家，驾着马车的特里普托勒姆斯和狄奥克勒斯，勇敢的欧摩尔波斯和人民的领袖凯留斯的家，她向他们展示其仪式如何举行并传授他们所有的她的秘仪，也向特里普托勒姆斯、波吕塞努斯和狄奥克勒斯传授威严的秘仪，无人能够以任何方式违反或窥探、外泄其细节，因为对神的深深敬畏阻止了秘仪的外泄。地上曾观看到这些秘仪的人是幸福的；但是没有入会的人和未加入他们的人，一旦死去在黑暗和阴沉的地府将失去美好的命运。

当聪明的女神教授完这一切，她们动身去奥林波斯山其他众神的聚集之处。在那儿她们居住在以雷电而兴奋的宙斯和其他威严和可敬的女神们附近。他伫立在众神赐福并热爱的世人中间。不日，众神将派财神普路托斯（Plutus）去到他的家中做客，财神将在那里散尽钱财。

而现在，美丽的埃琉息斯和大海环绕的帕罗斯（Paros）和岩石

---

① 可能就是拉里亚平原。——译者注

密布的安特龙（Antron）大地的女王，女士，美好礼物的赐予者，季节的预示者，女王得墨忒耳，是高尚的，你和你展现所有美好的女儿珀尔塞福涅，我的歌声使我心中充满悸动和喜悦。我将纪念你，并用另一首诗歌赞美你。

——译自 Homeric Hymns, Translated by Hugh G. Evelyn-white, with an Enlglish Translation, Cambridge, Mass.: Harvard University Press 1998. （后附诗歌英文全文）

Homeric Hymn Ⅱ to Demeter

[1] I begin to sing of rich-haired Demeter, awful goddess—of her and her trim-ankled daughter whom Aidoneus rapt away, given to him by all-seeing Zeus the loud-thunderer.

[4] Apart from Demeter, lady of the golden sword and glorious fruits, she was playing with the deep-bosomed daughters of Oceanus and gathering flowers over a soft meadow, roses and crocuses and beautiful violets, irises also and hyacinths and the narcissus, which Earth made to grow at the will of Zeus and to please the Host of Many, to be a snare for the bloom-like girl—a marvellous, radiant flower. It was a thing of awe whether for deathless gods or mortal men to see: from its root grew a hundred blooms and is smelled most sweetly, so that all wide heaven above and the whole earth and the sea's salt swell laughed for joy. And the girl was amazed and reached out with both hands to take the lovely toy; but the wide-pathed earth yawned there in the plain of Nysa, and the lord, Host of Many, with his immortal horses sprang out upon her—the Son of Cronos, He who has many names.

[19] He caught her up reluctant on his golden car and bare her away lamenting. Then she cried out shrilly with her voice, calling upon her father, the Son of Cronos, who is most high and excellent. But no one, either of the deathless gods or of mortal men, heard her voice, nor yet the olive-

trees bearing rich fruit: only tender-hearted Hecate, bright-coiffed, the daughter of Persaeus, heard the girl from her cave, and the lord Helios, Hyperion's bright son, as she cried to her father, the Son of Cronos. But he was sitting aloof, apart from the gods, in his temple where many pray, and receiving sweet offerings from mortal men. So he, that Son of Cronos, of many names, who is Ruler of Many and Host of Many, was bearing her away by leave of Zeus on his immortal chariot—his own brother's child and all unwilling.

[33] And so long as she, the goddess, yet beheld earth and starry heaven and the strong-flowing sea where fishes shoal, and the rays of the sun, and still hoped to seeher dear mother and the tribes of the eternal gods, so long hope calmed her great heart for all her trouble. and the heights of the mountains and the depths of the sea rang with her immortal voice: and her queenly mother heard her.

[40] Bitter pain seized her heart, and she rent the covering upon her divine hair with her dear hands: her dark cloak she cast down from both her shoulders and sped, like a wild-bird, over the firm land and yielding sea, seeking her child. But no one would tell her the truth, neither god nor mortal men; and of the birds of omen none came with true news for her. Then for nine days queenly Deo wandered over the earth with flaming torches in her hands, so grieved that she never tasted ambrosia and the sweet draught of nectar, nor sprinkled her body with water. But when the tenth enlightening dawn had come, Hecate, with a torch in her hands, met her, and spoke to her and told her news: "Queenly Demeter, bringer of seasons and giver of good gifts, what god of heaven or what mortal man has rapt away Persephone and pierced with sorrow your dear heart? For I heard her voice, yet saw not with my eyes who it was. But I tell you truly and shortly all I know."

[59] So, then, said Hecate. And the daughter of rich-haired Rhea answered her not, but sped swiftly with her, holding flaming torches in her hands. So they came to Helios, who is watchman of both gods and men,

and stood in front of his horses: and the bright goddess enquired of him: "Helios, do you at least regard me, goddess as I am, if ever by word or deed of mine I have cheered your heart and spirit. Through the fruitless air I heard the thrilling cry of my daughter whom I bare, sweet scion of my body and lovely in form, as of one seized violently; though with my eyes I saw nothing. But you—for with your beams you look down from the bright upper air Over all the earth and sea—tell me truly of my dear child, if you have seen her anywhere, what god or mortal man has violently seized her against her will and mine, and so made off."

[74] So said she. And the Son of Hyperion answered her: "Queen Demeter, daughter of rich-haired Rhea, I will tell you the truth; for I greatly reverence and pity you in your grief for your trim-ankled daughter. None other of the deathless gods is to blame, but only cloud-gathering Zeus who gave her to Hades, her father's brother, to be called his buxom wife. And Hades seized her and took her loudly crying in his chariot down to his realm of mist and gloom. Yet, goddess, cease your loud lament and keep not vain anger unrelentingly: Aidoneus, the Ruler of Many, is no unfitting husband among the deathless gods for your child, being your own brother and born of the same stock: also, for honour, he has that third share which he received when division was made at the first, and is appointed lord of those among whom he dwells." So he spake, and called to his horses: and at his chiding they quickly whirled the swift chariot along, like long-winged birds.

[90] But grief yet more terrible and savage came into the heart of Demeter, and thereafter she was so angered with the dark-clouded Son of Cronos that she avoided the gathering of the gods and high Olympus, and went to the towns and rich fields of men, disfiguring her form a long while. And no one of men or deep-bosomed women knew her when they saw her, until she came to the house of wise Celeus who then was lord of fragrant Eleusis. Vexed in her dear heart, she sat near the wayside by the Maiden Well, from which the women of the place were used to draw water, in a shady place o-

ver which grew an olive shrub. And she was like an ancient woman who is cut off from childbearing and the gifts of garland-loving Aphrodite, like the nurses of king's children who deal justice, or like the house-keepers in their echoing halls. There the daughters of Celeus, son of Eleusis, saw her, as they were coming for easy-drawn water, to carry it in pitchers of bronze to their dear father's house: four were they and like goddesses in the flower of their girlhood, Callidice and Cleisidice and lovely Demo and Callithoe who was the eldest of them all. They knew her not, —for the gods are not easily discerned by mortals—but standing near by her spoke winged words:

[113] "Old mother, whence and who are you of folk born long ago? Why are you gone away from the city and do not draw near the houses? For there in the shady halls are women of just such age as you, and others younger; and they would welcome you both by word and by deed."

[118] Thus they said. And she, that queen among goddesses answered them saying: "Hail, dear children, whosoever you are of womankind. I will tell you my story; for it is not unseemly that I should tell you truly what you ask. Doso is my name, for my stately mother gave it me. And now I am come from Crete over the sea's wide back, —not willingly; but pirates brought be thence by force of strength against my liking. Afterwards they put in with their swift craft to Thoricus, and there the women landed on the shore in full throng and the men likewise, and they began to make ready a meal by the stern-cables of the ship. But my heart craved not pleasant food, and I fled secretly across the dark country and escaped by masters, that they should not take me unpurchased across the sea, there to win a price for me. And so I wandered and am come here: and I know not at all what land this is or what people are in it. But may all those who dwell on Olympus give you husbands and birth of children as parents desire, so you take pity on me, maidens, and show me this clearly that I may learn, dear children, to the house of what man and woman I may go, to work for them cheerfully at such tasks as belong to a woman of my age. Well could I nurse

a new born child, holding him in my arms, or keep house, or spread my masters' bed in a recess of the well-built chamber, or teach the women their work."

[145] So said the goddess. And straightway the unwed maiden Callidice, goodliest in form of the daughters of Celeus, answered her and said: "Mother, what the gods send us, we mortals bear perforce, although we suffer; for they are much stronger than we. But now I will teach you clearly, telling you the names of men who have great power and honour here and are chief among the people, guarding our city's coif of towers by their wisdom and true judgements: there is wise Triptolemus andDioclus and Polyxeinus and blameless Eumolpus and Dolichus and our own brave father. All these have wives who manage in the house, and no one of them, so soon as she has seen you, would dishonour you and turn you from the house, but they will welcome you; for indeed you are godlike. But if you will, stay here; and we will go to our father's house and tell Metaneira, our deep-bosomed mother, all this matter fully, that she may bid you rather come to our home than search after the houses of others. She has an only son, late-born, who is being nursed in our well-built house, a child of many prayers and welcome: if you could bring him up until he reached the full measure of youth, any one of womankind who should see you would straightway envy you, such gifts would our mother give for his upbringing."

[169] So she spake: and the goddess bowed her head in assent. And they filled their shining vessels with water and carried them off rejoicing. Quickly they came to their father's great house and straightway told their mother according as they had heard and seen. Then she bade them go with all speed and invite the stranger to come for a measureless hire. As hinds or heifers in spring time, when sated with pasture, bound about a meadow, so they, holding up the folds of their lovely garments, darted down the hollow path, and their hair like a crocus flower streamed about their shoulders. And they found the good goddess near the wayside where they had left her

before, and led her to the house of their dear father. And she walked behind, distressed in her dear heart, with her head veiled and wearing a dark cloak which waved about the slender feet of the goddess.

[184] Soon they came to the house of heaven-nurtured Celeus and went through the portico to where their queenly mother sat by a pillar of the close-fitted roof, holding her son, a tender scion, in her bosom. And the girls ran to her. But the goddess walked to the threshold: and her head reached the roof and she filled the doorway with a heavenly radiance. Then awe and reverence and pale fear took hold of Metaneira, and she rose up from her couch before Demeter, and bade her be seated. But Demeter, bringer of seasons and giver of perfect gifts, would not sit upon the bright couch, but stayed silent with lovely eyes cast down until careful Iambe placed a jointed seat for her and threw over it a silvery fleece. Then she sat down and held her veil in her hands before her face. A long time she sat upon the stool without speaking because of her sorrow, and greeted no one by word or by sign, but rested, never smiling, and tasting neither food nor drink, because she pined with longing for her deep-bosomed daughter, until careful Iambe—who pleased her moods in aftertime also—moved the holy lady with many a quip and jest to smile and laugh and cheer her heart. Then Metaneira filled a cup with sweet wine and offered it to her; but she refused it, for she said it was not lawful for her to drink red wine, but bade them mix meal and water with soft mint and give her to drink. And Metaneira mixed the draught and gave it to the goddess as she bade. So the great queen Deo received it to observe the sacrament.

[212] And of them all, well-girded Metaneira first began to speak: "Hail, lady! For I think you are not meanly but nobly born; truly dignity and grace are conspicuous upon your eyes as in the eyes of kings that deal justice. Yet we mortals bear perforce what the gods send us, though we be grieved; for a yoke is set upon our necks. But now, since you are come here, you shall have what I can bestow: and nurse me this child whom the

gods gave me in my old age and beyond my hope, a son much prayed for. If you should bring him up until he reach the full measure of youth, any one of womankind that sees you will straightway envy you, so great reward would I give for his upbringing."

[224] Then rich-haired Demeter answered her: "And to you, also, lady, all hail, and may the gods give you good! Gladly will I take the boy to my breast, as you bid me, and will nurse him. Never, I ween, through any heedlessness of his nurse shall witchcraft hurt him nor yet the Undercutter: for I know a charm far stronger than the Woodcutter, and I know an excellent safeguard against woeful witchcraft."

[231] When she had so spoken, she took the child in her fragrant bosom with her divine hands: and his mother was glad in her heart. So the goddess nursed in the palace Demophoon, wise Celeus' goodly son whom well-girded Metaneira bare. And the child grew like some immortal being, not fed with food nor nourished at the breast: for by day rich-crowned Demeter would anoint him with ambrosia as if he were the offspring of a god and breathe sweetly upon him as she held him in her bosom. But at night she would hide him like a brand in the heard of the fire, unknown to his dear parents. And it wrought great wonder in these that he grew beyond his age; for he was like the gods face to face. And she would have made him deathless and unageing, had not well-girded Metaneira in her heedlessness kept watch by night from her sweet-smelling chamber and spied. But she wailed and smote her two hips, because she feared for her son and was greatly distraught in her heart; so she lamented and uttered winged words: "Demophoon, my son, the strange woman buries you deep in fire and works grief and bitter sorrow for me.

[250] Thus she spoke, mourning. And the bright goddess, lovely-crowned Demeter, heard her, and was wroth with her. So with her divine hands she snatched from the fire the dear son whom Metaneira had born unhoped-for in the palace, and cast him from her to the ground; for she was

terribly angry in her heart. Forthwith she said to well-girded Metaneira: "Witless are you mortals and dull to foresee your lot, whether of good or evil, that comes upon you. For now in your heedlessness you have wrought folly past healing; for—be witness the oath of the gods, the relentless water of Styx—I would have made your dear son deathless and unaging all his days and would have bestowed on him everlasting honour, but now he can in no way escape death and the fates. Yet shall unfailing honour always rest upon him, because he lay upon my knees and slept in my arms. But, as the years move round and when he is in his prime, the sons of the Eleusinians shall ever wage war and dread strife with one another continually. Lo! I am that Demeter who has share of honour and is the greatest help and cause of joy to the undying gods and mortal men. But now, let allthe people build be a great temple and an altar below it and beneath the city and its sheer wall upon a rising hillock above Callichorus. And I myself will teach my rites, that hereafter you may reverently perform them and so win the favour of my heart."

[275] When she had so said, the goddess changed her stature and her looks, thrusting old age away from her: beauty spread round about her and a lovely fragrance was wafted from her sweet-smelling robes, and from the divine body of the goddess a light shone afar, while golden tresses spread down over her shoulders, so that the strong house was filled with brightness as with lightning. And so she went out from the palace.

[281] And straightway Metaneira's knees were loosed and she remained speechless for a long while and did not remember to take up her late-born son from the ground. But his sisters heard his pitiful wailing and sprang down from their well-spread beds: one of them took up the child in her arms and laid him in her bosom, while another revived the fire, and a third rushed with soft feet to bring their mother from her fragrant chamber. And they gathered about the struggling child and washed him, embracing him lovingly; but he was not comforted, because nurses and handmaids much

less skilful were holding him now.

[292] All night long they sought to appease the glorious goddess, quaking with fear. But, as soon as dawn began to show, they told powerful Celeus all things without fail, as the lovely-crowned goddess Demeter charged them. So Celeus called the countless people to an assembly and bade them make a goodly temple for rich-haired Demeter and an altar upon the rising hillock. And they obeyed him right speedily and harkened to his voice, doing as he commanded. As for the child, he grew like an immortal being.

[301] Now when they had finished building and had drawn back from their toil, they went every man to his house. But golden-haired Demeter sat there apart from all the blessed gods and stayed, wasting with yearning for her deep-bosomed daughter. Then she caused a most dreadful and cruel year for mankind over the all-nourishing earth: the ground would not make the seed sprout, for rich-crowned Demeter kept it hid. In the fields the oxen drew many a curved plough in vain, and much white barley was cast upon the land without avail. So she would have destroyed the whole race of man with cruel famine and have robbed them who dwell on Olympus of their glorious right of gifts and sacrifices, had not Zeus perceived and marked this in his heart. First he sent golden-winged Iris to call rich-haired Demeter, lovely in form. So he commanded. And she obeyed the dark-clouded Son of Cronos, and sped with swift feet across the space between. She came to the stronghold of fragrant Eleusis, and there finding dark-cloaked Demeter in her temple, spake to her and uttered winged words: "Demeter, father Zeus, whose wisdom is everlasting, calls you to come join the tribes of the eternal gods: come therefore, and let not the message I bring from Zeus pass unobeyed."

[324] Thus said Iris imploring her. But Demeter's heart was not moved. Then again the father sent forth all the blessed and eternal gods besides: and they came, one after the other, and kept calling her and offering many very beautiful gifts and whatever right she might be pleased to choose

among the deathless gods. Yet no one was able to persuade her mind and will, so wrath was she in her heart; but she stubbornly rejected all their words: for she vowed that she would never set foot on fragrant Olympus nor let fruit spring out of the ground, until she beheld with her eyes her own fair-faced daughter.

[334] Now when all-seeing Zeus the loud-thunderer heard this, he sent the Slayer of Argus whose wand is of gold to Erebus, so that having won over Hades with soft words, he might lead forth chaste Persephone to the light from the misty gloom to join the gods, and that her mother might see her with her eyes and cease from her anger. And Hermes obeyed, and leaving the house of Olympus, straightway sprang down with speed to the hidden places of the earth. And he found the lordHades in his house seated upon a couch, and his shy mate with him, much reluctant, because she yearned for her mother. But she was afar off, brooding on her fell design because of the deeds of the blessed gods. And the strong Slayer of Argus drew near and said:

[347] "Dark-haired Hades, ruler over the departed, father Zeus bids me bring noble Persephone forth from Erebus unto the gods, that her mother may see her with her eyes and cease from her dread anger with the immortals; for now she plans an awful deed, to destroy the weakly tribes of earth-born men by keeping seed hidden beneath the earth, and so she makes an end of the honours of the undying gods. For she keeps fearful anger and does not consort with the gods, but sits aloof in her fragrant temple, dwelling in the rocky hold of Eleusis."

[357] So he said. And Aidoneus, ruler over the dead, smiled grimly and obeyed the behest of Zeus the king. For he straightway urged wise Persephone, saying: "Go now, Persephone, to your dark-robed mother, go, and feel kindly in your heart towards me: be not so exceedingly cast down; for I shall be no unfitting husband for you among the deathless gods, that am own brother to father Zeus. And while you are here, you shall rule all that

lives and moves and shall have the greatest rights among the deathless gods: those who defraud you and do not appease your power with offerings, reverently performing rites and paying fit gifts, shall be punished for evermore."

[370] When he said this, wise Persephone was filled with joy and hastily sprang up for gladness. But he on his part secretly gave her sweet pomegranate seed to eat, taking care for himself that she might not remain continually with grave, dark-robed Demeter. Then Aidoneus the Ruler of Many openly got ready his deathless horses beneath the golden chariot. And she mounted on the chariot, and the strong Slayer of Argos took reins and whip in his dear hands and drove forth from the hall, the horses speeding readily. Swiftly they traversed their long course, and neither the sea norriver-waters nor grassy glens nor mountain-peaks checked the career of the immortal horses, but they clave the deep air above them as they went. And Hermes brought them to the place where rich-crowned Demeter was staying and checked them before her fragrant temple.

[384] And when Demeter saw them, she rushed forth as does a Maenad down some thick-wooded mountain, while Persephone on the other side, when she saw her mother's sweet eyes, left the chariot and horses, and leaped down to run to her, and falling upon her neck, embraced her. But while Demeter was still holding her dear child in her arms, her heart suddenly misgave her for some snare, so that she feared greatly and ceased fondling her daughter and asked of her at once: "My child, tell me, surely you have not tasted any food while you were below? Speak out and hide nothing, but let us both know. For if you have not, you shall come back from loathly Hades and live with me and your father, the dark-clouded Son of Cronos and be honoured by all the deathless gods; but if you have tasted food, you must go back again beneath the secret places of the earth, there to dwell a third part of the seasons every year: yet for the two parts you shall be with me and the other deathless gods. But when the earth shall bloom with the fragrant flowers of spring in every kind, then from the realm of darkness and gloom

thou shalt come up once more to be a wonder for gods and mortal men. And now tell me how he rapt you away to the realm of darkness and gloom, and by what trick did the strong Host of Many beguile you?"

[405] Then beautiful Persephone answered her thus: "Mother, I will tell you all without error. When luck-bringing Hermes came, swift messenger from my father the Son of Cronos and the other Sons of Heaven, bidding me come back from Erebus that you might see me with your eyes and so cease from your anger and fearful wrath against the gods, I sprang up at once for joy; but he secretly put in my mouth sweet food, a pomegranate seed, and forced me to taste against my will. Also I will tell how he rapt me away by the deep plan of my father the Son of Cronos and carried me off beneath the depths of the earth, and will relate the whole matter as you ask. All we were playing in a lovely meadow, Leucippe and Phaeno and Electra and Ianthe, Melita also and Iache with Rhodea and Callirhoe and Melobosis and Tyche and Ocyrhoe, fair as a flower, Chryseis, Ianeira, Acaste and Admete and Rhodope and Pluto and charming Calypso; Styx too was there and Urania and lovely Galaxaura with Pallas who rouses battles and Artemis delighting in arrows: we were playing and gathering sweet flowers in our hands, soft crocuses mingled with irises and hyacinths, and rose-blooms and lilies, marvellous to see, and the narcissus which the wide earth caused to grow yellow as a crocus. That I plucked in my joy; but the earth parted beneath, and there the strong lord, the Host of Many, sprang forth and in his golden chariot he bore me away, all unwilling, beneath the earth: then I cried with a shrill cry. All this is true, sore though it grieves me to tell the tale."

[434] So did they turn, with hearts at one, greatly cheer each the other's soul and spirit with many an embrace: their heart had relief from their griefs while each took and gave back joyousness.

[438] Then bright-coiffed Hecate came near to them, and often did she embrace the daughter of holy Demeter: and from that time the lady Hecate was minister and companion to Persephone.

[441] And all-seeing Zeus sent a messenger to them, rich-haired Rhea, to bring dark-cloaked Demeter to join the families of the gods: and he promised to give her what right she should choose among the deathless gods and agreed that her daughter should go down for the third part of the circling year to darkness and gloom, but for the two parts should live with her mother and the other deathless gods. Thus he commanded. And the goddess did not disobey the message of Zeus; swiftly she rushed down from the peaks of Olympus and came to the plain of Rharus, rich, fertile corn-land once, but then in nowise fruitful, for it lay idle and utterly leafless, because the white grains was hidden by design of trim-ankled Demeter. But afterwards, asspringtime waxed, it was soon to be waving with long ears of corn, and its rich furrows to be loaded with grain upon the ground, while others would already be bound in sheaves. There first she landed from the fruitless upper air: and glad were the goddesses to see each other and cheered in heart.

[459] Then bright-coiffed Rhea said to Demeter: "Come, my daughter; for far-seeing Zeus the loud-thunderer calls you to join the families of the gods, and has promised to give you what rights you please among the deathless gods, and has agreed that for a third part of the circling year your daughter shall go down to darkness and gloom, but for the two parts shall be with you and the other deathless gods: so has he declared it shall be and has bowed his head in token. But come, my child, obey, and be not too angry unrelentingly with the dark-clouded Son of Cronos; but rather increase forthwith for men the fruit that gives them life."

[470] So spake Rhea. And rich-crowned Demeter did not refuse but straightway made fruit to spring up from the rich lands, so that the whole wide earth was laden with leaves and flowers. Then she went, and to the kings who deal justice, Triptolemus and Diocles, the horse-driver, and to doughty Eumolpus and Celeus, leader of the people, she showed the conduct of her rites and taught them all her mysteries, to Triptolemus and Polyxeinus and Diocles also, —awful mysteries which no one may in any

way transgress or pry into or utter, for deep awe of the gods checks the voice. Happy is he among men upon earth who has seen these mysteries; but he who is uninitiate and who has no part in them, never has lot of like good things once he is dead, down in the darkness and gloom.

[483] But when the bright goddess had taught them all, they went to Olympus to the gathering of the other gods. And there they dwell beside Zeus who delights in thunder, awful and reverend goddesses. Right blessed is he among men on earth whom they freely love: soon they do send Plutus as guest to his great house, Plutus who gives wealth to mortal men.

[490] And now, queen of the land of sweet Eleusis and sea-girt Paros and rocky Antron, lady, giver of good gifts, bringer of seasons, queen Deo, be gracious, you and your daughter all beauteous Persephone, and for my song grant me heart-cheering substance. And now I will remember you and another song also.

参考文献

外文文献

(一) 原始资料

除个别文献外（将专门标出），以下古典史料出自《罗叶布古典丛书》英译本（出版社信息统一为：The Loeb Classical Library, with an Enlglish Translation, Cambridge, Mass.：Harvard University Press，以下仅标注译者与出版年）

1. Aelian：*On the Characteristics of Animals*, by A. F. Scholfield Ae, 1997.

2. Aeschines：*The Speeches of Aeschines*, by Charles Darwin Adams, 1988.

3. Aeschylus：by Herbert Weir Smyth, 1922 – 1926.

4. Andocides：*On the Mysteries*, by K. J. Maiclment, 1982.

5. Apollodorus：*The Library*, by J. G. Frazer, 1995.

6. Apuleius：*Metamorhoses*, Edited and Translated by J. Arthur Hanson, 1989.

7. Aristophanes：Vol. 1, by Jeffrey Henderson, 1998. Vol. 2, by Benjamin Bickley Rogers, 1996.

8. Aristotle：*Nicomachean Ethics*, by H. Rackham, 1926 – 1955. *On the Heavens*, by W. K. C. Guthrie, 1986. *The Athenian Constitution*, by H. Rackham, 1926 – 1955.

9. Callimachus：*Aetia*, by C. A. Trypanis, 1975.

10. Demosthenes：*Neaira*, by C. A. Vince, 1926 – 1949.

11. Dinarchus：*Against Demosthenes*, by J. O. Burtt, 1941 – 1954.

12. Dio Chrysostom：by J. W. Cohoon, 1971 – 1993.

13. Diodorus Siculus, *History Library*, by C. H. Oldfather, 1960.

14. Diogenes Laertius：by R. D. Hicks, 1995.

15. Epictetus：*Discourses*, by W. A. Oldfather, 1996 – 1998.

16. Eunapios：Lives of the Philosophers, Wilmer Cave Wright, 1921.

17. Euripides：*Bacchae*, by David Kovacs, 1995. *Hippolytus*, by David Kovacs, 1995. *Ion*, by David Kovacs, 1999. *Suppliant Women*, 1998. *Iphigenia Among the Tauri*, by David Kovacs, 1999.

18. Greek Elegiac Poetry, by Douglas E. Gerber, 1999.

19. Herodotus：*Histories*, by A. D. Godley, 1999.

20. Hesiod, *Homeric Hymns*, *Epic Cycle*, *Homerica*, by Hugh G. Evelyn-white, 1998.

21. Horace：*Odes and Epodes*, by C. E. Bennett Select Papyri, by A. S. Hunt and C. C. Edgar, 1988.

22. Homer：*Illiad*, *Odysseus*, by A. T. Murray, 1998.

23. Isocrates：by George Norlin, 1991 – 1998.

24. Lucian, by A. M. Harmon, 1996.

25. Lysias：by W. R. M. Lamb, 1988.

26. Nonnus：*Dionysiaca*, by W. H. D. Rouse, 1985 – 1998.

27. Ovid：*Fasti*, by James George Frazer, 1977 – 1989.

28. Ovid：*Metamorphoses*, by Frank Justus Miller, 1951.

29. Pausanias：*Description of Greece*, by W. H. S. Jones, 1998.

30. Philo：*On the Cherubim*, by F. H. Colson and G. H. Whitaker, 1987 – 1999.

31. Philostratus：*The Life of Apollonius of Tyana*, by F. C. Conybeare, 1989. *Lives of the Philosophers*, *Apollonius of Athens*, by Wilmer Cave Wright, 1998.

32. Pindar：by SIR John Sandys, 1924.

33. Plato: by Harold North Fowler, by W. R. M. Lamb, by Paul Shorey, 1994 – 199.

34. Plotinus: by A. H. Armstrong, 1988 – 1999.

35. Plutarch: *Lives*, by Bernadotte Perrin, 1959 – 1999. *Moralia*, by Frank Cole Babbitt, 1986 – 1999.

36. Polybius: *The Histories*, by W. R. Paton, 1979 – 1999.

37. Porphyry: *On the Cave of the Nynph*s, Thomas Taylor: *Select Works of Porphyry: Containing His four Books on Abstinence from Animal Food; His Treatise on the Homeric Care of the Nymphs; and His Auxiliaries to the Perception of Intelligible Natures.* With an Appendix Explaining the Allegory of the Wanderings of Ulysses by the Translator, Printed in London: Thomas Rodd, 17, Great Newport Street, 1823.

38. Sophocles: Antigone, franslated by F. Storr, BA., 1995.

39. Strabo: Geography, by Horace Leonard Jones, 1961.

40. Suetonius: Nero, by J. C. Rolfe, 1997 – 1998.

41. Tertullian: by T. R. Glover, 1977.

42. Vitruvius Pollio: On Architecture, by Frank Granger, 1998 – 1999.

43. Xenophon: Vols. 1 – 3 Translated by Carleton L. Brownson, Vol. 4 Translated by E. C. Marchantand O. J. Todd, Vols. 5 – 6 Translated by Walter Miller, and Vol. 7 Translated by E. C. Marchant and G. W. Bowersock., 1984 – 1998.

(二) 专著

1. Baum, Julius: *The Mysteries*, New York: Pantheon Books, 1955.

2. Beck, Roger: *The Religion of the Mithrascult in the Roman Empire: Mysteries of the Unconquered Sun*, Oxford; New York: Oxford University Press, 2006.

3. Bianchi, Ugo: *The Greekmysteries*, Leiden: Brill, 1976.

4. Burkert, Walter: *Ancient Mystery Cults, Harvard University*

Press, 1987.

5. Burkert, Walter: *The Orientalizing Revolution: Near Eastern Influence on Greek Culture in the Early Archaic Age*, Cambridge, Massachusetts, Harvard University Press, 1992.

6. Burkert, Walter: Translated by John Raffan, *Greek Religion*, Cambridge, Massachusetts, Harvard University Press, 1985.

7. Cavanaugh, Maureen B.: *Eleusis and Athens: Documents in Finance, Religion and Politics in the Fifth Century B. C.*, Scholars Press Atlanta, Georgia, 1996.

8. Connelly, Joan Breton: *Portrait of a Priestess: Women and Ritual in Ancient Greece*, Princeton: Princeton University Press, 2007.

9. Cosmopoulos, Michael B. : *Greek Mysteries: The Archaeology and Ritual of Ancient Greek Secret Cults*, Routledge, London and New York Press, 2003.

10. Davies, J. K.: *Athenian Propertied Families 600—300BC*, Oxford, at the Clarendon Press, 1971.

11. Dodds, E. R.: *The Greeks and the Irrational*, University of California Press, 1951.

12. Easterling, P. E. and Muir J. V. : *Greek Religion and Society*, with a Foreword by Sir Moses Finley, Cambridge; New York: Cambridge University Press, 1985.

13. Edward, F. Edinger: *The Eternal Drama, The Inner Meaning of Greek Mythology*, Shambhala Press, 1994.

14. Garland Robert: *Introducing New Gods, The Politics of Athenian Religion*, published in Duckworth, London, 1992.

15. Gibbon Edward: The History of the Decline and Fall of the Roman Empire, William Pickering, London, D. A. Talboys Oxford, 1895.

16. Goff, Barbara: *Citizen Bacchae: Women's Ritual Practice in Ancient Greece*.

17. Grant, Michael: *The Rise of the Greeks*, Phoenix Press, 1987.

18. Guettel, Cole, Susan: *Landscapes, Gender, and Ritual Space: The Ancient Greek Experience*, Ewing, NJ, USA: University of California Press, 2004.

19. Guthrie, W. K. C., M. A., *Orpheus and Greek Religion*, Methuen & CO. LTD. London, 36Essex Street, Strand, W. C. L. 1952.

20. Guthrie, W. K. C.: *The Greeks and Their Gods*, Methuen & CO. LTD. London, 36Essex Street, Strand, W. C. L. 1954.

21. Guthrie: A History of Greek Philosophy, W. K. C. Cambridge: Cambridge University Press, 1962 – 1981.

22. Hägg, Robin Edite: *The Role of Religion in the Early Greek Polis*, Printed in Sweden, 1996.

23. Hansen, Hardy: *Aspects of the Athenian Law Code of 410/09 – 400/399 B. C.*, New York: Garland Pub., 1990.

24. Harrison, Jane: *Prolegomena to the Study of Greek Religion*, Cambridge University Press, 1922.

25. Harrison, Jane: *The Religion of Ancient Greece*, Constable and Company Ltd, 1921.

26. Hughes, Dennis D.: *Human Sacrifice in Ancient Greece*, London, UK: Routledge, 1991.

27. Jung, C. G. and Kerényi C.: *Science of Mythology: Essays on the Myth of the Divine Child and the Mysteries of Eleusis*, London: Routledge, 2002.

28. Kerényi, C.: *Dionysos: Archetypal Image of Indestructible Life*, Translated from the German by Ralph Manheim. Princeton, N. J.: Princeton University Press, 1976.

29. Kerényi, Carl: *Eleusis: Archetypal Image of Mother and Daughter*, Translated from the German by Ralph Manheim, Princeton University Press, 1991.

30. Kevin Clinton: *Myth and Cult, The Iconography of the Eleusinian Mysteries*, The Martin P. Nilsson Lectures on Greek Religion, Delivered

19 – 21 November 1990 at the Swedish Institute at Athens, Printed in Sweden by Texgruppen I Uppsala AB, 1992, p. 68.

31. Kevin Clinton: *The Sacred Officials of the Eleusinian Mysteries*, Cornell Universiry, 1974.

32. Lagogianni-Georgakarakos-K. Buraselis: *Athenian Democracy: Speaking Through its Inscription*, University of Athens, Department of History and Archaeology, 2009.

33. Larson, Jennifer: *Greek Nymphs: Myth, Cult, Lore*, Cary, NC, USA: Oxford University Press, Incorporated, 2001.

34. Linda, Fierz-David, Nor Hall: *Dreaming in Red: the Women's Dionysian Initiation Chamber in Pompeii*, Putnam, Conn. : Spring Publications, 2005.

35. Lloyd, JonesHugh: *Greek Comedy, Hellenistic Literature, Greek Religion, and Miscellanea: the Academic Papers of Sir Hugh Lloyd-Jones*, Clarendon Press, 1990.

36. Lloyd, Jones: *Greek Epic, Lyric, and Tragedy: the Academic Papers of Sir Hugh*, Clarendon Press, 1990.

37. Lynn, E. Roller: *In Search of God the Mother: the Cult of Anatolian Cybele*, Berkeley, Calif. : University of California Press, 1999.

38. Marinatos, Nanno and Hägg Robin Edite: *Greek Sanctuaries: New Approaches*, London and New York Press, 1993.

39. Mark, Munn: *The Mother of the Gods, Athens, and the Tyranny of Asia: A Study of Sovereignty in Ancient Religion*, Berkeley: University of California Press, 2006.

40. Matthew, Dillon: *Girls & Women in Classical Greek Religion*, London and New York Press, 2002.

41. Mikalson, Jon D. : *Ancient Greek Religion*, Blackwell Pub, 2005.

42. Mikalson, Jon D. : *Herodotus and Religion in the Persian Wars*, Chapel Hill, NC, USA: University of North Carolina Press, 2003.

43. Mikalson, Jon D. : *Religion in Hellenistic Athens*, University of

Callifornia Press, 1998.

44. Moore, Clifford Herschel: *The Religious Thought of the Greeks*, Cambridge, Harvard University Press, 1925.

45. Moris, Ian: *Burial and Ancient Society*, Cambridge University Press, 1987.

46. Murray Gilbert: *Five Stages of Greek Religion*, London: Watts & CO., 5&6 Johnson's Court, Fleet Street, EC. 4, 1935.

47. Mylonas George: *Eleusis and the EleusinianMysteries*, Princeton: University Press, London: Routledge and Kegan Paul, 1961.

48. Nilsson, Martin P.: Translated from the Swedish by F. J. Fieledn, *A History of Greek Religion*, Oxford, at the Clarendon Press, 1956.

49. Osborne, Robin and Hornblower Simon: *Ritual, Finance, Politics, Athenian Democratic Accounts Presented to David Lewis*, Oxford, at the Clarendon Press, 1994.

50. Parker, Robert: *Athenian Religion: A History*, Oxford University Press, 1996.

51. Penelope, Murray and Peter Wilson: *Music and the Muses: the Culture of ' mousikē' in the Classical Athenian City*, Oxford; New York: Oxford University Press, 2004.

52. Philip George: *Classical Landscape with Figures: The Ancient Greek City and its Countryside*, British Library Publish, 1987.

53. Philipp, Vandenberg: *Mysteries of the Oracles: the Last Secrets of Antiquity*, London: Tauris Parke Paperbacks, 2007.

54. Philippe, Borgeaud: *Mother of the Gods: from Cybele to the Virgin Mary*, translated by Lysa Hochroth, Baltimore: Johns Hopkins University Press, 2004.

55. Pomeroy, Sarah B.: *Goddesses, Whores, Wives, and Slaves: Women in Classical Antiquity*, Published in the United States by Schocken Books Inc., New York, 1975.

56. Price, Simon: *Religions of the Ancient Greek*, Cambridge Press,

1999, Reprinted 2003.

57. Raffaele Pettazzoni: *Essays On the History of Religions*, Leiden: E. J. Brills, 1967.

58. Rhodes and Osborne Robin Edit: *Greek Historical Inscriptions* 404 – 323*BC*, Oxford University Press, 2003.

59. Robert, F. Healey: *Eleusinian Sacrifices in the Athenian Law Code*, New York: Garland Pub., 1990.

60. Ruether, Rosemary Radford. *Goddesses and the Divine Feminine: A Western Religious History*, Ewing, NJ, USA: University of California Press, 2005.

61. Steven, Lonsdale: *Dance and Ritual Play in Greek Religion*, Johns Hopkins University Press, 1993.

62. Timothy, Gantz: *Early Greek Myth*, The Johns University Press, 1993.

63. Tyrrell, William B.: *Athenian Myths and Institutions: Words in Action*, Cary, NC, USA: Oxford University Press, Incorporated, 1991.

64. Vermaseren, Maarten J.: *Cybele and Attis: the Myth and the Cult*, Thames and Hudson, 1977.

65. Wilhelm, Jaeger, Werner: *The Theology of the Early Greek Philosophers: the Gifford Lectures* 1936, Clarendon Press, 1960.

66. Zaidman, Louise Bruit and Pantel Pauline Schmitt: Translated by Paul Cartledge, *Religion in the Ancient Greek City*, Cambridge University Press, 1992.

(三) 论文

1. Bather, A. G.: *The Problem of the Bacchae*, The Journal of Hellenic Studies, Vol. 14. (1894), pp. 244 – 263.

2. Carman, Augustine S.: *The Gospel and the Greek Mysteries*, The Biblical World, Vol. 10, No. 2. (Aug. 1897), pp. 104 – 116.

3. Carpenter, Rhys: *Three Monumental Works*, The Classical Journal,

Vol. 25, No. 1. (Oct., 1929), pp. 24 – 28.

4. Clinton, Kevin: *A Law in the City Eleusinion Concerning the Mysteries*, Hesperia, Vol. 49, No. 3. (Jul. -Sep., 1980), pp. 258 – 288.

5. Cornford, F. M.: *Plato and Orpheus*, The Classical Review, Vol. 17, No. 9. (Dec., 1903), pp. 433 – 445.

6. Dow, Sterling: *Athenian Decrees of 216 – 212 B. C.*, Harvard Studies in Classical Philology, Vol. 48. (1937), pp. 105 – 126.

7. Edwards, Charles M.: *The Running Maiden from Eleusis and the Early Classical Image of Hekate*, American Journal of Archaeology, Vol. 90, No. 3. (Jul. 1986), pp. 307 – 318.

8. Esdaile, Katharine: *Two Statues of a Boy Celebrating the Eleusinian Mysteries*, The Journal of Hellenic Studies, Vol. 29. (1909), pp. 1 – 5.

9. Forbes, Wm. T. M.: *The Inscription on the Eleusis Vase*, American Journal of Archaeology, Vol. 53, No. 4. (Oct. -Dec., 1949), pp. 356 – 357.

10. Greene William C.: *The Return of Persephone*, Classical Philology, Vol. 41, No. 2. (Apr., 1946), pp. 105 – 107.

11. Haven, Richard: *Coleridge and the Greek Mysteries*, Modern Language Notes, Vol. 70, No. 6. (Jun. 1955), pp. 405 – 407.

12. Henrichs, Albert: *The Sophists and Hellenistic Religion: Prodicus as the Spiritual Father of the ISISAretalogies*, Harvard Studies in Classical Philology, Vol. 88. (1984), pp. 139 – 158.

13. Holloway, R. Ross: *The Date of the Eleusis Relief*, American Journal of Archaeology, Vol. 62, No. 4. (Oct. 1958), pp. 403 – 408.

14. Horsley, G. H. R.: *The Mysteries of Artemis Ephesia in Pisidia: A New Inscribed Relief*, Anatolian Studies, Vol. 42. (1992), pp. 119 – 150.

15. Kane Susan and Reynolds Joyce: "The Kore Who Looks after the Grain": *A Copy of the Torlonia-Hierapytna Typein Cyrene*, American Journal of Archaeology, Vol. 89, No. 3. (Jul. 1985), pp. 455 – 463.

16. Lincoln, Bruce: *The Rape of Persephone: A Greek Scenario of Women's Initiation*, The Harvard Theological Review, Vol. 72, No. 3/4. (Jul. -Oct., 1979), pp. 223 – 235.

17. Luck, Georg: *Virgil and the Mystery Religions*, The American Journal of Philology, Vol. 94, No. 2. (Summer, 1973), pp. 147 – 166.

18. Maris, Richard E.: *Demeter in Roman Corinth: Local Development in a Mediterranean*, ReligionNumen, Vol. 42, No. 2. (May, 1995), pp. 105 – 117.

19. Mikalson, Jon D.: *Religion in the Attic Demes*, The American Journal of Philology, Vol. 98, No. 4. (1977), pp. 424 – 435.

20. Mylonas, George E.: *The Cemeteries of Eleusis and Mycenae*, Proceedings of the American Philosophical Society, Vol. 99, No. 2. (Apr. 15, 1955), pp. 57 – 67.

21. Mylonas, George E.: *Eleusisand the Eleusinian Mysteries*, The Classical Journal, Vol. 43, No. 3. (Dec., 1947), pp. 130 – 146.

22. Mylonas, George E.: *Eleusis in the Bronze Age*, American Journal of Archaeology, Vol. 36, No. 2. (Apr. -Jun., 1932), pp. 104 – 117.

23. Nilsson, Martin P.: *Problems of the History of Greek Religion in the Hellenistic and Roman Age*, The Harvard Theological Review, Vol. 36, No. 4. (Oct. 1943), pp. 251 – 275.

24. Nilsson, Martin P.: *The Bacchic Mysteries of the Roman Age*, The Harvard Theological Review, Vol. 46, No. 4. (Oct. 1953), pp. 175 – 202.

25. Nilsson, Martin P.: *Early Orphism and Kindred Religious Movements*, The Harvard Theological Review, Vol. 28, No. 3. (Jul., 1935), pp. 181 – 230.

26. Nilsson, Martin P.: *Greek Mysteries in the Confession of St. Cyprian*, The Harvard Theological Review, Vol. 40, No. 3. (Jul., 1947), pp. 167 – 176.

27. Nock, Arthur Darby: *A Cabiric Rite*, American Journal of Archae-

ology, Vol. 45, No. 4. (Oct. -Dec. , 1941), pp. 577 – 581.

28. Oliver, James H.: *Three Attic Inscriptions Concerning the Emperor Commodus*, The American Journal of Philology, Vol. 71, No. 2. (1950), pp. 170 – 179.

29. Parker, Robert: *The "Hymn to Demeter" and the "Homeric Hymns"*, Greece & Rome, 2nd Ser., Vol. 38, No. 1. (Apr., 1991), pp. 1 – 17.

30. Pickard John: Dionysus in Lemnos. The American Journal of Archaeology and of the History of the Fine Arts, Vol. 8, No. 1. (Jan. – Mar., 1893), pp. 56 – 82.

31. Pleket H. W.: *An Aspect of the Emperor Cult: Imperial Mysteries*, The Harvard Theological Review, Vol. 58, No. 4. (Oct., 1965), pp. 331 – 347.

32. Primer, Irwin: *Erasmus Darwin's Temple of Nature: Progress, Evolution, and the EleusinianMysteries*, Journal of the History of Ideas, Vol. 25, No. 1. (Jan. - Mar., 1964), pp. 58 – 76.

33. Richardson, Rufus B.: *A Trace of Egypt at Eleusis*, American Journal of Archaeology, Vol. 2, No. 3/4. (May-Aug., 1898), pp. 223 – 232.

34. Richter, Gisela M. A.: *A Roman Copy of the Eleusinian Relief*, The Metropolitan Museum of Art Bulletin, Vol. 30, No. 11, Part 1. (Nov., 1935), pp. 216 – 221.

35. Robertson, Noel D.: *The Two Processions to Eleusis and the Program of the Mysteries*, The American Journal of Philology, Vol. 119, No. 4. (Winter, 1998), pp. 547 – 575.

36. Seaford, Richard: *Dionysiac Drama and the Dionysiac Mysteries*, The Classical Quarterly, New Series, Vol. 31, No. 2. (1981), pp. 252 – 275.

37. Sokolowski, F.: *On the Rules Regulating the Celebration of the Eleusinian Mysteries*, The Harvard Theological Review, Vol. 52, No. 1.

(Jan. 1959), pp. 1 – 7.

38. Thompson, Margaret: *Coins for the Eleusinia*, Hesperia, Vol. 11, No. 3, The American Excavations in the Athenian Agora: Twenty-SecondReport. (Jul.-Sep., 1942), pp. 213 – 229.

39. Tierney, Michael: *A New Ritual of the Orphic Mysteries* The Classical Quarterly, Vol. 16, No. 2. (Apr., 1922), pp. 77 – 87.

40. Walton, Francis R.: *Athens, Eleusis, and the Homeric Hymn to Demeter*, The Harvard Theological Review, Vol. 45, No. 2. (Apr., 1952), pp. 105 – 114.

41. Westling, Louise: *Demeter and Kore, Southern Style*, Pacific Coast Philology, Vol. 19, No. 1/2. (Nov. 1984), pp. 101 – 107.

42. Wood, Edgar: *Dürer's "Männerbad": A Dionysian Mystery*, Journal of the Warburg Institute, Vol. 2, No. 3. (Jan., 1939), pp. 269 – 271.

(四) 工具书

1.《The Oxford Dictionary of Classical Myth and Religion》, Edited by Simon Price and Emily Kearns, Oxford University Press, 2003.

2.《The Oxford Classical Dictionary》, Edited by Simon Hornblower and Antony Spawforth, Oxford University Press, 2003.

中文文献（含译著）

(一) 原始资料

1. ［古希腊］阿里斯托芬：《阿卡奈人》《骑士》，罗念生译，上海人民出版社2006年版。

2. ［古希腊］阿里斯托芬：《地母节妇女》《蛙》，罗念生译，上海人民出版社2006年版。

3. ［古希腊］安多基德：《论秘仪》，晏绍祥译，彭小瑜、张绪山主编：《西学研究》（2003年第一辑），商务印书馆2003年版。

4.［古希腊］柏拉图：《柏拉图对话集》，王太庆译，商务印书馆 2004 年版。

5.［古希腊］荷马：《荷马史诗·奥德赛》，王焕生译，人民文学出版社 2006 年版。

6.［古希腊］荷马：《荷马史诗·伊利亚特》，罗念生、王焕生译，人民文学出版社 2006 年版。

7.［古希腊］赫西俄德：《工作与时日》《神谱》，张竹明、蒋平译，商务印书馆 2006 年版。

8.［古希腊］克莱门：《劝勉希腊人》，王来法译，生活·读书·新知三联书店 2002 年版。

9.［古希腊］卢奇安：《对话集》，周作人译，人民文学出版社 1991 年版。

10.［古希腊］普鲁塔克：《希腊罗马名人传》（上册），陆永庭、吴彭鹏等译，商务印书馆 1999 年版。

11.［古希腊］希罗多德：《历史》，王以铸译，商务印书馆 2005 年版。

12.［古希腊］修昔底德：《伯罗奔尼撒战争史》，谢德风译，商务印书馆 2006 年版。

13.［古希腊］亚里士多德：《诗学》，陈中梅译注，商务印书馆 2003 年版。

14.［古希腊］亚里士多德：《政治学》，颜一、秦典华译，中国人民大学出版社 2003 年版。

15.［古罗马］阿普列乌斯：《金驴记》，刘黎亭译，上海译文出版社 1988 年版。

(二) 专著

1.［德］埃利希·诺伊曼：《大母神》，李以洪译，东方出版社 1998 年版。

2.［德］奥托·泽曼：《希腊罗马神话》，周惠译，上海人民出版社 2005 年版。

3. ［德］布尔特曼：《生存神学与末世论》，李哲汇、朱雁冰等译，生活·读书·新知三联书店1995年版。

4. ［德］费尔巴哈：《宗教的本质》，王太庆译，商务印书馆2003年版。

5. ［德］卡尔·洛维特：《世界历史与救赎历史：历史哲学的神学前提》，李秋零、田薇译，生活·读书·新知三联书店2002年版。

6. ［德］尼采：《悲剧的诞生》，李长俊译，湖南人民出版社1986年版。

7. ［德］西拉姆：《神祇·坟墓·学者》，刘迺元译，生活·读书·新知三联书店1991年版。

8. ［法］菲斯泰尔·德·古朗士：《古代城市：希腊罗马宗教、法律及制度研究》，吴晓群译，上海人民出版社2006年版。

9. ［法］伏尔泰：《风俗论》，梁守锵译，商务印书馆1996年版。

10. ［法］莱昂·罗斑：《希腊思想和科学精神的起源》，陈修斋译，广西师范大学出版社2003年版。

11. ［法］勒内·吉拉尔：《替罪羊》，冯寿农译，东方出版社2002年版。

12. ［法］列维—布留尔：《原始思维》，丁由译，商务印书馆1997年版。

13. ［法］皮埃尔·布吕莱：《古希腊人和他们的世界》，王美华译，译林出版社2006年版。

14. ［法］让-皮埃尔·韦尔南：《古希腊的神话与宗教》，杜小真译，生活·读书·新知三联书店2001年版。

15. ［法］让-皮埃尔·韦尔南：《神话与政治之间》，余中先译，生活·读书·新知三联书店2005年版。

16. ［法］让-皮埃尔·韦尔南：《希腊思想的起源》，生活·读书·新知三联书店1996年版。

17. ［美］保罗·麦克金德里克：《会说话的希腊石头》，晏绍祥译，浙江人民出版社2000年版。

18. ［美］路易斯·亨利·摩尔根：《古代社会》，杨东莼、马雍、马巨译，商务印书馆1997年版。

19. ［美］米尔恰·伊利亚德：《宗教思想史》，晏可佳、吴晓群、姚蓓琴译，上海社会科学院出版社2004年版。

20. ［美］斯东：《苏格拉底的审判》，生活·读书·新知三联书店1998年版。

21. ［美］威廉·詹姆士：《宗教经验之种种》，唐钺译，商务印书馆2002年版。

22. ［美］约翰·巴克勒、贝内特·希尔、约翰·麦凯：《西方社会史》，霍文利等译，广西师范大学出版社2005年版。

23. ［苏］谢·伊·拉齐克：《古希腊戏剧史》，俞久洪、臧传真译，南开大学出版社1989年版。

24. ［意］马利亚苏塞·达瓦马尼：《宗教现象学》，高秉江译，人民出版社2006年版。

25. ［意］塞尔瓦托·利拉：《亚历山大的克雷芒》，范明生等译，华夏出版社2004年版。

26. ［意］维柯：《新科学》，朱光潜译，商务印书馆1997年版。

27. ［英］爱德华·泰勒：《人类学》，连树声译，广西师范大学出版社2004年版。

28. ［英］爱德华·泰勒：《原始文化》，连树声译，广西师范大学出版社2005年版。

29. ［英］狄金森：《希腊的生活观》，彭基相译，华东师范大学出版社2006年版。

30. ［英］弗雷泽：《金枝》，徐育新、汪培基、张泽石译，新世界出版社2006年版。

31. ［英］基托：《希腊人》，徐卫翔、黄韬译，上海人民出版社2006年版。

32. ［英］简·艾伦·赫丽生：《古希腊宗教的社会起源》，谢世坚译，广西师范大学出版社2004年版。

33. ［英］简·艾伦·赫丽生：《希腊宗教研究导论》，谢世坚译,广西师范大学出版社 2006 年版。

34. [英]罗素:《西方哲学史》,何兆武、李约瑟译,商务印书馆 2004 年版。

35. [英]尼尼安·斯马特:《世界宗教》,高师宁、金泽、朱明忠等译,北京大学出版社 2004 年版。

36. [英]唐纳德·麦肯齐:《克里特岛迷宫》,余瀛波译,新世界出版社 2006 年版。

37. 黄洋:《古代希腊土地制度研究》,复旦大学出版社 1995 年版。

38. 林惠祥:《文化人类学》,商务印书馆 2005 年版。

39. 刘小枫主编:《俄耳甫斯教祷歌》,吴雅凌编译,华夏出版社 2006 年版。

40. 刘小枫主编:《俄耳甫斯教辑语》,吴雅凌编译,华夏出版社 2006 年版。

41. 罗念生:《罗念生全集》,上海人民出版社 2004 年版。

42. 孙亦平:《西方宗教学名著提要》,江西人民出版社 2002 年版。

43. 王晓朝:《希腊宗教概论》,上海人民出版社 1997 年版。

44. 王以欣:《神话与历史》,商务印书馆 2006 年版。

45. 吴晓群:《古代希腊仪式文化研究》,上海社会科学院出版社 2000 年版。

46. 晏绍祥:《古典历史研究发展史》,华中师范大学出版社 1999 年版。

47. 晏绍祥:《荷马社会研究》,上海三联书店 2006 年版。

48. 杨巨平:《古希腊罗马犬儒现象研究》,人民出版社 2002 年版。

49. 裔昭印:《古希腊的妇女——文化视域中的研究》,商务印书馆 2001 年版。

(三) 论文

1. 王来法：《古希腊及罗马神秘仪式》，《世界宗教研究》1996年第1期。

2. 王以欣：《古希腊神话与土地占有权》，《世界历史》2002年第4期。

3. 魏凤莲：《狄奥尼索斯崇拜研究》，中国优秀博硕士论文网。

4. 魏凤莲：《论古希腊的巴库斯秘仪》，《东北师范大学学报》(哲学社会科学版) 2005年第6期。

5. 吴晓群：《古代希腊的献祭仪式研究》，《世界历史》1999年第6期。

6. 杨巨平：《"希腊化文化"是人类历史上第一次文化大交流大汇合》，《山西大学学报》(哲学社会科学版) 1992年第4期。

7. 杨巨平：《奥尔弗斯教及其主要影响》，《历史研究》1993年第4期。

8. 杨巨平：《论希腊化文化的多元与统一》，《世界历史》1992年第3期。

9. 张新樟：《神话、秘仪和神秘主义——试论诺斯替精神的客观化与内在化》，《世界宗教研究》2005年第4期。

(四) 工具书

1. 《中国大百科全书》(宗教)，中国大百科全书出版社北京·上海，1988年。

2. 《不列颠百科全书》(国际中文版)，第14卷，中国大百科全书出版社1999年版。

3. 《大美百科全书》，外文出版社、光复书局1994年版。

4. 任继愈主编：《宗教大辞典》，上海辞书出版社1998年版。

参考网站

1. http：//www. answers. com/topic/.
2. http：//about. com/.
3. http：//www. jastor. org.
4. http：//www. perseus. tufts. edu/.
5. http：//proquest. umi. com.
6. http：//www. ancienthistory. about. com.
7. http：//www. stoa. org.
8. http：//www. theoi. com.
9. 中国优秀博硕士学位论文网。
10. 中国世界古代史研究网。